QIYE BIAOZHUNHUA
ZHINAN

企业标准化指南

岳高峰　薛强　王志强◎著

中国人民大学出版社
·北京·

编写委员会

（按姓氏汉语拼音排序）

杜俊鹏　刘士华　王志强　邬巧梅

徐凯程　薛　强　余　泉　岳高峰

张桂玲　张建忠　张想想　张育润

赵祖明　朱　虹

前 言 PREFACE

目前，标准化战略已上升为我国的国家战略。企业是经济活动主体，企业标准化是标准化工作中的重要内容。我国企业标准化模式是参照苏联的计划经济体制模式发展而来的，随着我国社会主义市场经济的不断建立与完善，企业管理机制和运行模式也在不断调整完善，这对当前企业标准化提出了新的要求。

进入 21 世纪以来，我国经济产业日益深度融入全球经济，工业化、信息化、智能化、集成化成为时代潮流，数据和知识要素越来越成为企业生存发展的关键要素，电子商务、大数据、人工智能、智能制造、工业互联网等新技术得到企业高度关注，质量、环境、职业健康安全、数据、知识、创新、资产等管理的理念和方法不断发展更新，企业标准化如何迎接并积极应对挑战，是企业标准化人员不能绕开的话题。

本书围绕当前企业标准化所面临的运行机制、新技术以及企业转型过程中的重点和热点问题，从企业实际情况和需求出发，针对企业标准化人员所关注的热点问题，致力于为各种类型、各种规模企业提供标准化基础知识、基本原理和方法、典型案例和常用资源，力图能为企业开展标准化工作提供参考借鉴。

本书以科学性、权威性、指导性和实用性为原则，坚持理论与实践相结合、标准化历史与现实需求相结合、国外经验与国内实践相结合，参考了国内外标准化战略、导则、指令和研究报告，标准化相关法律法规，基础通用标准中的原理和方法。

本书内容涵盖标准化基础知识、企业标准化、编制企业标准体系表、标准化运行管理、监督检查以及企业标准自我声明公开与领跑者制度。此外，面向企业实施还提供了典型案例、相关法律法规、国内外标准化资源、全国通用综合性基础标准，以及企业标准制修订模板、标准实施监督抽查报告格式等。

本书可以作为企业标准化人员的参考手册和标准化培训参考教材，也可以作为学习企业标准化课程的本科生或硕士研究生的参考资料，还可以作为经济类、管理类、理工类学科学习者理解标准化的参考资料。

本书由中国标准化研究院岳高峰主持编写，参加编写的人员有国家标准化管理委员会薛强，中国标准化研究院王志强、朱虹和徐凯程，国家标准技术审评中心张育润，航天科技一院杜俊鹏，北京中是企业管理顾问有限公司刘士华，石油工业标准化研究所邬巧梅，机械工业仪器仪表综合技术经济研究所张桂玲，成都高新区管委会张建忠，沈阳昭软软件有限公司张想想，原太原铁路局赵祖明，杭州市市场监管局余泉等。本书在编写过程中得到了中国标准化研究院邱月明副院长，中国标准化研究院高新所咸奎桐、杨青海、孙兆洋等的大力支持和帮助。感谢侯立娜为本书校对核稿。感谢中国人民大学出版社的编辑为本书的策划、编排和出版所做的大量工作。

本书在编写过程中还参考了大量的文献资料，感谢为标准化做出突出贡献的质量和标准化专家，他们提出了很多好的理论和方法。

本书涉及的知识内容广，由于时间仓促及编者的学识经验有限，不足之处在所难免，敬请同行、专家和读者指正。

编者

2021 年 5 月

目录 CONTENTS

导　论

近年来，随着我国深化标准化改革方案的推进落实，经济结构的调整、转化和升级，国际贸易形势的新变化、新情况的出现，以及通信、工业4.0、互联网+、智能制造等新技术和新理念的发展，我国企业标准化工作迎来了新的机遇和挑战，这也为企业标准化工作提出了新的建设目标、方向和需求。

一、深化标准化实施方案的需求

国务院在2015年印发的《深化标准化工作改革方案》（国发〔2015〕13号）指出，“标准化在保障产品质量安全、促进产业转型升级和经济提质增效、服务外交外贸等方面起着越来越重要的作用。但是，从我国经济社会发展日益增长的需求来看，现行标准体系和标准化管理体制已不能适应社会主义市场经济发展的需要，甚至在一定程度上影响了经济社会发展”。“这些问题的根本原因是现行标准体系和标准化管理体制是20世纪80年代确立的，政府与市场的角色错位，市场主体活力未能充分发挥。”为此，国务院推进的标准化工作改革，“要紧紧围绕使市场在资源配置中起决定性作用和更好发挥政府作用，着力解决标准体系不完善、管理体制不顺畅、与社会主义市场经济发展不适应问题”。对于企业标准化，提出要“放开搞活企业标准。鼓励企业制定高于国家标准、行业标准、地方标准，具有竞争力的企业标准……建立企业产品和服务标准自我声明公开和监督制度，逐步取消政府对企业产品标准的备案管理，落实企业标准化主体责任。鼓励标准化专业机构对企业公开的标准开展比对和评价，强化社会监督”。

2016年11月，国家标准委副主任崔钢在受邀出席新闻发布会时表示，国务院领导高度关注企业标准改革，推进企业标准自我声明公开制度是落实国务院标准化工作改革的重要举措。标准化工作的着力点在企业，标准化改革的重点和难点也在企业。建立企业产品和服务标准自我声明公开和监督制度，对于加快实施标准化战略，建设质量强国，促进供给侧结构性改革，推动大众创业、万众创新具有重要意义。这项改革有利于增强消费者知情权，指导消费者健康消费、理性消费；有利于加强企业标准化意识，围绕标准水平提升、持续提高企业产品和服务质量，进一步提升企业的行业竞争能力；有利于营造良好的市场竞争格局，形成优标优质优价、优胜劣汰的良好氛围。

二、实现企业高质量发展的需求

2016 年第 39 届国际标准化组织大会在中国召开，国家主席习近平在致大会的贺信中提到，“中国将积极实施标准化战略，以标准助力创新发展、协调发展、绿色发展、开放发展、共享发展”。同时，国务院总理李克强出席大会并发表致辞，强调要强化标准引领，提升产品和服务质量，促进中国经济迈向中高端。

结合实际情况，我国企业面临经济全球化、信息化、集成化、市场化等瞬息万变的外部环境，同时，人员、原材料、能耗等成本不断提升；我国环境保护日益严峻，依靠高能耗、高污染、高排放的粗放式发展已经难以为继，这就要求企业不断采用先进技术，不断创新，不断提升企业标准的技术要求。只有高标准，才能实现高质量，这就要求企业加强标准化建设，从理念上、从战略上、从标准体系建设角度，逐渐提升企业技术标准，通过高标准，促进实现高质量发展。

随着社会的不断发展，新的方法和技术不断涌现，并不断地试用、探索，不断发展完善。针对这些新的方法和技术，领域专家通过研讨和努力，将相对成熟的知识和经验成果写入国际、国家、行业等相关的标准，做成创新成果沉淀到技术标准中。对广大中小企业来说，它们需要根据企业自身的业务、技术和市场情况，尽可能地采取先进的国际和国家标准，跟上时代发展步伐，如在标准化领域发展较为热点的技术领域：物联网技术、移动计算、大数据、智能制造、增材制造（3D 打印）、人工智能、无人仓储、语义网、共享经济等。同时，现有国家或行业标准不断升级更新，许多国家或行业标准更新了新的理念方法和技术指标，如试验方法、人类工效学、工业数据、统计方法、信息技术、元数据、食品安全等。

此外，对企业来说，更重要的是结合现有的市场需要和技术发展趋势，制定符合企业自身高质量发展需求的内控标准。通常，先进的企业标准要高于推荐性的国家或行业标准，这样企业的产品在市场上才有竞争力。将企业最新的研发成果，最新的专利技术，满足市场需求的最新款式、样式、产品特征，写入企业内控标准，可以促进企业整体质量的提升。

三、采取新的管理理念和方法

企业管理的重要性不言而喻。企业科学的经营管理，对于企业的整体绩效提升更为重要。人们常常说，三分技术，七分管理。要不断采用新的管理方法和理念，与世界一流的企业接轨，从整体上提升企业的管理能力。当前，国际标准化组织（ISO）推出了很多先进的理念，发布了很多指导企业管理的管理体系标准。最为成功的例子就是 ISO 9000 质量管理体系标准（简称 ISO 9000）。ISO 9000 来源于美国军用标准（MIL-Q-9858《质量保证大纲》），其最初的需求是美国国防部为了确保军品的供货质量，要求军品承制单位按照质量保证标准的要求进行生产和管理，对产品质量相关过程进行管控。ISO 9000 经过历次修订，逐渐适用于各种规模、各种行业的企业。目前，ISO 9000 已经成为最流行的国际标准，在世界各国都得到了应用。除 ISO 9000 质量管理体系标准之外，其他的管理体系标准还有 ISO 14000 系列环境管理体系、ISO 22000 系列食品安全管理体系、ISO/IEC 27000 系列信息安全管理体系、ISO 26000 社会责任管理体系、ISO 31000 风险管理体系、GB/T 34061 知识管理体系、GB/T 29490 知识产权管理体系、ISO 56000 创新管理体系、ISO 50000 能源管理体系、ISO 55000 资产管理体系等。

国际标准化组织陆续推出的管理体系标准，是适用于组织机构不断提高运作水平的标准化的管理体系。这些管理体系具有相同的体系结构和运作模式，可以指导建立企业标准体系。这些企业管理体系具有以下几个共性特征。

（一）先进的管理经验

ISO发布的管理体系标准都是西方国家先进的管理经验和具体实践的总结，是一套科学系统的管理理念，通过将成熟的工作方式规范化、系统化，可以指导更多的企业改善管理水平。

（二）基于全生命周期的过程模型

管理体系标准提出的基于企业运作全生命周期的过程模型，强调过程的重要性，重视企业运作过程的每一个环节，通过规范企业的运作过程来实现最终目标，而不是单纯的质量标准或环境技术指标。

（三）领导作用

通过采用先进的管理理念，实施新的管理体系，可促进企业管理方法和能力的提升。这就要求在标准化建设中，要建立与之相适应、相一致的企业标准化战略，逐步建立与之相适应的企业标准体系。

（四）采取统一的技术架构

许多ISO的管理体系标准具有相同的结构，需要满足《ISO/IEC指令第1部分-综合ISO补充- ISO特定的程序》附录SL中的关于管理体系的高层体系结构（High Level Structure）的相关规定，并包含许多相同的术语和定义。这对于那些选择运行整体（有时称为“集成”）管理体系的组织尤其重要，这些体系可以同时满足两个或多个管理体系标准的要求。

01

第一章

标准化基础知识

本章导读

本章从标准化角度介绍了标准化及其发展历程、标准化价值、标准化目标和作用、标准化对象、标准体系层次和标准级别、个性标准与共性标准等基本概念；简要描述了有关系统的理论和方法；阐释了标准体系的定义和标准体系的基本特性。

第一节　标准化概述

一、标准

（一）标准的定义

1983 年发布的国家标准 GB 3935.1—83《标准化基本术语　第一部分》将标准定义为：对重复性事物和概念所做的统一规定。它以科学、技术和实践经验的综合成果为基础，经有关方面协商一致，由主管机构批准，以特定形式发布，作为共同遵守的准则和依据。

随着国际形势的发展，1996 年发布的 GB/T 3935.1—1996 等采用了 ISO/IEC 第 2 号指南《标准化和有关领域的通用术语及其定义》的全部内容，将标准定义为：为在一定范围内获得最佳秩序，对活动或其结果规定共同的和重复使用的规则、导则或特性的文件。该文件经协商一致制定并经一个公认机构的批准。

最新国家标准 GB/T 20000.1—2014《标准化工作指南　第 1 部分：标准化和相关活动的通用术语》中的表述，更加接近于 ISO/IEC 第 2 号指南的导则中对标准的定义：通过标准化活动，按照规定的程序经协商一致制定，为各种活动或其结果提供规则、指南或特性，供共同使用和重复使用的文件。

为便于读者理解和中英文对照，现将 ISO/IEC 第 2 号指南（ISO/IEC Guide 2：2004）中的定义也摘出来供参考：

“Document, established by consensus and approved by a recognized body, that provides, for common and repeated use, rules, guidelines or characteristics for activities or their results, aimed at the achievement of the optimum degree of order in a given context Note 1 to entry: Standards should be based on the consolidated results of science, technology and experience, and aimed at the promotion of optimum community benefits.”

简单地说，标准是协商一致的行为、思考或管理方式。我们通常说的标准都是技术标准。标准从本质上说是一种文件，标准体系也就是文件体系。

（二）标准和规范的区分

除标准之外，另外一个常用的概念就是规范。规范可以看作广义的标准，例如行为规范、道德规范、工作规范。在企业标准化中，很多企业标准是以规范的形式存在的，例如产品规范、技术规范、规范性文件等。为了便于读者对标准的理解，下面简要介绍一下规范的相关定义：

规范：规定产品、过程或服务应满足的技术要求的文件。

——GB/T 20000.1—2014

规范：阐明要求的文件。

——GB/T 19000—2016

在2004年发布的ISO/IEC第2号指南中，没有单独对规范进行定义，而是给出了技术规范、技术法规的定义：

技术规范：规定产品、过程或服务应满足的技术要求的文件。

技术法规：直接提供技术要求的法规，或者引用、包含标准、技术规范或实践准则中技术要求的法规。

1. 标准和技术规范的共同点

标准（通常也被称为技术标准）和技术规范有时候容易混淆，毕竟两者在技术概念上存在很多交叉和重叠的部分，二者有如下共同点：

（1）都是一种技术性的文件。标准和技术规范都是在一定的技术范围内提供技术要求、指南、特性等的文件，相当于规章制度、法律法规在技术领域发挥作用。

（2）都可以用于提升质量。通过标准或技术规范，可以对产品、过程或服务等实现过程管控，从而达到预期的质量效果。在作用上，都可以起到对质量检测、过程环节的监督、质量提升的作用。

（3）通过制定、发布、实施文件来发挥作用。标准和技术规范通常都是以文件作为存在方式、作为载体的，通过制定、发布和实施文件来发挥预期的作用。

2. 标准和技术规范的不同点

此外，标准和技术规范还存在很多不同点，主要体现在以下方面：

（1）是否需要权威部门发布。技术规范可以由技术专家制定发布，很多情况下，不一定需要征求意见、审批等程序；而标准通常都有一个发布标准的机构或部门。例如，ISO 标准是 ISO（国际标准化组织）发布的；GB 标准和 GB/T 标准通常是由国家市场监督管理总局和国家标准化管理委员会联合发布的；各行业标准是由行业标准主管部门发布的；地方标准是由各地方市场监督管理局发布的。

（2）是否按照标准化的程序起草编制。标准要由权威部门审批认可之后才能发布；技术规范更多的是产品研发设计部门开发的技术要求，不需要权威部门发布。标准要通过共同协商讨论，对技术要求达成协调一致，体现了民主性的特征；技术规范更多的是由技术部门根据科学性、质量特性等为产品设计制定的技术要求，通常不需要征求相关部门意见。

（3）是否采用统一的排版格式。通常国家标准、行业标准、国际标准、协会标准等都具有统一的格式，对版式、格式等都有一定的要求；技术规范通常不要求统一的格式，形式比较灵活。

二、古代标准化

标准化的历史可以追溯到远古时期，古人在制造工具时就开始使用标准。早在几百万年以前的旧石器时代，人们在制作石器、弓箭、骨针和贝壳项链的时候，就已经有意无意地形成了规范。可以考证的早期标准化案例之一是古人创建的历法，古代文明依靠太阳、月亮和星星在天空中的运行轨迹来确定种植和收获庄稼，以及庆祝节日和记录重要事件的适当时间。

为了明晰标准的内涵，我们还可以从我国古代的词源词义上进行简要分析。“标”是一种测量长度的用具，例如水标、标尺、标杆；在口语中，“标”常用来指代标准，例如超标、达标。清代段玉裁《说文解字注》认为，“准”是平的意思，像水一样平，“水平谓之准”。为此，古代制造了衡量水平的量器——“准”。根据《汉书·律历志》记载，“规圆生矩，矩方生绳，绳直生准。准者，所以揆平取正是也”。同时，从前面这句话中，引出了与标准相近的几个汉字，即“规”“矩”“绳”。“规”是一种画圆的工具；“矩”是画直角或方形的工具。俗话说，没有规矩，不成方圆。《荀子·礼论》中说“规矩诚设矣，则不可欺以方圆”，大概意思是有了规矩这种工具，就不能用方圆搞欺骗了。“绳”是可以用作画直线的工具，木匠就常用绳画直线。由此引申“准绳”代表一种标准、规范，如“绳之以法”就是以法律为准绳，给予制裁或处置。

此外，规格中“格”，在古代有格式、标准、法律、法令的意思。例如，“我劝天公重抖擞，不拘一格降人才”（清·龚自珍《己亥杂诗》）；“言有物而行有格也”（《礼记·缁衣》）；“武德二年，颁新格（特指法律）五十三条”（《旧唐书·刑法志》）。日本至今仍沿用“规格”表示现代汉语中的“标准”，日本的标准化机构就称为规格协会。这也说明我国从古代就非常重视标准，认可标准的重要作用。

在古代，对冶炼、铸钱、煮盐、建筑和制造兵器的加工制造过程，以及官民日用器物等手工业生产都是通过法律的形式加以统一规定，称为“工律”。据《睡虎地秦暮竹简·工律》记载，“为器同物者，其小大、短长、广亦必等”，“为计，不同程者毋同其出”。《孟子·离娄上》中描述了古代标准化的作用，“离娄之明，公输子之巧，不以规矩，不能成方圆；师旷之聪，不以六律，不能正五音”。大概意思是说，像离娄那样视力好的人，公输班（鲁班）那样手巧的人，如果没有规矩，也不能画出方和圆；像师旷那样听力好的人，如果不按照六律，也不能纠正五音。秦始皇统一六国后，要求“车同轨，书同文”，这是标准化工作的重大进展，进一步加强了全国各地的沟通与民族融合。度、量、衡的统一也是在那个时候实现的，这使中华文明成为世界上古代标准化的典范。

三、现代标准化

现代意义上的标准化起源于工业革命时期。标准化的出现和发展，也是社会历史发展的必然趋势。

随着 19 世纪工业革命的到来，人们对货物的运输需求增加，由此产生了先进的运输方式。铁路正是一种快速、经济、有效的跨国产品运输方式，这是通过铁路轨距的标准化实现的。如果铁路轨距宽度不同，那么在铁路运输过程中，就需要不断装卸物资，这会造成混乱和浪费时间，美国早期的火车旅行就曾受到这种问题的阻碍。

另外一个典型事件就是惠特尼将毛瑟枪生产标准化。200 多年前，美国刚建国，急需定做 4 万多支毛瑟枪。当时，毛瑟枪是按照手工作坊式进行生产的，需要铁匠单独打造零件并分别安装。每个零件的大小尺寸并不完全一样，毛瑟枪坏了之后也不好修理。4 万多支毛瑟枪需要大量的铁匠在短时间内完成，在当时是一项非常艰巨的任务。惠特尼说服美国政府，通过分工协作、标准化方式代替传统手工生产，并按期完成了任务，惠特尼因此被称为“标准化之父”。

从 19 世纪中叶开始，现代标准化进入发展快车道。英国工程师 J. B. 惠特沃思是第一个专业生产机械工具的人。从 1840 年到 1850 年，他在自己创办的机床厂里制成了能测量出一英寸百万分之一误差的标准螺旋规，解决了零件测量问题。1841 年，他建议英国采用统一的螺纹制度，他设计的惠氏螺纹很快被英国和欧洲其他国家采用。1870 年，英国建立了“公差制”。1900 年，美国的 F. 泰勒首创了劳动时间管理标准，被誉为“科学管理之父”。1901 年，英国工程标准委员会成立，这是世界上第一个国家标准化组织；同年，美国成立了国家标准局。1902 年，英国纽瓦尔公司编制了纽瓦尔标准《极限表》，实现了零件加工装配的可互换性。1906 年，英国颁布了国家公差标准 BS27，从此开创了机械零件标准化，开创了大规模工业生产的时代。

作为最早开展工业革命的国家，英国在标准化领域长期以来引领着全世界标准化的潮流。2003 年，英国工业联合会（Confederation of British Industry，CBI）、英国贸易工业部（Department of Trade and Industry，DTI）和英国标准学会（British Standards Institution，BSI）制定了英国的《国家标准化战略框架》（National standardization strategy framework，NSSF），其中提出了为什么要制定 NSSF、什么是 NSSF，以及 NSSF 的使命、愿景和评测方法等。NSSF 将标准分为正式的标准和广义的标准。广义的标准包含技术规范（Technical specification）、实践准则（Code of practice）、行为准则（Code of conduct）、指南和服务规范（Specifications for services）。

标准可以在法规中设置，也可以由正式的国家标准机构（National Standards Bodies，NSB）发布。BSI 是代表英国的国家标准机构，我国的国家标准机构是国家标准化管理委员会（SAC）。

四、标准化价值

世界各国高度重视标准化，从国家层面陆续发布了标准化战略，阐述了各国对标准化的价值观及对标准化的战略定位。

（一）英国

2003年，英国制定的《国家标准化战略框架》对标准化和标准化体系进行了解释说明：

标准化，通过建立和应用一组达成共识的并可以重用的解决方案，着眼于各相关方的利益，并平衡各方的利益。远不止是制定标准的范畴。

标准化体系包含一定范围的机制、组织和参与标准化活动的各方代表。有效的标准化需要有效的涉及各方的利益。标准化体系的元素，结合起来高效的运行，可以产生一系列的社会经济效益。

2015年，英国经济和商务研究中心发布了《标准对英国经济的贡献》的报告。该报告由英国标准学会（BSI）委托编制，受英国商业、创新与技能部（BIS）资助，从两个角度研究标准的经济贡献：实证分析标准对英国经济的宏观经济影响；微观分析使用标准和参与标准制定流程给单个企业带来的经济和其他效益。研究报告得出结论：

（1）标准在促进经济增长中发挥着重要而无形的作用，主要体现在以下方面：

- 促进企业和行业创新。
- 提高企业的生产力和效率。
- 推动国际贸易。

（2）考虑到标准扮演着多种重要角色，可以推断出标准对英国经济的重大影响力。

（二）美国

美国国家标准学会（ANSI）于2015年发布的美国国家标准战略修订版从度量衡和国际贸易的角度阐述了标准的重要作用。

度量衡或许应列入人类社会每个自然人生活的必备知识中。度量衡已进入经济条约的约定条款，进入每个家庭的日常生活。对于工业企业的各个岗位，对于每项财产的分配和安全，对于贸易和商业的交易，对于农民的劳动，对于能工巧匠的精工细作，对于哲人的课题探讨，对于古文物的研究，对于海员的航海、战士的冲锋、和平的交换、战争的行动，度量衡都是必不可少的。了解度量衡的既定用处已列入小学的基础教育。那些什么也不学，甚至不会读写的人也经常学习度量衡的知识。通过贯穿一生的职业习惯应用将这一知识固化在记忆之中。

——约翰·昆西·亚当斯

摘自亚当斯1821年2月22日向参议院所作的有关度量衡的工作报告

国际商业的语言就是标准。不管贸易方的语言如何，坚持与产品或服务的规范相一致是国际商业的基础，它能使价值数万亿美元的商品在全球流动。公众接受的标准是健全、公平和自由贸易成功的基础。如果没有标准，很难想象会有数量如此巨大且门类繁杂的国际贸易。

——唐纳德·L. 埃文斯，美国前商业部部长

摘自《标准＆竞争力：为结果而进行协调》(2004)

（三）德国

德国作为传统的制造业强国，非常重视工业领域的创新和标准化。德国标准化学会（DIN）从2004年开始发布《德国标准化战略》，并在2010年和2017年进行了更新。

2004年的《德国标准化战略》为德国标准化设定了5个目标：

（1）标准化确保德国作为领先工业国家的地位。

（2）标准化作为支撑经济和社会取得成功的一种战略工具。

（3）标准化是减少政府法规管制的工具。

（4）标准化和标准机构促进技术融合。

（5）标准机构提供有效的程序和工具。

2017年发布的《德国标准化战略》更新版标题为“德国标准化要助推企业和社会的团结、发展和开放国内外市场”，并设定了6个目标：

（1）促进国际与欧洲的贸易。

（2）用标准化作为放松法规管制规定的手段。

（3）建立开放互利的合作平台。

（4）运用工业与社会的力量推进标准化建设发展。

（5）将标准化用作（尤其对于企业）重要的战略工具。

（6）使标准化受到公众高度关注。

（四）法国

法国标准协会（AFNOR）在《法国标准化战略 2016—2018》中，明确了标准化的重要作用，“标准化的优势在于能够通过提供开发和构建市场的工具来应对未来的创新需求，同时解决经济方面以及与健康、环境和整个社会相关的问题。该战略为法国企业和行业提供了指导，以及相应的行动方案。它提供了刺激推动标准化的力量的刺激”。

法国标准协会曾经做过标准化经济效益研究，认为标准化有 5 个方面的好处：

（1）公司价值提升：企业参与标准化工作所贡献的知识资本代表着真正的价值。

（2）创新：标准化促进创新的传播。它强调产品的优势，并构成产品选择工具。

（3）透明度和道德规范：标准化有助于更好地遵守竞争规则。通过建立游戏规则，标准化可以更容易地剔除不遵守规则的玩家。

（4）国际化：通过促进国际交流的发展，标准化为企业提供了出口产品的真正“护照”。

（5）产品和服务质量：标准化促进企业能够对安全相关问题进行高度控制，并提供真正的质量保证。

（五）中国

2016 年第 39 届国际标准化组织大会在中国召开，国家主席习近平的贺信对标准化的重要作用给出了新的阐释，进一步提升了标准化工作的定位和重要作用：

“标准是人类文明进步的成果……伴随着经济全球化深入发展，标准化在便利经贸往来、支撑产业发展、促进科技进步、规范社会治理中的作用日益凸显。标准已成为世界'通用语言'。世界需要标准协同发展，标准促进世界互联互通。

"中国将积极实施标准化战略，以标准助力创新发展、协调发展、绿色发展、开放发展、共享发展。我们愿同世界各国一道，深化标准合作，加强交流互鉴，共同完善国际标准体系。

"标准助推创新发展，标准引领时代进步。国际标准是全球治理体系和经贸合作发展的重要技术基础。国际标准化组织作为最权威的综合性国际标准机构，制定的标准在全球得到广泛应用。"

五、标准化目标和作用

在标准化定义中，对标准化价值的含糊说法是为了在一定范围内获得最佳秩序。没有标准化，就会导致没有秩序，出现混乱、矛盾、相互不一致、相互不协调。

在我国1988年颁布的《中华人民共和国标准化法》中，标准化的目标被设定为："有利于保障安全和人民的身体健康，保护消费者的利益，保护环境""有利于合理利用国家资源，推广科学技术成果，提高经济效益，并符合使用要求，有利于产品的通用互换，做到技术上先进、经济上合理""有利于促进对外经济技术合作和对外贸易"。

在2017年修订并于2018年实施的《中华人民共和国标准化法》（简称《标准化法》）中，第一条就是"为了加强标准化工作，提升产品和服务质量，促进科学技术进步，保障人身健康和生命财产安全，维护国家安全、生态环境安全，提高经济社会发展水平，制定本法"。

GB/T 20000.1—2014中引用了ISO/IEC第2号指南的导则第2部分中的内容，标准化可以"有一个或多个特定目的，以使产品、过程或服务适合其用途"，这些目的"包括但不限于品种控制、可用性、兼容性、互换性、健康、安全、环境保护、产品防护、相互理解、经济绩效、贸易。这些目的可能相互重叠"。

（一）ISO/TR 10314—1：1990中的标准化目标

在ISO/TR 10314—1：1990中，提到了国际标准中产品标准化（但不仅限于产品标准化）有以下 5 个目标。

1. 增进相互理解

在人们进行贸易、生产、技术交流、评测等各种活动过程中，对于术语、图形符号、标志、标准样品、测试方法、统计方法、分类方式、编码方式等都需要统一规定，达成一致，否则就很难对话和交流。

2. 健康、安全、环境保护、资源的有效利用

产品的设计、生产、包装、储存、运输、使用、回收等，都可能涉及健康、安全、职业卫生与劳动保护、食品安全、节能减耗、资源节约，这些在不同的国家有不同的规定方式，可以通过技术法规、指令或强制性标准等方式加以规定。但为了在国际贸易中减少贸易壁垒，就需要在国际标准中加以统一规定，各国共同协调处理。

在我国，对于健康、安全、食品安全、环境保护等方面的要求，一般是通过强制性国家标准的形式规定的，也有的是通过政府发布的总局令、行业规定等形式发布的。

3. 接口、互换性、兼容性和交互工作

社会化大生产条件下，人们工作的分工越来越细。为了更好地组织和相互配合，就需要规定相应的要求，以便相互合作，各自分工。专业化生产能力的提高，又要求产品（或零件、服务、软件）的互换性和兼容性。信息与通信技术的发展，知识密集型产业的发展，导致某一项信息化项目必须多个组织共同协作。要求由不同组织、不同人员、不同用途、不同时期内开发的信息化系统或单元模块之间，能够实现相互对接、互联互通、数据共享、互操作、业务协同。

4. 适用性

特定的产品、过程或服务在特定的条件下，能实现规定的用途，实现特定功能的能力，这需要加工制造产品、软件、软构件、服务、业务过程等制定相关标准。例如，产品的功能、软件的功能构件或功能框架等相关标准。

5. 种类（类型）控制

在工业生产及国内国际贸易过程中，材料、紧固件、电子元器件、电线电缆等的选择会有多种选项，标准化既能降低零部件及原材料的种类，

又能降低成本，提高通用性和互换性。

（二）标准化的作用

除以上提到的具体标准化目标之外，还可以从下面几个角度理解标准化的作用：

1. 可以促进创新

有人可能会说，标准化限制了创新的渠道，认为标准规定了许多限制条件，束缚了创新。但同时，越来越多的专家认为，标准可以通过设定相关约束，达成共识，能促进新技术的开发；另外，标准可以对已经成熟的技术进行固化，并通过规模化进行推广，有利于在一定范围内扩散创新成果，有利于知识传播和共享。为了获取更大的创新，标准化也不应仅仅局限于研发部门，应扩展到生产领域的各个环节。

2. 有利于降低成本

标准化造就了大量的专业化生产，提高了单位劳动力的生产效率，降低了产品的生产成本和价格。同时，在生产中采购按照国家或行业标准生产的标准零件，可以减少大量的研究和设计开发的投入，有利于降低采购成本。

3. 有利于提高产品（服务）质量

标准化工作是提高产品（服务）质量的技术基础，没有标准化工作，产品（服务）质量就无从谈起，无法衡量，更不能保证可靠、稳定的产品（服务）质量。

六、标准化对象

（一）GB/T 20000.1—2014 中提到的标准化对象

在 GB/T 20000.1—2014 中，标准化对象是需要标准化的主题。标准化领域是指一组相关的标准化对象。标准化在各应用领域，为达到标准化目标，可以制定相应的标准。任何产品都有许多特性，为了某一目标，我们可以规定某些特性技术要求。例如，机械零件的抗压抗拉性能（强度指标）、抗变形要求（硬度指标）、重量要求、尺寸要求、公差配合要求、耐腐蚀、隔热、绝缘等方面，都可以从一个角度制定相应的技术标准，这个角度就是标准化对象。

例如信息化标准，信息化是一个非常宽泛的概念。从硬件的实现技术、通信协议、接口、功能、数据格式、信息安全、系统架构等各方面都可以制定相应的标准，关键在于用户要实现哪些标准化的首要目标。这就要围绕着标准化的目标，选取合适的标准化对象，从而指定相应的标准。

再例如，建立手机的标准体系，可以从不同的角度选取不同的标准化对象，可以规定手机的尺寸、重量，这样能更好地符合人们的使用手感。从人类工效学的角度制定标准，可以从手机的数据格式、系统接口、通信协议等方面规定手机的通信和系统软件，也可以规定手机充电器的接口，使不同的手机可以共享充电器。至于从哪个角度制定标准，取决于标准体系的目标。

（二）ISO/TR 10314—1：1990 提到的标准化对象

在 ISO/TR 10314—1：1990 中，提出并说明了一种在工业自动化领域构建车间生产层面标准体系的方法。该标准通过建立一个通用的车间生产参考模型，进而提出了在工业自动化制造车间领域内，确定未来哪些方面或哪些环节需要制定或修订的标准。其中，引用了 ISO 标准化的目的，包括：相互理解，卫生、安全、环境保护，接口可互换性，适用，多种控制。

该标准提到，为了在制造的标准化过程中确定标准的内容和范围，需要选择标准化对象，从而制定基于关键技术的标准。为此，在 ISO 标准化目的的基础上，该标准提出了车间生产范围内的标准化对象（视角/观点，Viewpoint）：

（1）安全：工厂正常地或错误地运行可能对人员、设备及在制产品的安全影响，还包括对可溯源的要求，对制造过程及其组成部分的顺序进行溯源的能力。

（2）环境：操作实体在制造过程中，加工过程和生产的产品对外界环境可能产生的作用。

（3）兼容性：涉及可互换性和相互依赖性，以及接口相关问题。

（4）性能：速度、成品（输出）的质量，耗费的资源等方面的性能。

（5）可操作性：涉及人与制造环境交互的诸多方面。

（6）可维护性：减少停工时间，减少停工而引起的风险和成本。

（7）可靠性：包括系统的设计和使用，用于满足在制定条件下满足可用性的要求。

（8）资格：对制造实体的设计和操作的人员素质要求。

（9）描述：对制造实体的设计、操作的定义和说明的有关要求，如术语、使用说明书的规定和要求。

（三）我国法律法规中提到的标准化对象

2018年1月实施的《中华人民共和国标准化法》中规定，“对保障人身健康和生命财产安全、国家安全、生态环境安全以及满足经济社会管理基本需要的技术要求，应当制定强制性国家标准”。也就是说，强制性国家标准的标准化对象是“对保障人身健康和生命财产安全、国家安全、生态环境安全以及满足经济社会管理基本需要的技术要求”。

对于推荐性国家标准化的标准化对象，定位于“对满足基础通用、与强制性国家标准配套、对各有关行业起引领作用等需要的技术要求”。

对于行业标准，定位于“对没有推荐性国家标准、需要在全国某个行业范围内统一的技术要求”。

对于地方标准的标准化对象，定位于“为满足地方自然条件、风俗习惯等特殊技术要求”。

为了说明标准化对象的内涵，下面以已经发布的相关法律法规进行引用说明。例如，在1989年4月1日开始实施的《标准化法》中，规定“对于下列需要统一的技术要求，应当制定标准”：

（1）工业产品的品种、规格、质量、等级或者安全、卫生要求。

（2）工业产品的设计、生产、检验、包装、储存、运输、使用的方法或者生产、储存、运输过程中的安全、卫生要求。

（3）有关环境保护的各项技术要求和检验方法。

（4）建设工程的设计、施工方法和安全要求。

（5）有关工业生产、工程建设和环境保护的技术术语、符号、代号和制图方法。

再比如，1990年国家技术监督局发布的《企业标准化管理办法》（简称《管理办法》）中规定，“企业标准是对企业范围内需要协调、统一的技术要求、管理要求和工作要求所制定的标准。企业标准是企业组织生产、经营活动的依据”。企业标准的范围除包括技术标准之外，还包括管理标准和工作标准。企业标准的标准化对象，依据《管理办法》可以从以下几方面考虑：

（1）企业生产的产品，没有国家标准、行业标准和地方标准的，制定企业产品标准。

（2）为提高产品质量和技术进步，制定的严于国家标准、行业标准或地方标准的企业产品标准。

（3）对国家标准、行业标准的选择或补充的标准。

（4）工艺、工装、半成品和方法标准。

（5）生产、经营活动中的管理标准和工作标准。

再例如，对于工程建设领域的标准化，1992 年原建设部发布的《工程建设国家标准管理办法》中第一条规定，“为了加强工程建设国家标准的管理，促进技术进步，保证工程质量，保障人体健康和人身、财产安全，根据《中华人民共和国标准化法》《中华人民共和国标准化法实施条例》和国家有关工程建设的法律、行政法规，制定本办法”。这表明工程建设标准化的目标，可以包含“促进技术进步，保证工程质量，保障人体健康和人身、财产安全”。同时，指出对需要在全国范围内统一的下列技术要求，应当制定国家标准：

（1）工程建设勘察、规划、设计、施工（包括安装）及验收等通用的质量要求。

（2）工程建设通用的有关安全、卫生和环境保护的技术要求。

（3）工程建设通用的术语、符号、代号、量与单位、建筑模数和制图方法。

（4）工程建设通用的试验、检验和评定等方法。

（5）工程建设通用的信息技术要求。

（6）国家需要控制的其他工程建设通用的技术要求。

七、标准体系层次和标准化级别

（一）标准体系层次

标准体系层次的概念来源于系统论的层次。系统可以分解为若干个子系统，称为系统的层次性。标准体系层次是指在一组相互关联、相互作用的标准构成的标准体系中，适用于不同范围的标准。有的标准适用于一个较大的系统，有的标准适用于子系统，这构成了标准体系的层次。

例如，在标准体系领域，GB/T 13016—2018《标准体系构建原则和要求》提出了标准体系的概念、基本原则和方法，是标准体系领域的上层标准；GB/T 13017—2018《企业标准体系表编制指南》是企业标准体系构建的标准，是 GB/T 13016—2018 的下层标准；GB/T 22336—2008《企业节能标准体系编制通则》、YC/T 479—2013《烟草商业企业标准体系 构成与要求》等是 GB/T 13016—2018 和 GB/T 13017—2018 方法指导下的下层标准。

再例如，在信息分类编码标准化领域，GB/T 7027—2002《信息分类和编码的基本原则与方法》是一个指导其他信息分类与编码标准的上层标准；GB/T 4754—2017《国民经济行业分类》、GB/T 13745—2009《学科分类与代码》、GB/T 14885—2010《固定资产分类与代码》等是信息分类编码领域在 GB/T 7027—2002 方法指导下的下层标准。

（二）标准化级别

标准化级别（Standardization level）出自 ISO/IEC Guide 2，在 GB/T 20000.1—2014 中将其翻译为“标准化层次”，指“标准化所涉及的地理、政治或经济区域的范围”。标准化可以是全球范围内的国际标准化，可以是国家范围内的国家标准化，也可以是行业范围内的行业标准化，还可以是企业范围内的企业标准化。

2018 年 1 月实施的《中华人民共和国标准化法》规定，我国标准包括国家标准、行业标准、地方标准和团体标准、企业标准。

八、个性标准与共性标准

根据标准的适用范围，可以分为个性标准与共性标准。GB/T 13016—

2018 为个性标准和共性标准提供了定义：个性标准是指“直接表达一种标准化对象（产品或系列产品、过程、服务或管理）的个性特征的标准”；共性标准是指“同时表达存在于若干种标准化对象间所共有的共性特征的标准”。

个性标准与共性标准也是相对而言的，行业基础标准相对于国家基础标准来说，可以看作是个性标准；而行业基础标准相对于行业专业标准来说，可以看作是共性标准。

个性标准与共性标准之间是层次关系，这里的层次关系是指“IS－A”关系，是具体与抽象的关系。上层标准是抽象出下层标准的共性特征，适用范围比较广。在 GB/T 20000.1—2014 中，规定基础标准是“具有广泛的适用范围或包含一个特定领域的通用条款的标准”。

在我国的国家标准体系中，最上层的标准是全国通用综合性基础标准，适用于全国范围（跨多个国民经济行业范围）的上层标准，本书附录D介绍了标准化领域常用的全国通用综合性基础标准。

第二节 系统论

一、系统的定义和基本特性

（一）系统的定义

1978 年的 9 月 27 日，钱学森发表学术文章《组织管理的技术——系统工程》，首次在实践与理论层面对系统工程进行了清晰的梳理。钱学森等将系统定义为：

系统：把极其复杂的研制对象称为“系统”，即由相互作用和相互依赖的若干组成部分结合成的具有特定功能的有机整体，而且这个“系统”本身又是它所从属的一个更大系统的组成部分。

同时，还提出系统工程的概念：

系统工程：是组织管理“系统”的规划、研究、设计、制造、试验和使用的科学方法，是一种对所有“系统”都具有普遍意义的科学方法。

自从系统工程的概念和方法提出之后，系统工程的应用突破航天领域，彰显出对社会主义建设各个领域的深远价值。钱学森打通了科学与哲学之间的门径，构建起系统科学中国学派。

在于景元的《从系统工程到系统学——一个新兴的科学技术部门》中，还提到其他几个与系统相关的基本概念：

系统结构：互相关联、互相制约、互相作用的组成部分。

系统环境：一个系统的以外部分。

系统边界：系统和系统环境的分界。

系统输出：系统对其环境的作用。

系统输入：环境对系统的作用。

系统结构和环境决定了系统功能。系统功能是通过系统输入—输出关系表现出来的。

系统状态：系统每个时刻所处的情况。

1979 年 2 月，中国标准化综合研究所第一任所长戴荷生在建所之初拜访钱学森。钱学森提道："标准化也是一门系统工程，任务就是设计、组织和建立全国的标准体系，使它促进社会生产力的持续高速发展。"同年，钱学森在北京系统工程学术讨论会上发表了题为《大力发展系统工程，尽早建立系统科学的体系》的演讲（讲稿首载于 1979 年 11 月 10 日的《光明日报》），提出了标准系统工程这个系统工程专业名称。他说："计量系统工程和标准系统工程是搞一个地区、一个国家的计量和标准体系的，他们的组织、建立和正常执行。这在现代社会已成为非常重要的职能。"标准化系统工程概念的正式提出，促使标准体系的相关概念和方法逐步建立起来。

在 ISO 9000 质量管理体系标准中，将系统环境称为内外部环境（Context），不仅有企业系统的外部环境，还有企业内部环境。

在管理体系中的系统概念：ISO 9000：2015《质量管理体系　基础和词汇》是由 ISO/TC 176 质量管理和质量保证标准化技术委员会提出来的，将系统定义为"相互关联和相互作用的一组要素"。ISO 9000 管理体系中最重要的一个原则就是管理的系统方法，将管理过程中的原则、方法、组织、程序、惯例、文件等作为一个相互管理的体系进行规划、控制和协调。

在软件工程领域的系统概念：ISO/IEC 15288：2015《系统和软件工程-系统生命周期过程》是由 ISO/IEC 联合标准化技术委员会 JTC1 中的第 7 分委会 SC7 软件与系统工程提出来的，将系统定义为“为达到一个或多个目的而组织起来的相互作用结合体”。此处的系统主要指人造的、创建的、用来在指定的环境中为用户和其他利益相关方提供服务。图 1-1 为 ISO/IEC 15288：2002 中的一个示意图，旨在说明系统的层次关系，大系统包含若干小系统，系统可以进一步分解。这个系统关系示意图仍有可解释性。

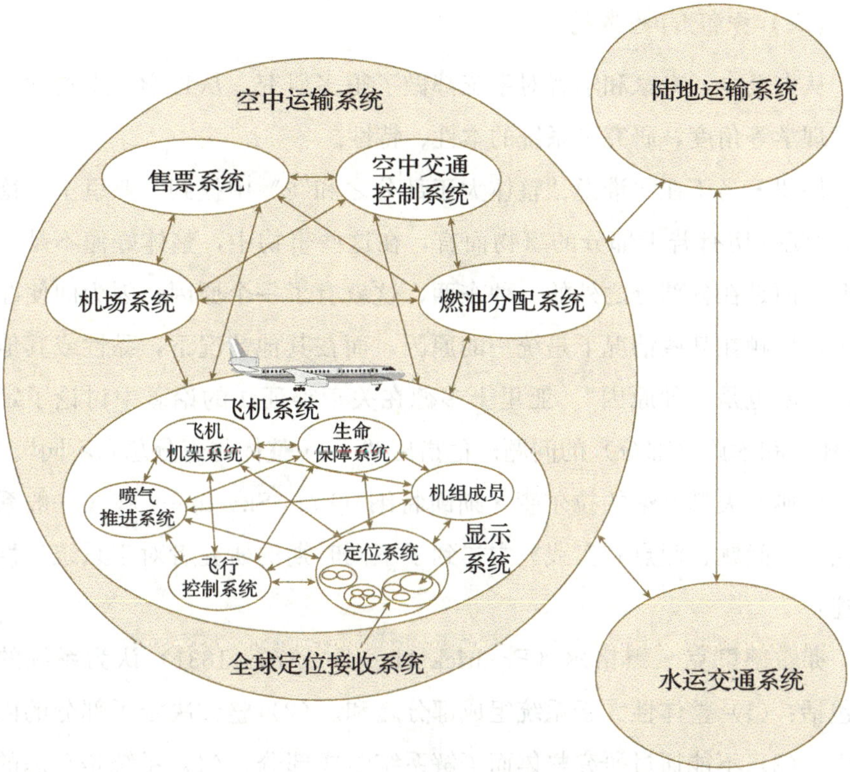

图 1-1　飞机系统示例图

注：该图出自 ISO/IEC 15288：2002《系统工程——系统生命周期过程》附录图 D.1。

ISO 14258：1998《工业自动化系统　企业模型的概念与规则》是由 ISO/TC 184 工业自动化系统与集成标准化技术委员会提出的关于企业的概念与方法论的标准。该标准定义了企业模型的概念与规则，“将系统理论作为企业模型的基础”，并提到两本文献：《通用系统理论方法》（George

J. Klir，1969）和《通用系统思想介绍》（Gerald M. Weinberg，1975）。这两本文献提到了通用系统理论的三种最常用的方面，即结构方面、行为特征方面和分层方面。从结构方面来讲，系统的元素不是孤立的，而是与其他元素具有多重依存性；从行为方面来讲，基于变量的标识及其功能性或其他关系；从分层方面来讲，系统的一个元素本身也可视为一个系统，称为子系统。这就确定了系统的抽象分层：进入下层，可得知所面对系统的更具体的描述及系统如何实现其目的；进入上层，可得知系统在其环境条件中的任务。

（二）系统的基本特性

从古至今，专家和学者对系统都做了很多研究，从哲学、生物学、组织管理学等角度，研究了系统的本性、特性。

保罗·马丁在《谁说“整体大于部分之和”?》中提到，亚里士多德认为，“就一切有若干部分的事物而言，在这些事物中，整体好像不是一堆东西，而是在各部分之外的一种东西，这就有了一个原因；因为即使在物体中，接触在某些情况下是统一的原因，而在其他情况下，黏性或其他类似的性质也是一种原因”。亚里士多德在关于辩证法的论著中讨论了定义（客体）和术语（部分）的问题。他指出“……整体与部分总和不同”。

瑞典耶夫勒大学的拉尔森·斯凯特纳（Lars Skyttner）在《一般系统理论——问题、观点和实践》中提到了不同时期的研究者对于系统特性的阐述：

弗雷德里克·黑格尔（Fredrick Hegel，1770—1831）认为系统的本性包括：（1）整体性大于系统组成部分之和。（2）整体决定了部分的内在特性。（3）不能通过研究整体而了解系统组成部分。（4）系统是动态的相互管理、相互依赖的。

肯尼斯·波尔丁（Kenneth Boulding，1964）提出的五条假设被认为是现代一般系统理论的起点。总的说来是关于秩序性的论述，他认为秩序、规则和非随机性更可取，而不是相反。

唐宁·布勒（Downing Bowler，1981）将系统看作是世界和生命的哲学，认为：（1）宇宙是一个层次结构体系，即复杂系统由简单系统构成。

(2) 所有系统或者所有组织都具有一些共同的特征。(3) 所有级别的系统都具有新颖的特征，这些特征在层次结构中普遍向上应用于更复杂的级别，但不是向下到更简单的级别。(4) 可能识别出适用于“存在”的所有系统、所有级别的通用关系。(5) 每个系统都有一组边界，用于区分系统内外之间某种程度的差异。(6) 存在的一切，无论是正式的、存在的，还是心理的，都是一个有机的能量、物质和信息系统。(7) 宇宙由合成系统的系统和分解系统的系统的过程组成。

工商管理教授韦斯特·邱启曼（West Churchman，1971）提供了更深层的系统特征，他认为：(1) 具有目的性。(2) 可以确定其性能。(3) 具有一个或多个用户。(4) 具有部件（组件）。(5) 嵌入在一个环境中。(6) 包含一个决策者，该决策者是系统内部的，可以改变部件的性能。(7) 具有一个设计师关注系统的结构，设计师对于系统概念化可以指导决策者的行为，并最终影响整个系统的最终结果。(8) 设计人员的目的是更改系统，以便最大化其对用户的价值。(9) 设计人员确保系统足够稳定，以便人们了解其结构和功能。

卢德维格·贝塔朗菲（Ludvig von Bertalanffy，1955）、约瑟夫·利特（Joseph Litterer，1969）和其他系统论研究人员提出的一般系统理论基本形成了共识。包括：(1) 对象及其属性的相互关系和相互依赖性：不相关和独立的元素永远不能构成一个系统。(2) 整体性：应该可以在系统中定义不可能通过分析检测的整体属性。(3) 目标性：系统性互动必须导致达到某个目标或最终状态或接近某个平衡点。(4) 转换过程：如果要实现目标，所有系统都必须将投入转化为产出。在生命系统中，这种转变主要是周期性的。(5) 输入和输出：在封闭系统中，输入可一劳永逸地确定；在开放系统中，从其环境中接纳其他输入。(6) 熵：这是任何系统中存在的无序或随机性的数量。(7) 监管：构成系统的相互关联的对象必须以某种方式加以管制，以便实现其目标。监管意味着将检测和纠正必要的偏差。因此，反馈是有效控制的必要条件。典型的幸存开放系统是动态平衡的稳定状态。(8) 层次结构：系统通常是由较小的子系统组成的复杂整体。系统层次结构隐含地表达了这种嵌套关系。(9) 差异化：在复杂系统中，专用单元执行专门的功能。这是所有复杂系统的特征，也可以称为专业化或分工。

（10）等同性和多重性：开放系统具有同样有效的替代方法，可以从不同的初始条件获得相同的目标，或者从给定的初始状态获得互斥的目标。

我国系统科学家于景元介绍的奥地利理论生物学家贝塔朗菲的著作《一般系统理论》中，将系统特性概括为：（1）系统整体性，“整体大于各孤立部分之和”，系统具有其组成部分所没有的功能。（2）系统关联性，系统组成部分之间以及系统和其环境之间相互关联、相互制约、相互作用，系统关联性决定了系统整体性。（3）系统动态性，从时间维来观察系统时，系统无时无刻不在变化和运动。（4）系统有序性，系统关联性在空间上所表现出来的结构层次，以及系统动态性在时间上所表现出来的演化方向，使得系统具有在空间、时间和功能上的有序性质，越有序的系统其组织化程度越高。（5）系统预决性，系统有序性使得系统自动导向它的终极状态，这一特点在生命和生物系统中表现得尤为明显。

表 1－1 简要汇总了以上各位系统论专家学者的相关观点。

表 1－1　系统论观点和系统特性的相关表述

专家学者	系统论观点和系统特性
亚里士多德	（1）整体处于部分之外； （2）整体与部分总和不同。
弗雷德里克·黑格尔	（1）整体性大于系统组成部分之和； （2）整体决定了部分的内在特性； （3）不能通过研究整体而了解系统组成部分； （4）系统是动态的相互管理、相互依赖的。
肯尼斯·波尔丁	关于秩序性的论述，认为秩序、规则和非随机性更可取。
唐宁·布勒	（1）宇宙是一个层次结构体系，即复杂系统由简单系统构成； （2）所有系统或所有组织都具有一些共同的特征； （3）所有级别的系统都具有新颖的特征； （4）可能识别出适用于“存在”的所有系统、所有级别的通用关系； （5）每个系统都有一组边界，用于区分系统内外之间某种程度的差异； （6）存在的一切，无论是正式的、存在的，还是心理的，都是一个有机的能量、物质和信息系统； （7）宇宙由合成系统的系统和分解系统的系统的过程组成。

续表

专家学者	系统论观点和系统特性
韦斯特·邱启曼	(1) 具有目的性； (2) 可以确定其性能； (3) 具有一个或多个用户； (4) 具有部件（组件）； (5) 嵌入在一个环境中； (6) 包含一个决策者； (7) 具有一个设计师关注系统的结构； (8) 设计人员的目的是更改系统，以便最大化其对用户的价值； (9) 设计人员确保系统足够稳定，以便人们了解其结构和功能。
卢德维格·贝塔朗菲、约瑟夫·利特和其他系统论研究人员	(1) 对象及其属性的相互关系和相互依赖性； (2) 整体性； (3) 目标性； (4) 转换过程； (5) 输入和输出； (6) 熵； (7) 监管； (8) 层次结构； (9) 差异化； (10) 等同性和多重性。
于景元	(1) 系统整体性； (2) 系统关联性； (3) 系统动态性； (4) 系统有序性； (5) 系统预决性。

二、企业系统

企业作为一个系统，组成企业系统的子体系包括生产运作体系、资源管理体系、财务体系、技术研发体系、质量管理体系、职业健康安全体系、信息化体系、标准体系、营销体系等若干大小体系。这些体系之间相互作用，相互支撑，共同构成企业有机整体，为企业的核心业务目标服务。

企业存在于社会这样一个大系统之中，面临的外部系统环境包括客户、合作伙伴、供应商、政府、行业协会、科研机构、行业主管部门、社会团体、竞争企业等各种性质的企事业单位、机构团体。企业与合作伙伴一起合作共赢，从供应商处采购需要的原材料、零配件、机械设备等，提供具有价值含量的产品或服务，以满足客户需求，获得客户满意，实现其价值链中的价值观。在此过程中，企业要受到行业主管部门的行业规章制度的约束，接受政府的财务会计、纳税、信息保密、人身安全、卫生保健、劳动保护等相关政府的监管及行业协会内部的协调，接受社会舆论、社会团体的监督（包括消费者协会、妇女儿童保护协会等的监督），还面临着与竞争对手的行业竞争。

企业标准化工作首先存在于企业系统内，是构成企业系统的子体系。另外，企业标准化运行管理体系和企业标准体系都要为企业系统提供标准化的支撑和服务。企业标准化战略服务于企业整体战略，服务于企业业务发展战略，如图 1－2 所示。

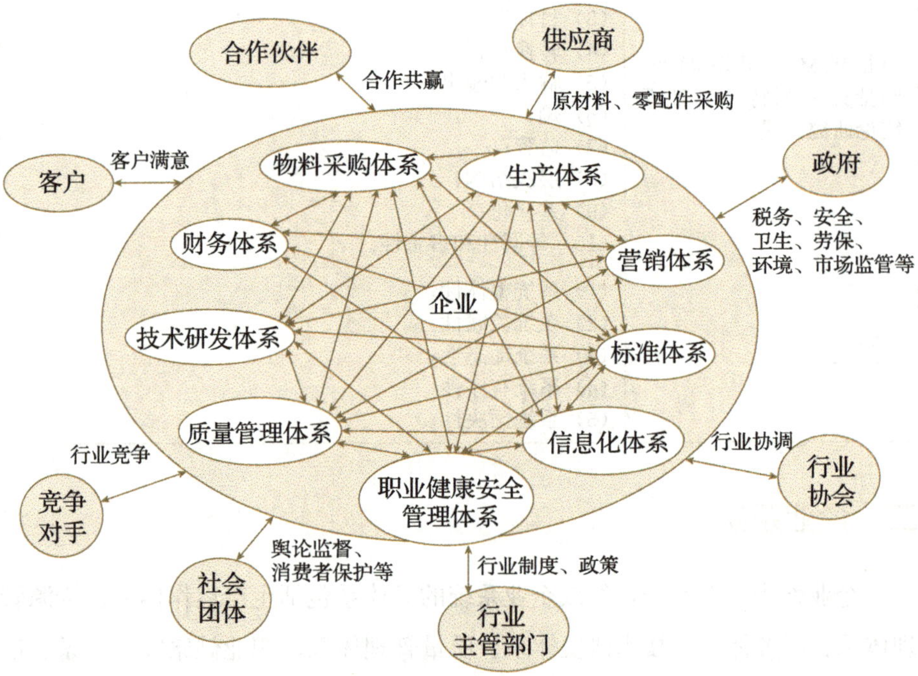

图 1－2　企业系统示意图

第三节　标准体系

标准体系是一定范围内的标准按其内在联系形成的科学的有机整体。该定义需要关注以下基本概念：一定范围、标准、内在联系、有机整体。

一、一定范围

一定范围是指标准体系的适用范围或应用范围，标准体系需要简化、统一、协调、优化的标准化领域，也可以理解为标准化系统能发挥作用的有效范围。具体来说，一定范围可以是国家、行业、专业领域、地方、企业及其他特定系统的“标准化范围”。

（一）标准体系的适用范围

标准体系作为人为构造的系统，首先应明确系统的边界。在社会实践过程中，为了更好地沟通理解、达成共识，能顺畅地进行分工协作，更加有效地传播知识，人们会对重复出现或应用的事物或概念及它们的共性特征做出统一规定，以便于更好地理解和改造客观世界。

从系统论的角度出发，标准体系作为系统，其组成元素是标准，而不是产品、过程、服务或管理项目。对初步接触标准化的人员来说，标准体系的组成元素不容易理解。如果标准化人员对于要构建的标准体系的战略定位、目标、范围、边界没有想清楚，那么就会对标准体系包含哪些标准或不包含哪些标准，一时也很难想清楚。通常，如果不做深入的调研、分析，标准体系的组成要素最容易写成产品、过程、服务或管理项目。很多技术专家在制定标准的时候，经常将标准写成研究报告。这就是由于没有选定恰当的标准化对象，没有选好制定标准的切入点，不知道从哪个角度制定标准，从哪个维度规划标准体系。

标准体系的分析视角是从标准化角度来看，为了保障质量、安全（人身、财产、动植物等）、经济效益、环境保护等不同的标准化目标，确定从哪些方面适合做标准，应该制定什么类型的标准。标准体系的分析视角与技术专家、业务专家具有不大相同的角度。例如，某起重机器厂要建立本企业的标准体系，很容易将标准体系划分为 8 吨起重机标准、16 吨起重机标准、24 吨起重机标准、50 吨起重机标准等。标准化人员则会从技术标准的角度对标准进行分类，这不一定是技术角度，也不一定是业务角度。对于起重机标准，可以从保障安全的角度制定起重机安全标准，这些安全标准不依赖于起重机的实现技术，即不管是汽车起重机还是轮胎式起重机，其吊臂形式无论是桁架臂抑或是伸缩臂，都应该遵循这个安全标准。具体标准体系的分析视角，可以参考本章第一节中的“六、标准化对象”。

明确标准体系的范围有以下几层含义：

第一，明确标准体系的适用范围或者服务范围。明确标准体系为谁服务，在怎样一个范围内发挥作用。例如，中国的标准体系、美国标准体系、德国标准体系等就是以一个国家为范围的标准集合。在“十五”期间和2009年前后，我国分别开展了国家标准体系的研究和构建工作。美国发布了若干版本的标准化战略，以美国标准体系为对象，阐述美国国家标准体系的目标定位、制定原则和实施策略等。德国、英国等国家也分别发布了国家标准化战略，明确国家标准体系的目标、定位和实施策略。

第二，明确标准体系的构成要素，或者将什么范围内的标准纳入标准体系的考虑之中。构成标准体系的元素是标准。但是，对企业来说，标准的范围可大可小。不同的企业，有不同的行业背景、管理机制或者模式，有不同的企业文化。通常来说，纳入企业标准体系范围的是企业的技术标准，按照企业标准化程序制定形成的标准。但有的企业也将实施的质量管理体系、环境管理体系、安全管理体系等管理体系文件，纳入标准体系进行维护管理。这些管理体系文件包括程序文件等，很多相当于企业内部的运行管理制度。在不同的行业，对制度文件有不同的管理要求，这就需要企业考虑自身的管理模式、企业文化等，明确本企业标准体系的范围和边界。此外，很多文件是就事论事，一事一议，不具有重复使用和共同使用的特征。例如，关于企业员工如何设置局域网进行网络会议的通知，是就企业当前如何连接内部局域网、IP地址的一次性操作指南，在很短一段时间后可能就会因为技术升级、设备改造进行调整。这种文件不具有技术标准稳定性的要求，重复使用的概率比较低，不宜纳入标准体系。我们可以梳理文件中的技术规定或者技术要求条款，将其纳入相关标准中，不过能做出统一规定的文件不一定都是标准。

（二）国家、行业、地方、团体和企业标准体系

一个国家内全部标准的集合，称为全国标准体系（以区分由国家标准

组成的国家标准体系）。根据我国现行《标准化法》的规定，我国的标准包括国家标准、行业标准、地方标准、团体标准、企业标准。

按照 GB/T 20000.1—2014 的定义，国家标准是由“国家标准机构通过并公开发布的标准”。国家标准分为强制性标准、推荐性标准。

行业标准，是指适用于某行业（一般指国民经济行业，我国各国民经济行业标准的代号见表 1－2）的标准，一般由经国务院授权发布行业标准的主管部门批准发布。在《标准化法》中规定，“对没有推荐性国家标准、需要在全国某个行业范围内统一的技术要求，可以制定行业标准。行业标准由国务院有关行政主管部门制定，报国务院标准化行政主管部门备案”。

表 1－2　我国各国民经济行业标准的代号

代号	含义	ICS 对照	代号	含义	ICS 对照
NY	农业	65	YD	通信	33
SC	水产	65.150；67.120.30	GY	广播电影电视	33；37.060
SL	水利	93.160	DL	电力	29
LY	林业	65	JR	金融	03.060
QB	轻工	67；71；81；83；85；97	HY	海洋	07.060
FZ	纺织	59；61	DA	档案	01.140
YY	医药	11	SN	出入境检验检疫	13
MZ	民政	11.040.40	WH	文化	37.060
JY	教育	03.180	TY	体育	03.200；97.220
YC	烟草	65.160	SB	国内贸易	03
YB	黑色冶金	77	WB	物资管理	67
YS	有色冶金	77	HJ	环境保护	13
SY	石油天然气	75	XB	稀土	73.060.99；77.120.99
HG	化工	71；83；87	CJ	城镇建设	93
SH	石油化工	71；75；83；87	JG	建筑工业	91
JC	建材	91	CY	新闻出版	37.100；01.140
DZ	地质矿产	73	MT	煤炭	73.040；75.160
TD	土地管理	91	WS	卫生	11；13.100
CH	测绘	07.040；07.060	GA	公共安全	13；43.180

续表

代号	含义	ICS 对照	代号	含义	ICS 对照
JB	机械	21；23；25；29；53	BB	包装	55
QC	汽车	43	DB	地震	91.120.25
MH	民用航空	49；55.180.30	LB	旅游	03.200
WJ	兵工民品	—	QX	气象	07.060
CB	船舶	47	WM	外经贸	03；35.240.60
HB	航空	49	HS	海关	03；19
QJ	航天	49	YZ	邮政	03.240
EJ	核工业	27.120	ZY	中医药	11
TB	铁路运输	03.220.30；45；93.100	GH	供销	03.100.20
JT	交通	43；47.020	LS	粮食	65
LD	劳动和劳动安全	03.040；13	WW	文物保护	91；97.195
SJ	电子	31	AQ	安全生产	13
GM	国密	35	RB	认证认可	03.120.20
SW	税务	03	NB	能源	27
SF	司法	03			

地方标准，是地方标准化主管部门批准发布的标准。在《标准化法》中规定，“县级以上地方人民政府标准化行政主管部门统一管理本行政区域内的标准化工作。县级以上地方人民政府有关行政主管部门分工管理本行政区域内本部门、本行业的标准化工作”。

团体标准，按照国家标准化委员会和民政部在 2019 年 1 月发布的《团体标准管理规定》（国标委联〔2019〕1 号），是“依法成立的社会团体为满足市场和创新需要，协调相关市场主体共同制定的标准”。《标准化法》规定，“国家鼓励学会、协会、商会、联合会、产业技术联盟等社会团体协调相关市场主体共同制定满足市场和创新需要的团体标准，由本团体成员约定采用或者按照本团体的规定供社会自愿采用。制定团体标准，应当遵循开放、透明、公平的原则，保证各参与主体获取相关信息，反映各参与主体的共同需求，并应当组织对标准相关事项进行调查分析、实验、论证”。

企业标准，是“对企业范围内需要协调、统一的技术要求、管理要求和工作要求所制定的标准。企业标准是企业组织生产、经营活动的依据”。《标准化法》规定，“企业可以根据需要自行制定企业标准，或者与其他企业联合制定企业标准”。同时，“国家鼓励社会团体、企业制定高于推荐性标准相关技术要求的团体标准、企业标准”。

团体标准和企业标准属于市场标准，由市场自主制定；国家标准、行业标准、地方标准属于政府标准，由政府主导制定。《标准化法》中规定，“国家支持在重要行业、战略性新兴产业、关键共性技术等领域利用自主创新技术制定团体标准、企业标准”，“国家鼓励社会团体、企业制定高于推荐性标准相关技术要求的团体标准、企业标准”。同时规定，“国家实行团体标准、企业标准自我声明公开和监督制度”。对于企业标准自我声明公开的详细内容，参见第六章。

（三）专业领域标准体系

除了上述提到的国家、行业、地方、团体、企业标准之外，标准体系的范围还可以是专业技术领域。例如，专业标准化技术委员会建立的标准体系，即为某专业领域的标准化，一般选取某个专业技术角度作为标准化对象，如信息安全标准化、分类编码标准化、质量管理标准化等。

GB/T 13016—2018 中提到的行业，是指《国民经济行业分类》（GB/T 4754—2017）中对行业的定义，即“从事相同性质的经济活动的所有单位的集合”。专业是指在一个行业（或产业）内细分的从事相同性质的经济活动的所有单位的集合，也就是 GB/T 4754—2017 标准中所指的国民经济行业中的“中类、小类”。考虑到在标准化领域的习惯用法，仍可将中类、小类行业称为专业。

（四）工程项目标准体系

除国家、行业开展标准体系建设之外，复杂的工程项目也逐渐重视标准体系的构建，例如较大规模的信息化工程项目。一般来说，信息化建设需要不同人员的参与，是一项长期的系统工程，复杂程度很高。具体可以体现在：信息化建设的目标抽象、知识领域广、业务范围广、参与人员复杂、过程复杂、涉及业务流程重组等，这决定了信息化建设项目的复杂性很高，直接导致了信息化项目投资大，不容易成功。信息化建设作为将组织内不同的人员、组织部门、资源、自动化机械、物料集成起来的系统集成项目，需要不同的专业、人员、部门共同协作，共同协作的基础和依据就是国际、国家、行业乃至企业广泛认可的标准。围绕着信息化项目建立起来的标准体系，在现代的信息化建设过程中发挥着越来越重要的作用。

二、标准

标准是组成标准体系的基本元素。标准的定义以及与规范的区别，参见第一章第一节。

三、内在联系

组成标准体系的子体系或标准之间有相互支撑、相互作用的关系。有共性标准与个性标准之间的上下层关系（包含规范性引用关系），还有同层标准之间规范性引用和资料性参考关系。我国现行标准有些是从国际标准（由各国代表参与的标准化组织形成的标准，例如 ISO 标准）或国外标准（外国的国家标准或行业标准，例如英国标准协会标准）转化为国内标准而来的。这些转化自国际或国外标准的国内标准，还存在与国际或国外标准的对应关系。目前，对于从国际标准化机构的国际标准或国外标准化机构的国外标准转化为我国标准的情况，还存在标准之间的采用关系。我国对于采用国际标准分为三种类型，即等同采用（IDT）、修改采用（MOD）和非等效（NEQ）三种。

下面具体介绍上下层关系的具体表现，并列举两个案例。

（一）上下层关系的具体表现

1. 上层标准对下层标准进行指导

上层标准是适用性较广的共性标准，尤其是原则性、方法性的基础标准，对下层标准有指导作用。下层标准应充分采纳上层标准的共性条款，以便在更广的范围内实现标准的兼容与协调。

例如，GB/T 13016—2018《标准体系构建原则和要求》，相对 GB/T

13017—2018《企业标准体系表编制指南》来说，规定了标准体系的概念、基本原则和方法，是上层标准。

2. 下层标准对上层标准进行补充

下层标准在继承上层标准共性特征的基础上，规定了更具有针对性的实现细节条款，补充和完善了上层标准的规定。下层标准更加贴近具体的应用领域，更具有针对性和实用性。

GB/T 13017—2018 在 GB/T 13016—2018 的基础上，规定了企业标准体系表编制的基本要求和方法，是对 GB/T 13016—2018 在企业标准化工作中的应用实施和补充。

3. 上层标准提取共性特征

上层标准提取了某一类标准的共性特征，这样这类标准可以直接继承这些共性特征，而不用在这类标准中重复规定，这就简化了标准。而且这些共性特征避免了在多个标准中做不同的规定而引起的重复冲突、不一致的情况。

4. 下层标准实施具体细节

下层标准从专业技术角度来说，更加具体，更加针对某一专业领域，更具有实用性和可操作性。下层标准在继承了上层标准通用要求的基础上，对具体实施细节做了更具体的规定，提出了更具有针对性的要求，对实际工作有更具针对性的指导作用。

（二）示例

下面以 ISO 标准的人类工效学为例，简要说明上下层标准之间的相互配套和协调关系，如图 1-3 所示。

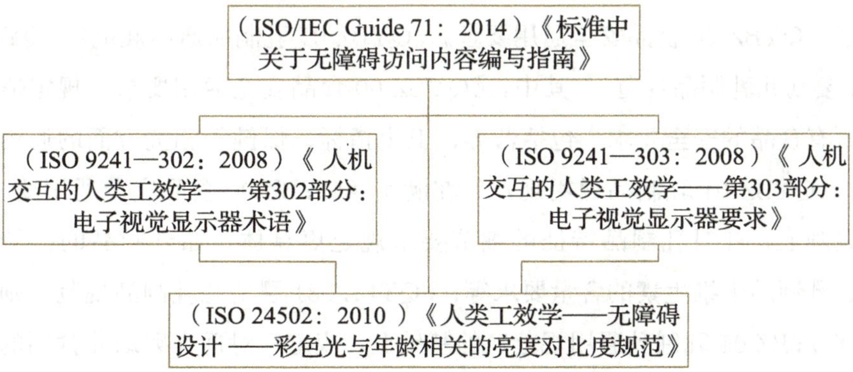

图 1-3 人类工效学个性标准与共性标准

(1)《人类工效学——通用原则、方法和概念》(ISO 26800：2011)，提供了通用的人体工程学方法，规定了基本的人体工程学原理和概念，适用于任务、工作、产品、工具、设备、系统、组织、服务、设施和环境的设计和评估，以使其与特征、需求、价值、能力和局限性相适应。

(2)《标准中关于无障碍访问内容编写指南》(ISO/IEC Guide 71：2014)，协助标准制定人员（例如技术委员会或工作组）解决标准中的无障碍访问问题，为在标准中起草和编写适当的无障碍访问要求和建议提供指导。

(3)《人机交互的人类工效学——第 302 部分：电子视觉显示器术语》(ISO 9241—302：2008)，这一部分为电子可视显示提供了全面的术语，并解释了 ISO 9241 其他部分中使用的术语和定义。

(4)《人机交互的人类工效学——第 303 部分：电子视觉显示器要求》(ISO 9241—303：2008)，这一部分建立了用于分析各种可视显示技术、任务和环境的测试方法。

(5)《人类工效学——无障碍设计——彩色光与年龄相关的亮度对比度规范》(ISO 24502：2010)，规定了任何年龄的人看到的任何两种不同颜色灯的年龄相关的亮度对比度，考虑到眼睛光谱发光效率与年龄的相关变化。该标准提供了一种基本的计算方法，可用于照明、视觉标志和显示器的设计。该标准采用了 ISO/IEC 指南 71 中给出的无障碍设计原则，同时该标准引用了 ISO 9241—302：2008 和 ISO 9241—303：2008 的内容条款。

再例如，某企业为了保障本企业生产的乳制品的质量和安全，分别制定了《QYBZ 00 食品安全通用要求》《QYBZ 01 乳制品通用规范》《QYBZ 031 婴幼儿乳制品规范》。其中，《QYBZ 00 食品安全通用要求》规定适用于所有食品的安全要求，包括营养、卫生指标、保健等相关方面的通用要求；《QYBZ 01 乳制品通用规范》在满足《QYBZ 00 食品安全通用要求》的基础上，针对乳制品特征的细节要求规定更具体，如乳制品的存储要求、乳制品中维生素的含量要求等；《QYBZ 031 婴幼儿乳制品规范》则是在《QYBZ 01 乳制品通用规范》的基础上，规定针对适合婴幼儿食用的乳制品的要求，如图 1－4 所示。

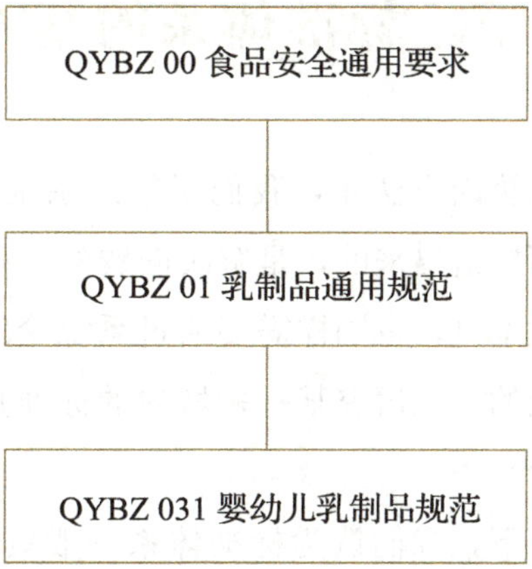

图 1-4　乳制品标准示例

四、有机整体

标准体系是由标准组成的有机整体，是标准的集合。标准体系不是由结构图和标准明细表组成的图表，而是在生产运作过程中实际发挥作用的标准集合，是实际存在的文件。

标准体系作为一个整体，应强调子体系及组成元素之间的支撑协调关系。标准体系的组成子体系之间应相互支撑、相互配合，而不是相互冲突、相互矛盾。

标准体系的各组成子体系之间的技术水平应比较接近，避免某一个标准的技术指标明显落后于其他标准的水平，这样才能发挥整体效应。同时，标准体系中的技术指标应与相应的检测方法配套。有些技术指标规定得太高，相应的检测手段、检测方法达不到相应的精度，那么这些技术指标也发挥不了相应的作用。

标准体系作为有机整体，也类似于木桶效应，组成木桶的木板应是相同高度，木桶盛水的容量由最低的那块木板决定，而不是最高的那块木板。标准体系中的标准也是如此，标准体系中的技术水平应保持大体均衡。

标准体系的整体性的其他特征见本章第四节。

第四节　标准体系的基本特性

从前文所述的系统论方法中，我们了解到系统是为解决复杂、抽象、综合性较强的问题而构造出来的，是解决问题的一种方法论。对于一定范围内的标准及标准化本身，也同样需要通过系统论的指导，用于解决较复杂的问题。用系统论的方式研究某一领域内的标准整体，就是系统工程在标准化的应用。

在系统论的指导下，我们认为标准体系一般具有五个特性：目标性、整体性、层次性、相关性和环境适应性。

一、目标性

所有的人造系统都有特定的系统目标。标准体系作为人造系统的一种，目标性也是标准体系的第一个特性。在构建标准体系或者编制标准体系表时，首先应明确标准体系的目标。目标明确，是构建标准体系的首要原则。围绕着不同的目标，我们可以编制不同的标准体系表，建立不同的标准体系。同时，如果标准体系的目标设置不同，我们形成的标准体系也不相同。

标准体系目标的确定是一个战略性问题，这需要标准化人员开展系统的标准化调研，了解标准化现状、运行机制、存在的问题和需求、未来的标准化发展方向等，围绕着服务于业务战略目标，提出标准体系建设目标。

为了促进保障企业内部的经营管理，可以重点制定企业内部经营管理标准。为了提升企业的质量管理，可以制定出产品质量指标标准、生产作业标准、检测方法标准等，通过高标准，促进实现产品的高质量。为了节约能源，可以依据企业的节能方针和目标，编制出节能的标准体系表，建立相应的节能标准体系。当然，企业标准体系通常具有多个目标，例如安全生产、质量管理、节能减排、降低成本、促进创新、提升效率等可以被大多数制造业企业作为参考目标。

如果没有明确的标准体系建设目标，那么在编制标准体系表的过程中，就不知道应该包括哪些标准，不应该包括哪些标准；标准体系还缺哪些标准，哪些标准是多余的。切忌为了标准而标准，为了编制标准体系表而编制标准体系表，那样就失去了目标，失去了应用场景，忘记了系统论方法的意义，成了无本之木、无源之水。

二、整体性

系统的整体性，就是亚里士多德的著名论断“整体大于各孤立部分之和”。系统具有整体的结构、整体的特性、整体的状态、整体的行为、整体的功能。体现在标准体系中就是成套性，编制标准体系表的一个重要原则就是全面成套。组成标准体系的子体系之间相互成套，相互支持，相互协调，围绕着共同的体系目标发挥协同整体效应。要求标准体系的结构图和标准明细表全面成套，不能有缺少和遗漏项。

三、层次性

系统的层次性是指任何一个系统都可以分解为一系列不同层次的子系统，而系统本身又是从属于一个更大的系统的子系统。标准体系作为标准组成的系统，由若干子体系组成。

系统的层次结构可以是简单的树状层次结构（见图 1－5），也可以是网状层次结构；标准体系通常是一种树状的分类体系。

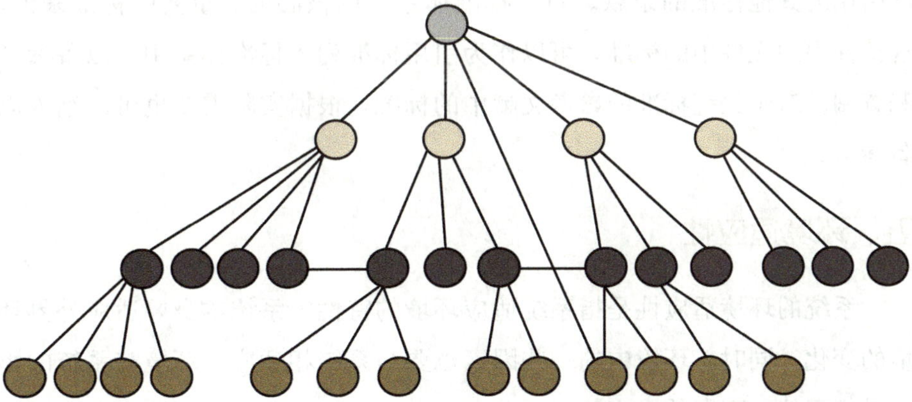

图 1－5　系统的树状层次结构图

层次之间的继承关系参见本章第一节中的“八、个性标准与共性标准”。列入标准明细表内的每一项标准都应安排在恰当的层次上。从一定范围内的若干个标准中，提取共性特征并制定成共性标准，然后将此共性标准安排在标准体系内的被提取的若干个标准之上，这种提取出来的共性标准构成标准体系中的一个层次。基础标准宜安排在较高层次上，即扩大其通用范围以利于一定范围内的统一。应注意同一标准不要同时列入两个或两个以上体系或子体系内，以避免同一标准由两个或两个以上部门重复制定或修订。

根据标准的适用范围，恰当地将标准安排在不同的层次上。一般应尽量扩大标准的适用范围，或尽量安排在高层次上，即应在大范围内协调统一的标准，不应在数个小范围内各自制定，以达到体系组成尽量合理简化。

四、相关性

系统的相关性是指系统各要素之间相互制约、相互影响、相互依存的关系。标准体系中的相关性主要是指标准之间的引用关系、参考关系，组成标准之间的相互作用、相互支撑的结构关系。标准体系内的标准之间应避免多重归口，要避免多个部门重复交叉负责制定，因为这样会导致对同一个标准化对象的不同规定，会导致标准混乱，妨碍日常生产运作。

一般来说，我国国家标准的第 2 章通常都是规范性引用文件，是该标准引用的其他标准的条款。对于标准体系中的核心的、重要的标准来说，规范性引用文件中的标准，可以作为引用标准列入标准体系中，以备参考和查阅。对于关键标准的参考文献中的标准，根据实际需要也可以纳入以备参考。

五、环境适应性

系统的环境适应性是指系统适应环境的特性。系统本身要适应外界环境的变化，同时，环境中的一些因素也要与系统相适应。环境与系统的影响是相互的、双向的。

不同的标准体系面对的环境也不一样。通常对于行业/领域的标准体系来说，行业/领域的规章制度及政策、行业的法律法规（包括上级主管部门发布的法令）、国家或国际发布的相关基础标准，都可以看作是行业/领域标准体系的环境。在编制行业/领域标准体系表时，首先应充分调研相关材料，在行业规章制度及政策的指导下，在遵循法律法规的基础上，充分采用国际或国家制定的基础标准。

对企业来说，不同企业标准体系的环境也不相同。一般对机械制造企业来说，可以参照图 1－2 来分析企业标准体系的环境。企业的外部环境会影响企业标准体系的建设，例如企业所在行业的主管部门发布的相关规章制度、行业政策，企业的客户要求，企业所处的市场环境都是企业的外部环境，编制标准体系表时需要考虑这些因素。企业内部的系统之间也会对标准体系提出需求，例如企业的质量管理体系、环境管理体系、生产运作体系、信息化体系等都需要标准的支撑和指导，标准体系要满足这些不同体系对标准化的需求。同时，支撑这些体系的不同文件之间，可能会交叉重叠，需要标准体系的方法论进行简化、统一、协调、优化，建立相互配合、相互支撑的标准体系。

02

第二章 企业标准化

本章导读

本章主要介绍我国及西方国家企业标准化的情况、企业标准化运行管理体系和企业标准化战略等相关概念和主要内容，并阐述几种常见的企业标准化战略定位。

第一节　国内外企业标准化情况

一、我国的企业标准化历程

据房庆和于欣丽《中国标准化的历史沿革及发展方向》的研究，我国现代意义上的标准化工作是从民国时期开始的。1931 年 12 月，正式成立工业标准委员会。1946 年 9 月，民国政府颁布《标准法》，但该《标准法》只有一页纸篇幅。该《标准法》将标准定义为“系依标准制定程序，所指定全国共同遵守之国家标准”。标准制定程序由“经济部定之”。标准的范围包括：（1）各种单位名称定义符号及常数；（2）各种品质及尺寸标准；（3）各种试验法标准；（4）各种关系互换性能之标准；（4）各种安全标准；（5）其他应遵守之标准。标准化工作由“中央标准局”负责，“经济部设中央标准局，掌理全国标准事宜”。同时，“全国共同遵守之标准，应由中央标准局依照标准制定程序制定，呈请经济部核准公布”。对于标准的实施和认证，也由“中央标准局”负责。“凡适合标准之产品及方法，呈经中央标准局审查合格后，加㊣字标记，以资识别。”

1947 年 2 月，我国参加国际标准化组织（ISO）；3 月，全国度量衡局与工业标准委员会合并成立“中央标准局”。1949 年 10 月，中华人民共和国成立，在中央财政经济委员会下设立了中央技术管理局，负责工业生产和工程建设的标准化工作。1949—1955 年，纺织、卫生、农业、铁道、建委等部门相继发布部门标准。1956 年成立国家技术委员会，翌年初设立国家技术委员会标准局，（重新）加入国际电工委员会（IEC）。

在 20 世纪 50 年代，我国参照苏联和东欧国家模式，初步建立了我国的标准化管理体制。与整个国民经济有计划、按比例发展模式相适应的这种标准化管理体制的主要特征是：一元化领导和集中式管理；以行政指令为基本管理手段；企业的产品纳入国家统购包销的渠道，各级、各类标准均属于强制性标准。这也奠定了我国统一开展企业标准化工作的模式，企业标准化是全国标准化工作的组成部分。

1962年11月，国务院第120次全体会议通过了《工农业产品和工程建设技术标准管理办法》。该管理办法给出了技术标准的定义：“技术标准主要是对工农业产品和工程建设的质量、规格及其检验方法等方面所作的技术规定，是从事生产、建设工作的一种共同技术依据”，明确了技术标准的重要作用是“随着我国经济的发展和科学技术水平的不断提高，加强技术标准的管理工作，对于保证产品和工程的质量，增加产品品种，合理利用国家资源，节约原料、材料，便利协作配合、使用维修，巩固、推广广大群众革新创造的成果，提高社会劳动生产率，都具有重要作用”。在该管理办法中，将“技术标准分为国家标准、部标准和企业标准三级”，同时规定“国家标准是指对全国经济技术发展有重大意义的技术标准”。对于企业标准，定义为“凡是未发布国家标准和部标准的产品和工程，都应当制定技术标准，称为企业标准”。对于企业标准化也进行了规定，并要求进行备案：“企业标准的制订、审批和发布办法，由国务院各主管部门会同各省、自治区、直辖市，根据实际情况，另行规定，并报科学技术委员会或者国家计划委员会备案。”

1979年，国务院颁发了《中华人民共和国标准化管理条例》，企业标准化工作从机械、轻工、化工、纺织、冶金行业逐步发展到电子、煤炭、交通、邮电等行业。

1981年，国家标准总局颁布《工业企业标准化工作管理办法（试行）》，明确提出“工业企业（包括公司、总厂、工厂，下同）标准化工作是企业管理的组成部分，是企业实现科学管理的基础”，提出企业标准化工作的任务是“结合全面质量管理、全面经济核算，制订和贯彻标准，使企业生产、技术活动合理化，达到高质量、高效率、低成本的目的”。

该办法明确企业标准的主体是技术标准，范围“包括各种产品标准，原材料、半成品标准，零件、部件标准，工艺、工装标准，安全、卫生、环保标准等”。规定了企业标准的制定和发布要求，原则上企业内控标准，由企业自行发布。对于使用范围超出本企业使用的标准，需要上级部门批准发布，同时需要备案。“企业标准，原则上由企业自行组织制订、修订，企业负责人批准、发布。但作为商品交货条件的产品标准或超出一个企业范围使用的标准，地方企业，按省、市、自治区政府规定，由企业的上级主管部门或标准局审批、发布；中央直属企业（包括双重领导的企业），由国务院主管部门的专业局、公司或委托的单位审批、发布，抄送所在省、市、自治区标准局备案。”

该办法规定“企业标准化工作机构（专职人员）的任务是：（1）贯彻执行上级的标准化工作方针、政策，编制企业的标准化工作计划；（2）组织制订、修订企业标准；（3）组织贯彻国家标准、部标准（专业标准）和企业标准，参与产品质量监督，处理标准执行中的问题；（4）参与新产品设计，提出标准化要求，做好技术文件的标准化审查；（5）统一归口、管理各类标准，建立档案，收集国内外标准情报资料；（6）做好标准化的统计与效果分析，总结经验；（7）承担上级委托的标准化工作任务”。

在国际标准化方面，我国也逐渐从自主制定标准开始转向采用国际标准。据《中国质量报》报道，1982 年 5 月，根据国务院部委机构改革实施方案，国家标准总局改为国家标准局，继续履行统一管理全国标准化工作的职责。1982 年，在 ISO 第 12 届全体会议上，中国被选为 ISO 理事会成员国。1982 年，国家标准局召开采用国际标准经验交流和制定规划座谈会，这次会议后来被称为第一次全国采标工作会议。1984 年 1 月，国家经济委员会和国家标准局在北京召开全国采用国际标准工作会议，时任国家经委副主任朱镕基到会讲话。同年，国家标准局发布了我国第一个《采用国际标准管理办法》，国务院批转国家经委《关于加快采用国际标准工作的报告》。1986 年，国家标准局召开全国采用国际标准工作会议，以消灭无标生产为目标的采用国际标准和国外先进标准的工作在全国范围内铺开。

1985 年，电子工业部标准化研究所鲍仲平起草了《企业标准体系表编制指南》的草案，其中总结了全国企业开展标准体系建设的实践经验。在企业标准化的范围方面，逐渐从技术标准过渡到包含工作标准和管理标准。

1986 年，国务院发布了《国务院关于加强工业企业管理若干问题的决定》，提出“积极推行和完善全面质量管理，建立质量保证体系。必须牢固树立质量第一的观点，千方百计为用户提供优质产品和服务”，并提出“到 1990 年，大中型企业的主要产品都要按照国际标准或国外先进标准组织生产。逐步建立起以技术标准为主体，包括工作标准、管理标准在内的企业标准化系统”。根据这一要求，企业成立了以厂长为首的由生产、经营、科研等部门的人员参加的企业标准化委员会，企业标准化工作得到加强，有些企业在健全技术标准体系的基础上，逐步建立了企业的工作标准和管理标准，形成了比较完整的企业标准体系。

1990 年 8 月 24 日，国家技术监督局发布《企业标准化管理办法》，规定“企业标准化工作的基本任务，是执行国家有关标准化的法律、法规，实施国家标准、行业标准和地方标准，制定和实施企业标准，并对标准的实施进行检查”。明确提出企业标准的范围是“对企业范围内需要协调、统一的技术要求、管理要求和工作要求所制定的标准”。翌年，国家标准 GB/T 13016—91《标准体系表编制原则和要求》和 GB/T 13017—91《企业标准体系表编制指南》发布实施。

1995 年，GB/T 13017 经过第一次修订并发布。由于 ISO 9000 在我国的推广和普及，管理体系手册、程序、作业指导书等一系列具有规范性文件性质的文件得以在企业大规模推广，大大促进了企业标准化水平。在标准体系建设方面，也将 ISO 9000 系统化的质量管理思想融入标准体系之中。在内容上，借鉴和依据 ISO 9000 的质量环，以产品全生命周期过程为核心，以“技术基础标准/CIMS 标准”和“环保、安全、职业卫生、劳保、卫生基础标准”为指导，包括“营销、市场”“产品”“设计、开发”“采购”“工艺”“工装”“制造”“制造设备”“检验、试验”“检测试验设备计量器具”“包装”“贮存”“安装、运输交付”“服务、维修用后处理”等若干个阶段，形成完整的标准体系。

二、西方国家的企业标准化

总体来说，西方企业高度关注标准化工作。但是，西方企业并不像我国企业这样在国家的统一推动下，按照国家标准化机制和模式，推动企业标准的起草、征求意见、发布和实施工作。如果用“Enterprise standardization”“Company standardization”“Corporate standardization”等企业标准化[①]关键字进行检索，我们会发现找到的恰当条目并不是很多。在学术论文网站上检

① 为了简化相关词汇和术语，文中统一用“企业标准”来指代西方文章中的“Corporate standard”“Company standard”“Enterprise standard”等；与此类似，将“Enterprise standardization”“Company standardization”“Corporate standardization”等统一用“企业标准化”来代替。

索这方面的学术研究文章也较少。但是这不并不意味着西方企业不重视标准化工作。恰恰相反，西方企业认为企业标准化是企业内部管理事务，各企业都有一套适用的运行机制和模式。

（一）西方标准化机构的相关调查和研究成果

英国经济和商务研究中心（Cebr）成立于1992年，是一家独立的经济和商务研究咨询机构。其受英国标准协会（BSI）委托，在受英国商业、创新与技能部（BIS）的资助下做了一项研究，该研究报告中阐述了标准化对于企业的价值：

（1）标准能帮助企业提高产品质量和流程效率，通过提高供应商的产品和服务质量从而改善了供应链，使用标准提高了生产力。

（2）标准有效地减少商品和服务的种类，最大化地降低了成本，促进了产品同质化，从而增加价格的竞争力。

（3）在高度依赖技术标准的行业，标准提高了产品和程序的互操作性。

（4）标准使所有企业能有效地获得技术信息，提高企业间信息交流的效率，降低交流成本。

德国标准化专家组（DNP）每年收集公司标准化活动数据的调查。DNP是德国标准化研究促进会（FNS）的一个项目，由柏林工业大学创新经济学主席主持。FNS开展有关标准化问题的研究，以对标准化政策进行定性评估。2014年，DNP开展了企业标准化数据调查，收集企业标准化活动的数据，然后用于评估标准和标准化对各种经济和社会方面的影响。FNS发布的《指标报告2014》对超过1 300家公司的数据调查的结果进行综合分析后显示：

（1）由标准化机构制定的正式标准、规范和技术规则是企业最重要的企业标准文档。这些标准促进了法律的确定性并提升了企业产品的产业化。

（2）内部企业标准是第三类最重要的文件，被认为比非正式的联盟标准或事实标准更具相关性。

（3）虽然参与调查的公司中有一半以上采用了联盟标准和事实标准，

但这些标准被认为并不重要。

(4) 对于《跨大西洋贸易与投资伙伴关系协定》(TTIP),调查显示遵守美国法规是德国公司面临的最大问题,调查参与者赞成双边应用国际标准作为协调解决方案。

(二) 西方企业和大学对企业标准化的解释

企业标准化是企业内部的管理事务,是企业管理的一部分,在西方通常没有全国统一推行的标准化运行管理模式或者运行机制。企业标准化运行机制是各企业自己的内部管理事务,不同企业看待企业标准化的思路也各不相同,差别迥异。有的企业将标准化作为全球化战略的方法和工具,有的企业将标准化看作是加强企业管理,实现供应链协作关系的基础。

1. 法国空客公司专家的理解

法国空客公司的爱丽丝·卡萨诺瓦(Alice de Casanove)等在论文集《企业环境中的有效标准化管理》(*Effective Standardization Management in Corporate Settings*)中的《企业标准化如何引领未来的业务》一文中,从全球化战略角度分析了企业标准化工作的主要内容,认为企业标准化职能部门负责协调并支持参与标准化机构的专家在公司全球化战略的指导下制定标准化战略,作者说明了企业如何开展标准化工作,并利用它来提高企业在竞争激烈的商业环境中的地位,并概述了如何在私营公司中考虑标准化,如何捕捉企业标准化的细节,如何定义、实施和管理标准化战略等。具体内容如下:

(1) 企业标准化的价值。

作者认为企业标准化具有以下几个方面的重要价值:

1) 支撑新技术、新方法的扩散应用。

2) 通过对最新标准化活动的跟踪,保证公司产品符合最新标准的要求。

3) 通过标准化推进新市场的开拓,了解热点主题和即将涌现的主题,建立全生命周期的培训,跟踪最新技术和市场情报,培养企业专家,建立企业社会网络和品牌等。

(2) 企业标准的内容或范围。

作者认为“标准”围绕着概念的定义和一组实践规则达成协议和共识，以改善业务或促进沟通；在不同公司，存在不同形式的“标准”。企业标准可以包括：

1）内部方针。企业通过内部方针来统筹推进某项内部工作，以便于促进不同部门之间及部门内部的协作。内部方针对树立市场口碑也具有重要作用。此外，企业的内部方针是管理体系标准与企业内实施（管理体系标准）之间的桥梁。

2）认证。与企业的内部方针相比，认证朝着满足相关方要求的方向更进一步。认证不仅要满足企业内部标准，还要满足外部相关方（客户或者业务合作伙伴）的相关要求。

3）技术法规。规定了行业内必须满足的最低要求，用于保障物品或服务的安全，保障消费者最终利益。

4）产品标准化。符合行业规定的产品或者货物标准，是实现理性化产品生命周期管理的一种方法。高效的配置管理，而不是“单件定做”，节省大量组装产品的材料等。

5）客户。与产品标准化相反，客户也会偏爱某些产品。如果某产品被绝大多数的客户所接受，那么它就变成了事实标准。

（3）企业标准化部门的职责。

作者认为，标准化部门确保企业标准化与标准化机构保持协调一致；确保企业从标准化工作中受益；从投入产出比角度，控制标准化经费投入。企业标准化部门的首要工作是制定标准化路线图（Standardization landscape）和确保标准化落到具体责任人。明确企业标准化的使命，需要做到以下四点：

1）分析企业参与标准化的程度，评估其商业价值，协调并向标杆看齐。

2）监控并评估标准化机构，识别企业参与外部标准化机构的切入点。

3）将标准化战略与企业技术发展路线图和全球化战略保持高度一致。

4）通过标准化技术委员会，增强对关键标准化机构的影响力和话语权。

（4）制定并维护企业标准化战略。

需要三个阶段：识别标准化路线图；识别企业内部涌现的标准化新主题，并核对是否已有标准化工作组对口；确定参与标准化工作组的层级。鉴于路线图有可能很复杂，可以通过相关图表或思维导图来进行辅助表达，图 2-1 是航天领域标准化组织结构图。

2. 德国慕尼黑理工大学专家的理解

德国慕尼黑理工大学安玛莉·格罗斯曼（Anne-Marie Großmann）等从制造业企业角度分析了企业内部标准化对于企业内部及其上下游供应链伙伴的重要价值。

作为《指标报告 2014》报告编写组的成员之一，德国慕尼黑理工大学安玛莉·格罗斯曼等在论文集《企业环境中的有效标准化管理》中的《企业标准的战略性开发和实施》一文中，阐述了企业及其供应链伙伴实施的不同类型的企业标准。作者通过强调与正式标准的相似性和区别，阐述了企业标准的不同经济效应。因此，企业可以根据的不同业务策略，制定相应的企业标准。然而，标准化策略并不局限于内部方面，还包括企业标准对其他供应商的影响。为此，作者提出了旨在帮助企业及其供应链伙伴优化使用企业标准的思路和方法。

作者从企业视角出发，将企业内用到的不同标准分为正式标准（Formal standard）和企业标准（Company standard）；从企业内部使用、供应链伙伴使用、全社会使用等不同角度，阐述了企业标准化的价值和战略研究。

作者将企业标准定义为“通常带有基本内容，为对象和操作规定规则或者特征，广泛使用和重复使用的一种文档。企业标准通过企业内协商一致制定，通过申请或者能胜任的角色所接受，为了共同使用和重复使用，为活动及其结果提供规则、指南或者特征，旨在实现企业的价值最大化”。

制定企业标准化路线图的输入要素包括：公司全球化战略、技术发展路线图、竞争力路线图和产品投资组合。基于这些输入，标准化人员可以识别出相关的标准化机构、技术委员会和工作组。

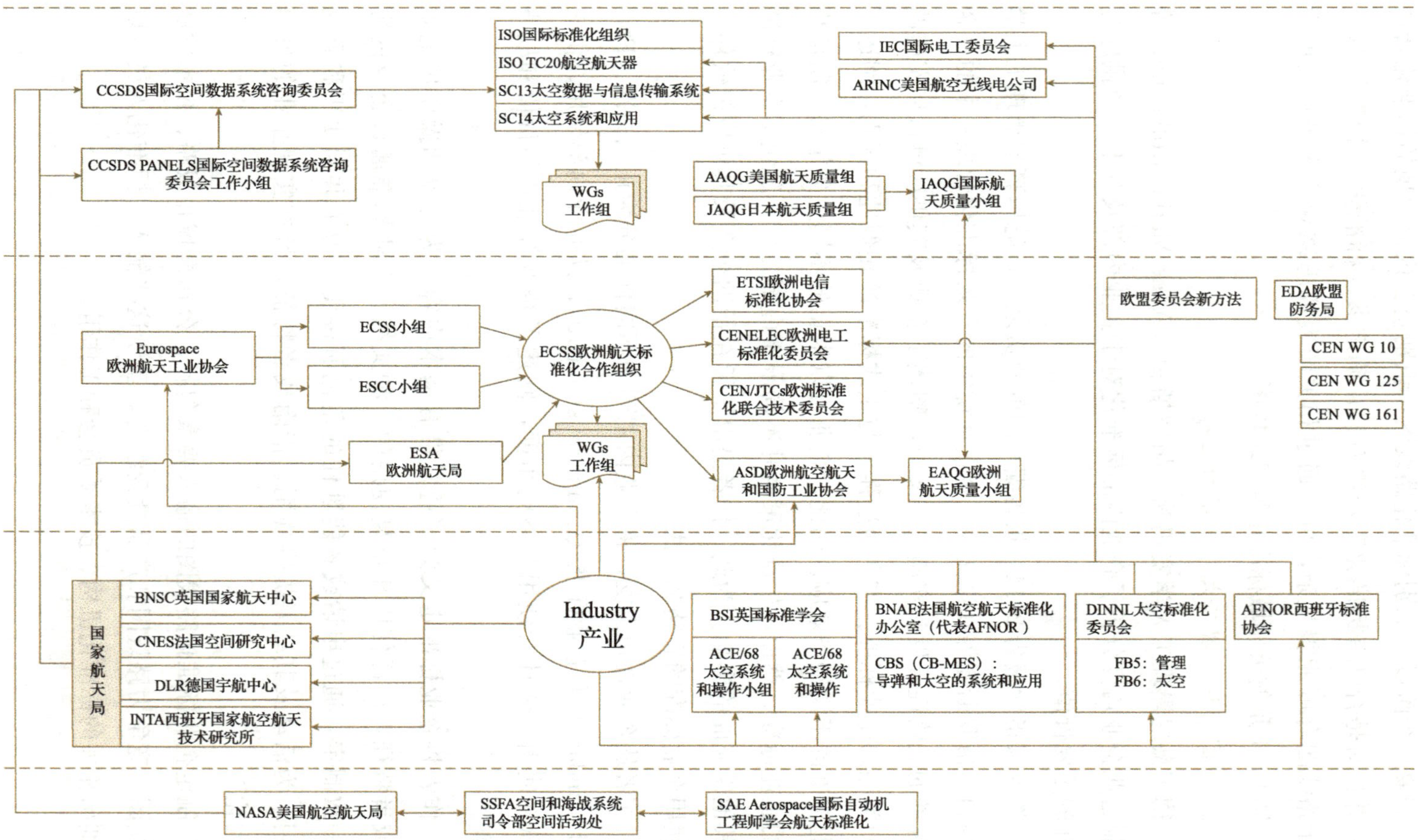

图2－1　航天领域标准化组织结构图

根据《指标报告 2014》中的调查数据，作者分别分析了企业标准化对于企业内部和供应链范围（企业外部）的影响因素。对于企业标准在企业内部的作用和影响，从以下三个角度展开：

（1）从内部优化因素分析，可以促进产品、过程和操作的提升。

1）确保稳定的产品质量。首先，企业标准用作全企业范围内产品质量保证的基础，包括最小限量要求、产品许可误差值、污染物限量值等。其次，还包括质量检测的程序规范，例如测试循环的次数、检测的时间间隔等。此外，企业标准还用于规定产品的健康、安全、环境保护等相关要求。

2）促进兼容性和交互工作。

3）记录最新技术发展现状。

4）降低复杂性。

5）促进创新性知识扩散。

（2）根据企业标准和正式标准的不同用途和定位，对于企业内部标准与市场上的正式标准的不同实施策略。

1）企业内部标准被看作是正式标准的有益补充。

2）对于新技术、新材料、新产品等最新研发的创新成果，在还没有正式标准时，企业标准可以作为替代标准。

3）为了防止企业重要知识流失，采用企业内部标准而不参与外部标准化，可以保护企业具有特定优势，实现差异化的市场策略。

（3）采用企业标准，而不是周期较长的外部标准，可以提升企业绩效。

1）加快产品上市时间，同时保护企业内部技术秘密。

2）加快产品开发时间，提升效率。

3）产生规模化经济效益。

制定企业标准战略，还需考虑外部对于合作伙伴、供应商的影响因素。企业标准不仅仅用于企业内部，还可以用于企业合作伙伴，包括上游的供应商。这有助于简化沟通过程，降低交易成本；进一步巩固和深化契约合作关系，同时提升法务上的确定性。将企业标准传递给供应商使用，相当于将产品质量方面的知识（例如材料构成、检测程序等）进一步传递给合作伙伴，可以进一步加深特定技术要求的产品质量合作。

3. 荷兰伊拉斯姆斯大学研究人员的理解

荷兰伊拉斯姆斯大学的研究人员亨克·德·弗里斯（Henk J. de Vries）等为了评价企业标准化成效，构建了企业标准化过程模型，如图 2-2 所示。

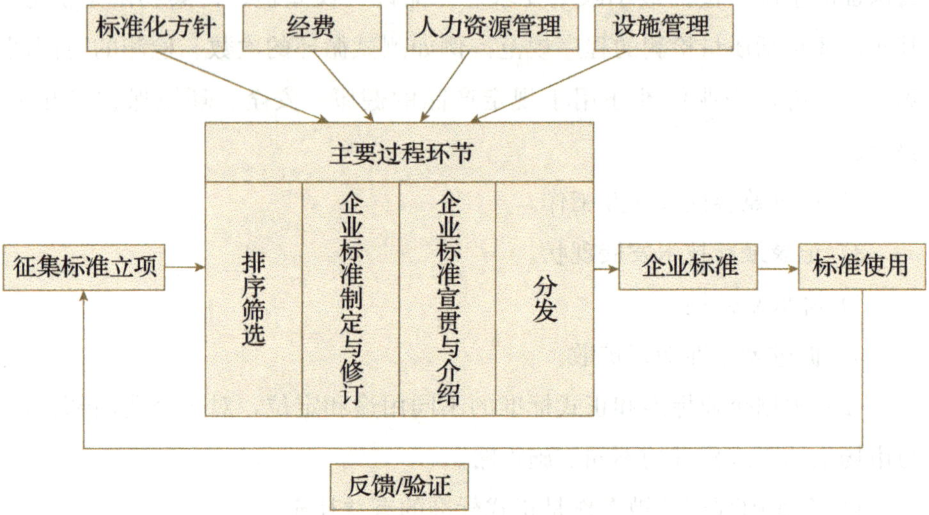

图 2-2　企业标准化过程模型

另外，弗里斯认为企业标准的数量远远超过了外部标准的数量，但它们在标准化研究中被忽略了，同时呼吁关注企业标准化的研究和实践。他还提到，企业标准化的成果可以通过三个维度的标杆进行对照：信息技术（IT）管理、质量管理和知识管理。

（1）信息技术（IT）管理标杆。制定和实施标准可以与信息系统的开发和实施进行对照。弗里斯等还提到了信息系统开发方法的瀑布模型和进化模型。

（2）质量管理标杆。企业标准化和质量管理可以在两个层面进行比较。首先，质量管理包括开发、维护和改进质量管理体系。这可以与开发、维护和改进标准体系进行比较。标准体系可构成质量管理体系的一部分。其次，质量管理包括程序和指令的制定，这可以看作企业标准。

（3）知识管理标杆。企业标准化是一种结构化的知识管理方法，是隐性知识转化为显性知识的过程。企业标准化可以看作一种管理技术知识的方法。技术专家和标准化部门负责标准实施。知识记录在标准中，转移给其他工人或用户，如图 2-3 所示。

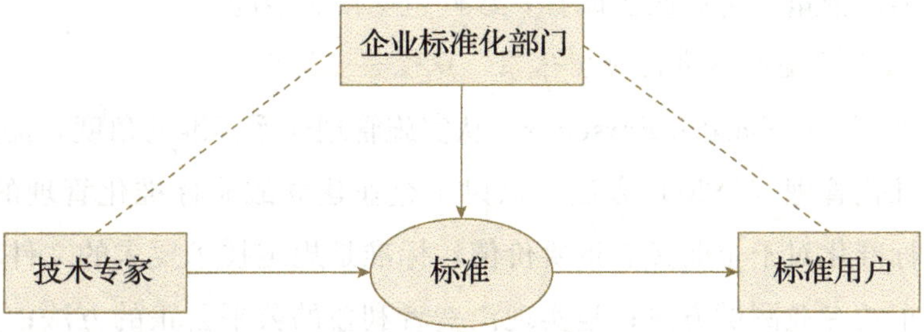

图 2-3 传统的企业标准化模型

因此，为了使标准中的知识能更顺畅地传递给终端标准用户，标准应尽量便于阅读。从这个意义上说，终端标准用户应在标准制定过程中发挥重要作用，如图 2-4 所示。

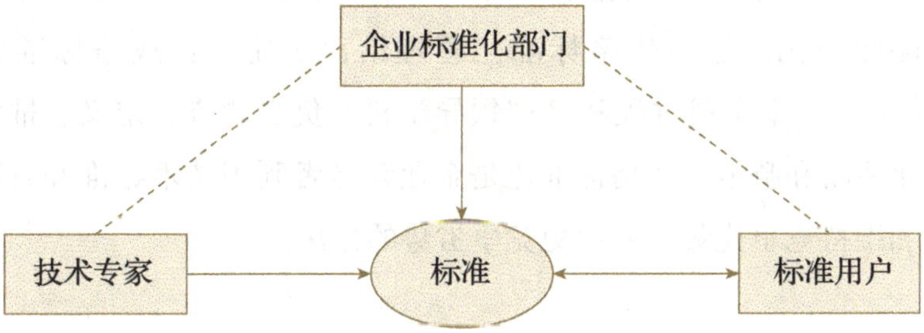

图 2-4 改良的企业标准化模型

4. 通过实施某项外部标准，提高企业内部管理能力和水平

有外国学者从企业实施某项重要标准提升企业管理的角度开展企业标准化研究。例如，克劳德 Y·拉波特（Claude Y. Laporte）等在论文集《企业环境中的有效标准化管理》中的《在大型工程公司中为小型项目的制定项目管理流程的创新方法》一文中，采用 ISO 的标准化经济效益研究方法，对 ISO/IEC 29110《系统和软件工程——小微企业（VSE）的声明周期配置文件》标准、中小规模项目管理过程的成本和效益进行了分析，企业由于应用 ISO/IEC 29110 标准实施项目管理流程，在三年时间内可节省约780 000 美元。

戴维·M. 安德森（David M. Anderson）博士等研究了零件标准化为企业带来的经济效益。标准化支持按订单生产和大规模定制，要求所有部件必须在所有使用点都可用，这消除了查找、安装部件的设置。通过减少零件类型的数量，可以减少库存，零件也更便于装配。

5. 从支撑企业标准化管理体系，建设企业标准化

理查德（Richard J. Forselius）从实施管理体系标准的角度，提出一种战略标准化管理（SSM）方法，探讨了企业建立战略标准化管理的方法。他认为标准化对于企业具有重要价值：标准是规定技术要求的文件和证明符合要求的专业测试方法；是实现消费者利益的公平公正的方法；是有史以来最好的营销工具之一；标准技术对美国经济和全球竞争力至关重要。

在财富 500 强中 121 家美国公司的协助下，理查德完成了 SSM 方法和竞争优势研究。通过定性研究，他证实了标准化战略能够提升企业竞争力，企业普遍认可标准化是企业战略性业务流程。他认为很多成功的美国企业将它们取得行业领先地位归功于战略性的采用流程和产品标准，或者实施战略标准化。他为战略标准化管理给出了定义：战略标准化管理（SSM©）是一个宏观过程和管理领导学科，负责调查、定义、推荐和实施标准化战略和政策。战略标准化是企业领导者利用技术标准和管理标准来建立和维持竞争优势，并避免竞争劣势的方法。

第二节　企业标准化运行管理体系

一、企业标准化运行管理体系的价值

企业标准化是一个动态的过程。企业标准化运行管理体系是企业标准化元素构成的运行管理体系，参照 ISO 管理体系的理念和思路，采用戴明环（PDCA），我们可以构建基于过程的企业标准化运行管理体系，如图 2-5 所示。

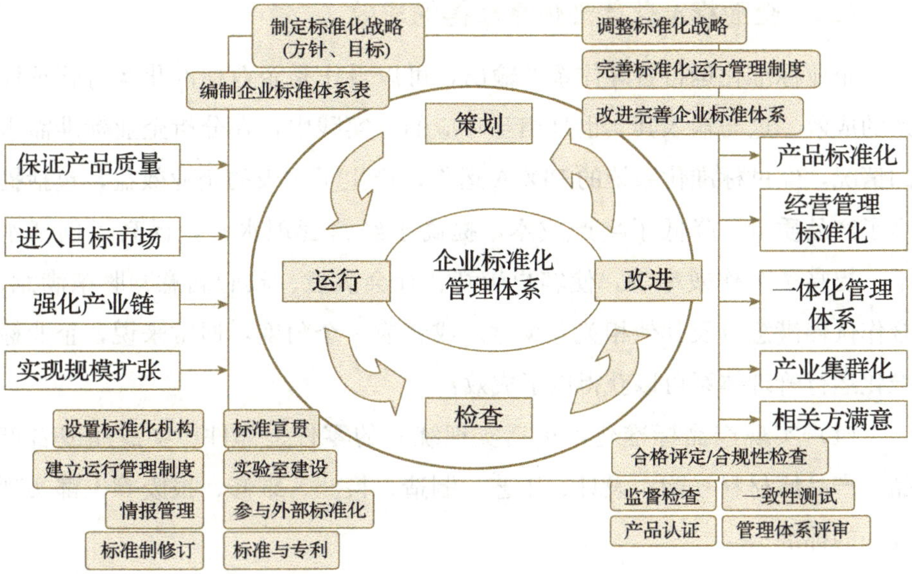

图 2-5　企业标准化运行管理体系

(一) 企业标准化管理体系的预期

企业标准化运行管理体系可以看作一个过程，其输入就是企业对企业标准化的预期目标或者期望，或者是企业对于标准化活动的价值定位。企业标准化需求包括产品要求、管理要求（业务运作要求）、集成要求、其他要求（如产品质量、环境保护、健康卫生、社会责任、人身安全、食品安全、节能节水、计量、信息安全等）。通过企业标准化运行管理体系，可以满足哪些预期目标？或者在什么情况下，应建立企业标准化运行管理体系？通常，企业标准化运行管理体系的预期包括但不限于以下方面：

（1）通过制定产品标准，强化质量检测，保证产品质量。

（2）采用并达到目标市场技术标准，获得市场准入，拓展并占领市场。

（3）通过与合作伙伴共享生产标准，强化采购、客户的合作伙伴关系，促进产业集群发展。

（4）通过将最佳实践的产品标准、经营管理流程和模式纳入企业标准体系并规模化推广，实现企业集团的标准化、规模化的扩张。

（二）企业标准化管理体系获得的成效

企业标准化运行管理体系的输出，可以看作是企业标准化运行管理体系的成效。这与输入其实也是相互呼应的。实践中，在分析企业标准需求的情况，经过标准化系统的 PDCA 运作，产生了积极的企业效益，包括提高了产品质量，降低了生产成本，提高了经营管理水平，提高了创新水平，提高了工作效率等，使客户满意、社会满意、政府满意、股东满意、合作伙伴满意以及其他相关方满意。或者换一个角度，通常来说，企业标准化运行管理体系可以获得以下成效：

（1）实现产品标准化，包括实现统一的零件、部件、半成品或者产品；产品原材料采购、设计、工艺、制造、检测、维修、报废等也都实现统一的标准。

（2）实现经营管理标准化，在产品标准化的基础上，实现每个生产、经营过程都有管理标准，每个环节可控；通过过程控制，最终实现预期的产品质量（客户满意）、环境保护、职业健康、安全保密等。

（3）实现集成化的企业，在产品标准化和经营管理标准化的基础上，实现质量、环境保护、职业健康安全、信息安全、IT 服务等多种管理体系的一体化集成，实现物资、人才、信息、业务、自动化设备等的衔接和配合，实现企业集成。

（4）实现企业内部、外部供应链等广泛的协同合作，促进产业集群化发展。

（5）促进股东、客户、社会公众、政府等多个相关方满意。

二、企业标准化过程模型

围绕着企业标准化战略目标，需策划、运行、检查并改进企业标准化运行管理体系。企业标准化是一个动态的系统，不是一蹴而就的，需要不断检查运行过程中的成效和不足，并不断地加以改进和完善。下面就从 PDCA 的角度进行简要说明和分析。

（一）策划（P）

（1）在战略管理层面，依据企业业务战略，制定企业标准化战略。这需要明确标准化对于企业的价值，明确标准化对于企业发展的战略地位，标准化如何为企业带来价值。例如，通过产品标准占领市场，还是通过标准来规范企业的生产经营过程，提高企业核心竞争力，或是通过标准化来配合企业信息化的实施。

（2）需要确定实现企业标准化战略目标的措施和路线图，即企业标准化的战略目标是如何实施的，是如何实现的。在此基础上，在高层领导的统一带领下，制定企业标准化远期规划和近期目标，作为未来一段时间开展标准化工作的方向指引。

（3）制定企业标准化管理办法，建立企业标准化的运作机制，包括企业标准化机构设置、资源管理，企业标准制修订程序，如立项、起草制定、审批、发布、实施等，以及标准化的监督检查、评审、改进完善等各项制度建设。

（4）编制企业标准体系表。收集整理企业内现存的标准、技术法规、规章制度、操作规程、产品技术文件等，经过统一、协调、简化、优化的标准化原理，整理和编制现有标准的企业标准体系表，并经过组织协调和论证，规划未来的企业标准体系。

（5）编制企业标准化的实施计划、培训计划、试点试运行计划等。

（二）运行（D）

在制定企业标准化战略、编制标准体系表之后，运行是企业标准化工作的主体环节。

（1）建立常设标准化的管理维护机构，内设标准化责任部门；如果有必要，还可以建立标准化的虚拟机构（如企业标准化技术委员会）等；明确标准化责任部门、标准化技术委员会、各相关业务和职能部门的权限和职责分工；设置标准化主管岗位及标准化工作人员岗位并明确其权限和职责，明确各相关业务和职能部门的标准化联系人员（兼职人员）及其权限和职责。

（2）为企业标准化工作配备必要的资源和实施，包括经费资源、实验室、检验检测仪器、标准化期刊、标准资料室。

（3）建立企业标准化合作渠道网络，包括参与相关标准化技术委员会，与标准化主管部门、合作伙伴、客户等各方面进行的标准化合作关系。

（4）按照企业标准体系表中规划的标准明细，启动企业标准的制修订工作。

（5）开展相关技术标准的教育培训、宣传贯彻和实施工作。

（6）如果必要，在局部范围开展标准化的试点试运行工作。

（7）实施并推广企业标准体系表中的国家、行业及本企业制定的标准。

（三）检查（C）

定期组织企业内部的审计检查工作，如果必要，邀请第三方的专家，评审企业标准化运行管理体系的实施效果：

（1）评估企业标准化战略（方针、目标）的设置是否合理。

（2）评估企业标准化运行管理办法是否恰当，是否满足实际需要。

（3）评估各部门对标企业标准化运行管理制度，是否遵照执行。

（4）评估是否按照企业标准体系进行生产经营管理。

（5）督促各部门对企业标准体系的实施意见进行反馈，收集反馈的意见和建议，作为改进的依据和基础。

（6）评审标准体系的实施情况，包括内部评审和权威机构的评审。

（7）对实施过程中的问题提出改进建议。

（四）改进（A）

根据实施过程出现的问题和新情况或各部门提出的反馈意见和建议进行改进。需要改进的方面可能包括：

（1）企业标准化战略（方针、目标）的设置。

（2）企业标准化运行管理办法。

（3）补充和完善企业标准体系表。

（4）修订企业标准。

（5）改进标准化机构，如改进运作机制；进行标准化人员的培训。

第三节　企业标准化战略

卡吉尔（Cargil）在论文集《企业环境中的有效标准化管理》的《标准化，不是标准，很重要》一文中认为，标准本身就是“相对枯燥无味的文件”，真正的“艺术”是真实的标准化（过程），也就是管理（甚至操纵）协商合作的艺术，这就产生了标准。同时，卡吉尔将标准化阐述为在政治、经济、法律、技术或这些领域的任何组合中控制市场的方法，可以看作社会政策的工具、公共政策的工具和商业管理的工具。

一、概述

企业标准化战略，是企业标准化管理体系建设的总体导向，是设置企业标准化机构，建设企业标准体系，开展标准化活动的依据和导向。没有战略、没有目标的标准化建设，将是一盘散沙、散兵游勇，形不成合力。

标准化战略和目标，是一个企业开展标准化工作的总体定位、发展方向和实施路线图。推进标准化工作，首先应该有个明确的方向，也就是企业的标准化总体定位是什么，为什么要开展标准化工作。标准化战略需要最高管理者的统一制定并发布实施，是指导企业在一段时期内开展标准化工作的纲领性文件，是协调多个部门共同推进标准化工作的上位文件，是制订标准计划、开展标准化基础研究项目、落实标准经费预算的依据。

企业标准化战略，是指企业对于标准化的总体定位（使命）、价值观、愿景等的相关论述。通俗来讲，由最高管理者制定的标准化发展的总体方向目标，包括中远期、近期标准化发展目标，达到标准化目标的实施策略（方针）；或者说，企业将标准化在企业内部置于一个什么样的地位。

二、企业标准化战略的内容

企业标准化战略，最好以文件的形式显性地表达出来。通常包括以下内容。

（一）标准化价值定位

标准化为企业带来价值的阐述。例如，通过标准化，促进产品质量提升，从而促进产品占领目标市场，产生价值；通过标准化，实现企业内部建立科学化、精细化的管理，提升企业管理水平，提升企业核心竞争力；通过积极主导参与产业领域标准化，可以建立同行业的产业协作，可以建立生产秩序，形成产业集群化发展。

（二）标准化的愿景和目标

这个愿景和目标包括：对企业标准化在中远期规划（如十年、二十年的远期目标、愿景）的描述；标准化近期目标（如三年内标准化工作的计划、标准制修订计划）的描述。

（三）达到远期目标的路线图或实施策略

有效标准化的实施方式，是实现标准化价值的途径或路线图。标准的研制，是发挥标准化作用的第一步。如何发挥标准化的实质性作用，更需要依赖标准的有效率、有效果的实施。产品认证、管理体系认证、实验室检测、宣传、培训等各种措施，可以让相关标准化用户了解标准、学习标准、应用标准。

对于不同的标准化目标，有不同的实施策略和方法。通过标准化提升企业管理能力，就需要培训企业内部员工学习标准；在生产过程中，按标准化的要求执行；同时，在执行过程中，建立相应的监督检查、考核机制，或者评审、评价机制，对标准化的实施效果进行评估。通过标准化树立企业市场形象，就需要加大宣传；通过产品标准化，过滤低端产品，建立良好的市场竞争秩序，可以考虑推动建立产品认证制度等。

三、几种典型企业标准化战略

企业标准化战略的制定，应首先明确企业在国内外市场竞争、研究开发、业务价值链的地位，了解企业的研究开发实力、标准化实力，确定一段时间企业标准化工作的主要任务。下面介绍几种典型企业的标准化战略。

（一）掌握核心技术，运用标准和专利两种技术策略，控制并占领市场竞争战略制高点

在高新技术领域，尤其是技术升级更新较快的信息与通信技术领域，标准与专利的结合非常紧密。标准和专利作为跨国公司参与国际市场竞争中的技术策略，就像武侠小说中绝顶高手的武器，被一流的跨国大公司运用得非常娴熟。

在21世纪初的手机通信领域，日本、欧盟、美国都在开发手机产品，并提出了相应的技术标准：日本提出了PDC（个人数字蜂窝）标准、欧洲提出了GSM（全球移动通信系统）标准、美国提出了CDMA（码分多址）标准。

在2G时代，最早由芬兰运营商OY Radiolinja AB开始商业化应用GSM标准，占据了国际市场主导地位，成为国际通用标准。这也促进了欧洲手机公司的快速发展，如爱立信公司、诺基亚公司等。日本公司也一度认为其手机通信技术具有先进性，忽视了国际标准化工作，导致其产品在国际市场上销量不高。

进入3G/4G时代，基于美国高通公司的CDMA技术的CDMA2000、WCDMA等成为事实上的国际标准。移动通信基础的CDMA技术是美国高通公司的核心技术，持有大量与3G（WCDMA和CDMA2000）和4G（LTE）无线通信标准等相关标准的必要专利，而专利许可也是高通最重要的商业模式和收入来源。据报道，根据高通发布的2014财年第三季度财报，高通第三季度营收为68.1亿美元，净利润为22.4亿美元，由此可算出，高通的净利润率为32%，比苹果公司赚钱还容易。

在手机通信领域，操作系统也存在两种标准化战略。苹果公司采用独有的操作系统，没有形成公开的、共享的标准，这也保证了苹果操作系统（iOS系统）的专有使用权，树立了苹果手机作为高端手机的形象。而谷歌公司则对于自己拥有的安卓系统采取了公开标准化的策略。2007年11月，谷歌公司与84家硬件制造商、软件开发商和电信营运商组建开放手机联盟共同研发改良安卓操作系统（Android系统）。随后谷歌公司以Apache开源许可证的授权方式，发布了Android的源代码，搭载安卓系统的手机在全世界范围内成为最广泛使用的手机。2014年第一季度，Android占所有移动广告流量来源的42.8%，首度超越iOS。

（二）通过标准协调合作伙伴，分工协作，形成产业集群效应

同行业企业或者行业内上下游企业之间，围绕共同关注的技术领域形成国家、行业或团体标准，促进了同行业领域专家的交流学习和知识共享，强化了行业领域的技术融合，提升了行业内企业的协调协作，形成抱

团效应，从而促进了产业集群的健康可持续发展。

信威集团通过具有自主知识产权的技术标准战略，树立了行业领先的地位，将标准融入产品和产业链中，扩大了市场地位和影响力。同时，该集团通过核心技术标准，与上下游合作伙伴形成了产业集群，加强了同行业、客户和合作伙伴之间的协作，培育壮大了产业市场。

（三）用标准化支撑管理体系建设，加强质量、环保、安全、卫生、创新、信息化等各方面的自身能力建设

企业标准化战略定位于以企业标准体系作为支撑企业质量管理体系、环境管理体系、职业健康安全管理体系的基础核心，并作为企业管理体系整合的平台和依托，通过标准体系建设实现一体化的标准化企业管理体系。

（四）以标准化整合企业资源，实现集成化管理，实现快速的标准化扩张

通过在企业内部对业务流程、工作岗位、操作规程、文档信息等实施标准化建设，实现集团各子公司之间标准化管理。将行之有效的管理模式高效、快速推广，为企业做大做强提供了稳固的基础。

广州开发区的金发科技通过“标准化规范企业发展示范”模式，建立“一物一准则，一事一流程，一岗一手册”的标准化理念，对原材料、产品、设备、工艺、环境、安全等18个模块均制定了技术规范，实行“标准有没有、标准用没用、标准好不好、能不能更好”持续改善模式，形成一套成熟的“金发套路”。通过模式复制，金发科技加快了扩张步伐，在全国已拥有近50家子公司，在南亚、北美、欧洲等境外地区均设有研发和生产基地。

（五）在行业范围内树立企业的形象和地位，获得市场入场券，打入全国或全球市场

通过标准化活动，与行业内的核心专家团队共同研讨技术方案，主导制定国家或行业标准，在行业领域内也会树立起技术和产业领先地位的企业形象，有利于将产品推向目标市场。同时，客户也更认同标准制定者的身份，

优先采购作为标准起草单位的厂家产品，也有利于产品的市场竞争。

据《人民邮电报》报道，1998 年，在国际电信联盟数据网和开放系统通信组会议上，烽火科技集团·武汉邮电科学研究院余少华博士提出了 IP over SDH 提案，成为中国人在 ITU-T（国际电联电信标准化部门）提出的首个国际标准。2012 年年底，烽火科技集团·武汉邮电科学研究院主导制定了 Y.2770（关于互联网业务感知和内容识别）标准，这也是烽火科技集团·武汉邮电科学研究院制定的第四项国际标准。据 C114 通信网报道，全球电信市场的竞争将是结构性的竞争，是产品创新、品牌运作、营销整合、渠道深耕、内部组织结构以及全球资源有效配置等全方位的竞争。烽火科技积极参与国际标准的制定，重视核心知识产权的保护，为进军国际市场保驾护航。据中国通信网报道，2015 年，烽火通信的海外销售收入达到 28.63 亿元，同比增长 17.77%。这已经是烽火科技连续第五年以较大增幅持续拓展海外市场规模，国际市场也由此成为拉动其业绩持续增长的三驾马车之一。

03

第三章

编制企业标准体系表

本章导读

本章解释了企业标准体系的概念、企业标准体系表编制的通用方法，并介绍了几种参考结构图。此外，从工业企业的技术标准、管理标准和工作标准的角度介绍工业企业常用标准的基础知识、内涵、主要内容和适用场景等。

第一节　企业标准体系表概述

一、企业标准体系的价值

在全球经济一体化的进程中，标准与创新、生产、市场、安全、贸易、环境、公平等紧密相连，对于现代企业来说，标准体系是企业标准化的重要方法和工具。标准体系方法是系统论在标准化工作中的应用，是一种科学的、切实可操作的方法论，得到了广泛的认同和重视。

企业标准体系是运用系统论指导企业标准化工作的一种工具。构建标准体系主要体现为编制标准体系结构图和标准明细表，提供标准统计表，编写标准体系编制说明。通过标准体系结构图来表达企业标准体系的总体布局、结构关系，辅以标准明细表来详细描述企业标准体系的详细构成。标准体系表是一定范围内包含现有、应有和预期制定标准的蓝图，是一种标准体系模型。

编制企业标准体系表是建立科学、先进的企业标准体系的首要工作，是编制标准制修订规划和计划的依据，也是企业标准化的基础工作。企业标准体系表的作用有以下几个：

（一）用于梳理现有企业标准化的现状、问题和需求

编制企业标准体系表需要开展大量的调研、需求分析和研究讨论，深入了解企业各部门、各业务环节正在使用、计划使用的标准情况，分析标准的问题和需求，分析标准体系交叉、重复、冲突情况；需要深入调研竞争对手、合作伙伴、行业监管等相关的标准化情况；是对企业标准化工作的一次系统梳理和摸底。编制企业标准体系表的过程，就是一次系统地对企业标准化进行分析和调查研究的过程。

（二）清晰地刻画出企业标准化的内在结构关系

首先通过企业标准化调研，了解现有标准化基础。然后通过简化、统一、协调、优化的过程，分析出企业标准体系的层次关系，勾勒出企业各

部门、各环节标准的结构关系，从整体上把握企业标准体系各部分的相互配合、相互支撑，也有可能互相重复的关系。

（三）描绘出企业标准化工作的发展蓝图

对企业全部应具备的标准摸清底数，同时，通过标准化的工作方法，确定企业标准体系将来的层次结构关系，用图表形式直观地描绘出近期及未来一段时期内标准化发展规划蓝图，明确了企业标准化工作的努力方向和工作重点。

（四）用于完善和健全现有的企业标准体系

通过研究、讨论和编制企业标准体系表，找出企业标准化工作中交叉、重复、冲突的问题，找出存在掣肘的环节。同时，通过企业标准体系表发现企业标准化的薄弱环节，查漏补缺，找出未来标准化工作的重点方向，促进企业标准体系实现简化、层次化、组合化、有序化和合理化。

（五）更好地服务于企业各部门标准化工作

企业标准体系表是企业标准化的总体布局和发展路线图，可一目了然地反映标准化全局，可以有效地服务于市场营销、研发设计、原材料采购、加工制造、检验检测、包装储运、安装交付、售后服务等各部门的标准化工作。动态维护管理的企业标准体系表，可以为各部门提供信息，并及时获得标准信息使用反馈。

（六）有利于对企业标准体系的评价、分析和持续改进

通过编制企业标准体系表，明确了企业标准体系中的关键和重点，指导编制有关标准的组织实施和对标准的实施进行有效监督，通过有目的、有计划地对企业标准体系进行评价、分析和改进，有利于企业标准化的改进和完善。

二、企业标准体系的概念

（一）系统论指导企业标准化

企业标准体系是企业内的标准按其内在联系形成的科学的有机整体。这里的“标准”是广义的标准，具体范围可能会因企业的性质、规模、行业领域、企业文化、运行管理模式等而不同。通常，根据不同的角度，可

以将企业标准体系分为不同的类别。按照不同的价值链阶段，或者业务生命周期过程，可以分为战略与文化、业务经营（开发、采购供应、生产运行、市场营销、售后支持、报废处理）、管理支持等不同阶段的标准；按照标准化针对的主体对象，企业标准体系可以包括技术标准、管理标准和工作标准，这是很常用的一种分类。

1978 年，钱学森在《组织管理的技术——系统工程》中指出，对工厂企业系统而言，“任何一个分系统，包括工厂本身”，都包括人、物和事。人是第一要素；物包括物资（能源、原料、半成品、成品等）、设备（土木建筑、机电设备、工具仪表等）和财（工资、流动资金等）；事包括任务指标（上级所下达的任务或与其他单位所订的合约）与信息（数据、图纸、报表、规章、决策等）。据《钱学森先生与中国科学院系统科学研究所》显示，1980 年许国志撰写《论事理》一文，认为“事物总有其一定的规律，物有物理，事有事理”。顾基发分析了系统工程实践中的物理、事理和人理因素，1994 年在英访问期间与朱志昌讨论切磋，提出了物理-事理-人理系统思想（简称 WSR）。国外学者将 WSR 与 TOP（Technical perspective，Organizational perspective，Personal perspective）、TSI（Total Systems Intervention）共同列为“整合系统方法论”。WSR 思想被国际系统科学学会看作东方系统方法论。

刘源张院士是钱学森先生在中科院力学所成立时运筹学研究室的首批成员之一，并于 1957 年创建了中国第一个质量控制研究组。1979 年，刘源张院士参与创办了中国质量协会，并于 1980 年协助国家经济委员会制定、颁发《工业企业全面质量管理暂行办法》。在《工业企业全面质量管理暂行办法》第六章“质量管理体系”中规定，企业“各部门、各单位要分别订出优质工作标准，以优良工作质量保证产品质量。做到件件产品、道道工序、各项有关工作都有明确的责任者，建立起全面质量管理体系”。同时，为了将 QC（质量控制）“星火”在全国“燎原”，刘源张致力于质量管理标准的制订、鉴定和推行，坚持多渠道的教育培训，坚持在一线宣传质量管理的理念。

原国家经委副主任，原国家标准总局局长、党组书记岳志坚被认为是“东渡取质量经的第一人”，他早在 1978 年就赴日本考察并将日本企业运用管理标准、工作标准来保证技术标准贯彻执行的经验带回了国内。他在主政国家标准总局时，颁布了《工业企业标准化工作管理办法（试行）》，其中规定，“技术标准是企业标准的主体。它是对生产对象、生产条件、生产方法以及包装贮运等所作的规定。包括各种产品标准，原材料、半成品标准，零件、部件标准，工艺、工装标准，安全、卫生、环保标准等。为保证产品质量，提高经济效益，对有关生产、技术管理工作，运用标准化原理，制定相应的管理标准。如原材料、能源消耗定额，设备保养、使用、维修规则，技术文件审核、管理制度，操作规程，以及文明生产的规定等”。

对于技术标准、管理标准和工作标准的划分，是钱学森系统论在企业标准化工作中的应用。虽然在国际标准、国家标准和行业标准中，大多数的标准都是技术标准。但在企业标准化领域，企业执行国际标准、国家标准的相关规定，落实具体要求后，就会形成管理标准和工作标准。

（二）管理标准和管理制度

企业的管理标准，根据前文所述，是在改革开放初期实施质量管理过程中提出来的。自从 ISO 9000 质量管理体系系列标准发布以来，标准化的理念和方法得到了广泛的普及，管理体系和标准化形成了紧密的关系。

除 ISO 9000 质量管理体系之外，还有 ISO 14000 系列环境管理体系、ISO 22000 系列食品安全管理体系、ISO/IEC 27000 系列信息安全管理体系、ISO 26000 社会责任管理体系、ISO 31000 风险管理体系、GB/T 34061 知识管理体系、GB/T 29490 知识产权管理体系、ISO 56000 创新管理体系、ISO 50000 能源管理体系、ISO 55000 资产管理体系等，这些都是管理体系标准中规定的理论、方法和具体要求。

首先，基于管理体系标准的实施，产生了很多相应的管理标准。除了管理方法和管理技术，在实施基于系统论的管理体系标准过程中，会产生很多文件，用于指导或规范业务过程或者管理过程。落实这些管理要求，就需要建立相应的企业管理制度。

例如，GB/T 29490—2013《企业知识产权管理规范》中第 6.4 条规定，“应编制形成文件的程序，以规定以下方面所需的控制：建立信息收集渠道，及时获取所属领域、竞争对手的知识产权信息；对信息进行分类筛选和分析加工，并加以有效利用；在对外信息发布之前进行相应审批；有条件的企业可建立知识产权信息数据库，并有效维护和及时更新。”这就要求企业建立知识产权信息管理制度，有的企业称其为知识产权信息管理标准。

其次，企业自己制定的标准原则上是一定要执行的，既然必须执行，就基本相当于管理制度。这就是说，在企业内部存在的管理标准，大致相当于企业的管理制度。因此，企业的很多管理制度都可以纳入企业标准体系。

最后，企业标准体系通常归企业标准化部门负责推动。企业标准化部门通常负责企业内部的技术标准管理。而企业管理制度通常不属于企业标准化部门的职责范围。这就产生了一个困惑，企业标准到底是否应该包含管理制度?

根据标准体系建设的第一个原则——目标明确原则，首先应明确企业标准体系建设的目标是什么。很多企业建设标准体系，是为了支撑管理体系的实施，这就需要落实管理体系标准的要求，建立相应的管理制度。这时，就需要将管理制度或者管理标准纳入企业标准体系范围。如果企业标准体系的建设是为了促进企业的产品设计和开发，同时企业管理制度由企业办公室或综合处牵头，那么只需要纳入相应的技术标准即可。

总之，管理标准的制定，应基于符合并旨在实现技术标准的相关技术要求。

(三) 工作标准

1. 西方企业的工作标准

在西方发达国家，企业通常会制定一些规定职业行为的工作标准作为员工受雇的基本要求。主要包括以下几类：

(1) 用于规定员工行为要求的标准，这类标准协助企业为员工创建一个礼貌有序的工作环境。如果员工掌握了这些行为准则，可以确保其行为是广受认可的，更容易取得事业成功。可接受行为也是企业文化的一个组成部分。这类标准的形式多样，包括员工行为标准（Employee behavior standards)、员工手册（Employee handbook）等，用于指导员工的任职资格、工作场所政策、行为准则等。

(2) 工作规范（Job specification)，主要从总体上勾勒出员工的任职资格。通常包括教育要求、培训经历、工作履历、任职资格、专业技能和个人特质等，通常工作规范附带工作描述（Job description）。工作描述对工作规范提供了更细致的说明，阐述了工作的总体描述、特定职责、工作环境和位置等。

（3）员工绩效标准（Employee performance standards），用于描述员工在工作中所接受的绩效水平。员工绩效编制是基于职位，而不是具体的员工个人。员工绩效标准描述了任职资格中每项技能的具体成功指标，解释了"工作很棒"应该是什么样子。绩效标准通常包括绩效指标和绩效评定量化表。

（4）标准操作程序（Standard operating procedures，SOP）是由企业制定的一组逐步操作的指令，用于指导员工执行复杂的例行操作。SOP 的目标是实现效率、质量输出和性能一致性，同时减少错误传达和不遵守行业法规。

2. 我国企业的工作标准

我国企业的工作标准最初是企业为了配合质量管理的实施，以优良工作质量保证产品质量，使每件产品、每道工序、每项有关工作都有明确的责任者，从而促进实现全面质量管理。

工作标准通常是面向人员而制定的一类标准，可以面向不同职位的企业人员。技术标准和管理标准的相关规定还需要具体的工作人员去落实、去执行。工作标准是将相应的技术标准和管理标准的要求，落实到具体的操作人员的工作要求。工作标准通常包括任职资格、基本技能、职责权限、工作内容和方法、检查考核等相关要求。

目前，我国很多企业已逐渐采用西方的运行管理制度。企业标准的形式也日益多样化。根据当前实际情况，工作标准应为面向人员的工作类标准，范围可以包括作业指导书、操作程序、工作规范、行为准则等。相关内容也可以参见前文提到的西方企业的工作标准。

工作标准的制定应基于相关技术标准和管理标准的相关要求，满足并实现相关技术和管理标准的规定。

3. 技术标准、管理标准和工作标准示例

我国是当今世界锅炉生产和使用最多的国家，工业锅炉是重要的热能动力设备，其运行涉及人身安全、环境保护和经济性，在我国属于特种设备，需要进行专业化管理。下面从技术标准、管理标准和工作标准三种标准角度，阐述标准化保障工业锅炉的安全经济运行，解释技术标准、管理标准和工作标准之间的逻辑关系：首先，锅炉技术标准是依据科学技术原理，为了实现锅炉安全可靠运行而提出的技术要求，是企业标准化的工作主体，技术标准是管理标准、工作标准的基础或技术依据；其次，为了使技术标准切实发挥作用，还需要管理保障来促进技术实现，这就需要在技术标准基础上制定相应的管理标准；最后，为了满足技术标准和管理标准（经常作为管理制度出现）的相关要求，需要将技术标准和管理标准的相关规定落实到“工作人员”来执行，形成工作标准。

（1）技术标准。在工业锅炉领域，为了防止锅炉发生结垢、腐蚀、恶化蒸汽品质等危害，使锅炉能长期安全经济运行，锅炉水质应满足相应的技术要求。在国家标准 GB/T 1576—2018《工业锅炉水质》中，规定了工业锅炉运行时给水、锅水、蒸汽回水和补给水的水质要求。适用于额定出口蒸汽压力小于 3.8MPa，且以水为介质的固定式蒸汽锅炉、汽水两用锅炉和热水锅炉。不适用于铝材制造的锅炉。

在 GB/T 1576—2018 中，共分为 5 章正文内容，并提供了 6 个规范性附录。内容包括水质标准的总体性技术要求，例如水质指标计量的基本单元；采用锅外水处理的自然循环蒸汽锅炉和汽水两用锅炉水质的指标要求（见表 3－1）；采用锅内水处理的自然循环蒸汽锅炉和汽水两用锅炉水质的指标要求；贯流和直流蒸汽锅炉水质、蒸汽锅炉回水水质、热水锅炉水质、余热锅炉水质和补给水水质等相关水质的技术指标要求，以及水质分析方法。

表 3－1　关于锅炉水质的技术标准

水样	额定蒸汽压力/MPa	$p\leqslant1.0$		$1.0<p\leqslant1.6$		$1.6<p\leqslant2.5$		$2.5<p<3.8$	
	补给水类型	软化水	除盐水	软化水	除盐水	软化水	除盐水	软化水	除盐水
给水	浊度/FTU	≤5.0							
	硬度/(mmol/L)	≤0.03							$\leqslant5\times10^{-3}$
	pH（25℃）	7.0～10.5	8.5～10.5	7.0～10.5	8.5～10.5	7.0～10.5	8.5～10.5	7.5～10.5	8.5～10.5
	电导率（25℃）/(μS/cm)	—		$\leqslant5.5\times10^2$	$\leqslant1.1\times10^2$	$\leqslant5.0\times10^2$	$\leqslant1.0\times10^2$	$\leqslant3.5\times10^2$	≤80.0
	溶解氧*/(mg/L)	≤0.10			≤0.050				
	油/(mg/L)	≤2.0							
	铁/(mg/L)	≤0.30					≤0.10		

续表

<table>
<tr><th rowspan="2">水样</th><th colspan="2">额定蒸汽压力/MPa</th><th colspan="2">$p\leqslant 1.0$</th><th colspan="2">$1.0<p\leqslant 1.6$</th><th colspan="2">$1.6<p\leqslant 2.5$</th><th colspan="2">$2.5<p<3.8$</th></tr>
<tr><th colspan="2">补给水类型</th><th>软化水</th><th>除盐水</th><th>软化水</th><th>除盐水</th><th>软化水</th><th>除盐水</th><th>软化水</th><th>除盐水</th></tr>
<tr><td rowspan="15">锅水</td><td rowspan="2">全碱度[b]/(mmol/L)</td><td>无过热器</td><td>4.0~26.0</td><td>≤26.0</td><td>4.0~24.0</td><td>≤24.0</td><td>4.0~16.0</td><td>≤16.0</td><td colspan="2">≤12.0</td></tr>
<tr><td>有过热器</td><td colspan="2">—</td><td colspan="2">≤14.0</td><td colspan="4">≤12.0</td></tr>
<tr><td rowspan="2">酚酞碱度/(mmol/L)</td><td>无过热器</td><td>2.0~18.0</td><td>≤18.0</td><td>2.0~16.0</td><td>≤16.0</td><td>2.0~12.0</td><td>≤12.0</td><td colspan="2">≤10.0</td></tr>
<tr><td>有过热器</td><td colspan="2">—</td><td colspan="6">≤10.0</td></tr>
<tr><td colspan="2">pH(25℃)</td><td colspan="6">10.0~12.0</td><td>9.0~12.0</td><td>9.0~11.0</td></tr>
<tr><td rowspan="2">电导率(25℃)/(μS/cm)</td><td>无过热器</td><td colspan="2">$\leqslant 6.4\times 10^3$</td><td colspan="2">$\leqslant 5.6\times 10^3$</td><td colspan="2">$\leqslant 4.8\times 10^3$</td><td colspan="2">$\leqslant 4.0\times 10^3$</td></tr>
<tr><td>有过热器</td><td>—</td><td>—</td><td colspan="2">$\leqslant 4.8\times 10^3$</td><td colspan="2">$\leqslant 4.0\times 10^3$</td><td colspan="2">$\leqslant 3.2\times 10^3$</td></tr>
<tr><td rowspan="2">溶解固形物/(mg/L)</td><td>无过热器</td><td colspan="2">$\leqslant 4.0\times 10^3$</td><td colspan="2">$\leqslant 3.5\times 10^3$</td><td colspan="2">$\leqslant 3.0\times 10^3$</td><td colspan="2">$\leqslant 2.5\times 10^3$</td></tr>
<tr><td>有过热器</td><td colspan="2">—</td><td colspan="2">$\leqslant 3.0\times 10^3$</td><td colspan="2">$\leqslant 2.5\times 10^3$</td><td colspan="2">$\leqslant 2.0\times 10^3$</td></tr>
<tr><td colspan="2">磷酸根/(mg/L)</td><td>—</td><td colspan="5">10~30</td><td colspan="2">5~20</td></tr>
<tr><td colspan="2">亚硫酸根/(mg/L)</td><td colspan="2">—</td><td colspan="4">10~30</td><td colspan="2">5~10</td></tr>
<tr><td colspan="2">相对碱度</td><td colspan="8"><0.2</td></tr>
</table>

注1：对于额定蒸发量小于或等于4t/h，且额定蒸汽压力小于或等于1.0MPa的锅炉，电导率和溶解固形物指标可执行表2（略）。

注2：额定蒸汽压力小于或等于2.5MPa的蒸汽锅炉，补给水采用除盐处理，且给水电导率小于10μS/cm的，可控制锅水pH值（25℃）下限不低于9.0、磷酸根下限不低于5mg/L。

a. 对于供汽轮机用气的锅炉给水溶解氧应小于或等于0.050mg/L。

b. 对蒸汽质量要求不高，并且无过热器的锅炉，锅水全碱度上限值可适当放宽，但放宽后锅水的pH（25℃）不应超过上限。

（2）管理标准。蒸汽锅炉是一种经常处于高温条件下工作的特种设备，操作和运行管理不当有可能引起爆炸。为了确保安全、经济运行，企业需要执行相应管理标准（或管理制度、作业程序）。蒸汽锅炉运行管理制度通常包括（但不限于）：锅炉设备维修保养制度、锅炉水质管理制度、水处理人员交接班制度、锅炉房清洁卫生及安全保卫制度、巡回检查制度、锅炉事故爆炸制度等相关管理要求。此外，锅炉管理制度还会将锅炉工的工作标准、锅炉操作规程列入其中。在锅炉水质管理制度中，通常会引用国家标准 GB/T 1576—2018，或者引用企业制定的锅炉水质标准（技术标准）。

（3）工作标准。为了保证锅炉的安全、经济运行，除了上述提到的锅炉（仅是其中一部分标准）技术标准、管理标准（管理制度）之外，还需要锅炉工去落实具体技术和管理要求。这就要求制定相应的锅炉工的工作标准。

三、企业标准体系表的编制原则

编制企业标准体系表，首先要遵循编制标准体系的四个原则：目标明确、全面成套、层次恰当、划分清楚。标准体系表是为建立标准体系服务的，构建标准体系的目标也大致相当于编制标准体系表的主要目标。

（一）目标明确

如前所述，企业标准体系首先是一个人为的系统、人造系统，目标性是人造系统的一个重要特性。不同的人员，围绕着不同的建设目标，可以为同一个系统建立不同的标准体系。根据不同的目的，可以编制不同的标准体系表，从而建立相应的标准体系。企业标准体系表的编制，应围绕着企业明确的目标开展。围绕质量目标而建立的企业标准体系，目的是改进企业的质量管理；围绕企业信息化建设而建立的企业标准体系，目的是实现数据共享、应用系统集成等目标。企业标准体系表的编制，也应该首先明确建设企业标准体系的主要目标。标准化本身是为企业的核心业务服务的，标准体系的建设应为企业的核心业务战略服务。

一般来说，企业标准体系建设根据不同企业的标准化成熟度，可以有以下几个通用目标。

1. 产品标准化

涵盖企业产品加工制造过程中的业务标准、产品标准等，规范企业的产品生产、服务质量。企业标准以产品（含服务）标准为核心，包括设计、工艺、产品、材料、工装、检验等围绕产品的生产所必需的标准，实现企业内部产品的通用性、互换性、模块化，以实现企业内的大规模生产，降低成本。

2. 经营（管理）过程标准化

该目标用于实现企业的业务流程、经营管理过程的标准化。企业标准化的管理体系是现代企业管理的重要特征。标准化的管理体系是在企业某些特定应用领域（如质量、环境保护、职业健康、信息安全、创新、资产等），通过设定战略目标，建立一套基于标准化管理和业务流程的管理系统来实现其战略目标。管理体系标准是对产品标准的补充，实现经营管理过程的标准化，保证生产经营过程的每个环节可控，监督和控制每个环节，从而达到管理体系的目标。

3. 企业集成标准化

企业集成标准化用于实现信息化时代的业务协同、信息共享、设备共享、系统互操作等目标，实现物理集成、应用集成、信息集成、流程集成等企业集成标准化的目标。当前企业集成的关键，除了要求产品标准化和业务过程标准化之外，还要通过信息化来改造传统工业，实现对工业化的改造升级，变革经营管理流程。这个过程涉及产品的标准化、经营管理过程的标准化，以及信息技术的标准化，需要靠系统的标准化来实现。

（二）全面成套

标准体系表与结构图的全面成套应围绕着企业标准体系的目标展开，体现为体系的系统整体性，即体系的子体系及子子体系的全面成套和标准明细表所列标准的全面成套。为达到全面成套，除积极采用附录 D《全国通用综合性基础标准》中适合本企业的标准外，更多的是要采用行业基础标准和企业自己制定的企业标准。具体来说，一方面是各业务领域、各子体系的标准尽可能全面，以达到相互配合、相互支撑的整体效应；另一方面是各种层次、级别的标准尽量全面。

（三）层次恰当

在企业标准体系表的编制过程中，一方面，由于标准体系的逐层分解，会产生很多的层次；另一方面，层次越多，标准之间的逻辑关系越复杂，不便于理解和掌握。因此，应该综合考虑层次的合理设置，既要考虑科学性，又要考虑方便用户的使用。

（四）划分清楚

标准体系表内的子体系或子子体系的划分，主要应按行业、专业或门类等标准化对象的同一性，而不宜简单按照标准化用途、产品类别或者功能部门的分工划分。标准体系结构图作为一种树状的分类体系，要求一方面，组成子体系的各子体系不能有缺漏；另一方面，各子体系之间也不能相互交叉重叠、不能重复，在某一类子体系下设置了某标准类目，在其他子体系中就不建议重叠设置。

第二节　企业标准体系结构图

企业标准体系的组成包括企业贯彻和采用的上层标准和本企业制定的企业标准。所有标准都在上层标准化法规和本企业的方针目标及各种相关国际、国家法律和法规指导下形成。企业标准体系表由企业标准体系结构图和企业标准体系标准明细表组成，两者互相配套，缺一不可。

一、企业标准体系的结构形式

（一）企业标准体系常用结构形式

企业标准体系表可按层次结构、功能归口型结构和序列结构的形式列出，前两者适用于综合性或全局性管理，后者适用于以产品或服务、某专项或局部工作为中心的管理；前两者是基础，后者建立在前两者的基础上，是对前两者的补充。对某产品、服务或过程可根据其生命历程用序列结构的形式列出。

通常，企业标准体系由技术标准体系、管理标准体系和工作标准体系三个子体系组成，如图 3－1 所示。

（1）方针目标、法律法规、基础标准是构建企业标准体系的依据和外部环境，属于上层文件。

（2）方针目标，是指企业标准化的方针和目标，提出了企业标准化工作的愿景、价值定位、实施策略和近期阶段性目标等。

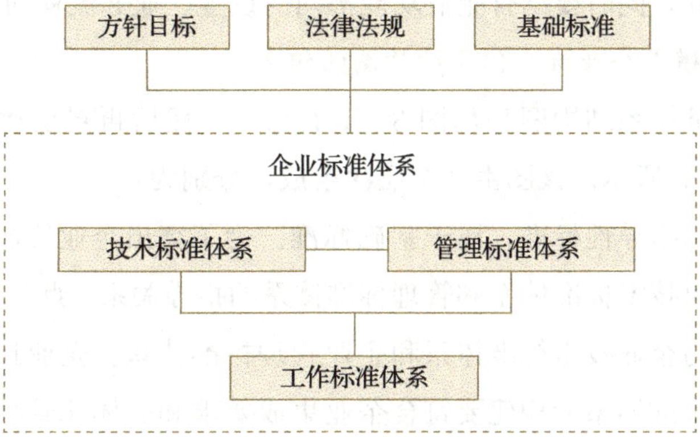

图 3-1 企业标准体系结构图

（3）法律法规，是指企业在生产经营过程中应遵守的法律法规，尤其是涉及人身财产安全、环境保护、职业健康卫生、劳动保护等与标准化紧密相关的法律法规。

（4）基础标准包括国家标准、行业标准、团体标准、地方标准、国际标准等。为了降低成本，提高技术兼容性，企业宜采用公开发布的外部标准；企业采纳的基础标准是在本企业已经采用、拟实施或正在实施的国家、行业、团体、地方标准或国际标准；基础标准通常不单独列出，融入各相关子体系中，需要时也可单独列出。

（5）技术标准体系和管理标准体系间的连线表示二者之间的交互制约作用。

（6）工作标准体系同时实施技术标准体系和管理标准体系中的相应规定，是技术标准和管理标准共同指导和制约下的下层标准。

（二）集成模式企业标准体系结构图

1. 集成模式企业标准体系结构图的特点

（1）企业技术标准体系结构图中的方框设置以 GB/T 22032—2008、GB/T 18757—2008 等标准中企业、产品的生命周期阶段的划分为参考，将技术标准体系按产品生命周期序列展开。

（2）企业管理标准体系中的结构方框设置以《ISO/IEC 指令　第 1 部分—综合 ISO 补充——ISO 特定的程序》附录 SL 中的关于高层体系结构图（HLS）对管理体系标准结构的划分，管理标准体系中按管理体系内容结构序列展开，同时要结合企业功能部门的设置、业务流程的实际情况。

2. 集成模式企业标准体系结构图的组成

企业标准体系结构图采用图 3－1 的结构，然后再对层次内容予以细化，如图 3－2 所示。该图由 3 个层次组成，分别为：

第一层为指导性标准，属于基础标准。为了突出企业集成、一体化管理体系标准对技术标准体系和管理标准体系的指导关系，此处单独列出。

第二层为企业技术标准体系和企业管理标准体系。企业技术标准体系和企业管理标准体系的构建要符合企业集成要求和一体化管理体系建设的要求。

第三层为企业工作标准体系。工作标准为了落实技术标准和管理标准的要求，需要规定作业人员的岗位规范、作业规范、操作规程、工作规范等；可以满足企业相关人员的工作需要，满足特定生产要求而设置，用于实现可靠的质量、保障人身和财产安全、降低生产成本、保护环境、促进作业效率等目标。具体哪些人员需要制定工作标准，以什么形式来展现工作标准，通常根据企业的实际情况而定。

3. 集成模式企业标准体系结构图的应用

对于实施 ISO 14258 和 ISO 19439 等企业工程/集成、ISO 9001 质量管理体系、ISO 14001 环境管理体系、ISO 45001 职业健康安全管理体系的企业，宜按照这些基础标准的指导，建立技术标准体系、管理标准体系和工作标准体系。

以设计标准为例，技术标准体系中的“设计”标准，在研发设计过程中，需要考虑产品设计的质量要求（质量管理体系）、考虑产品的绿色设计要求（环境管理体系）、考虑产品的安全性设计（职业健康安全管理体系）。同时，对于其他企业集成（信息集成、功能集成、自动化设备集成），还要考虑 CAD 数据格式、三维模型标注、数字化设计流程、自动化设备接口等设计的信息、业务流程、接口等集成化的要求。

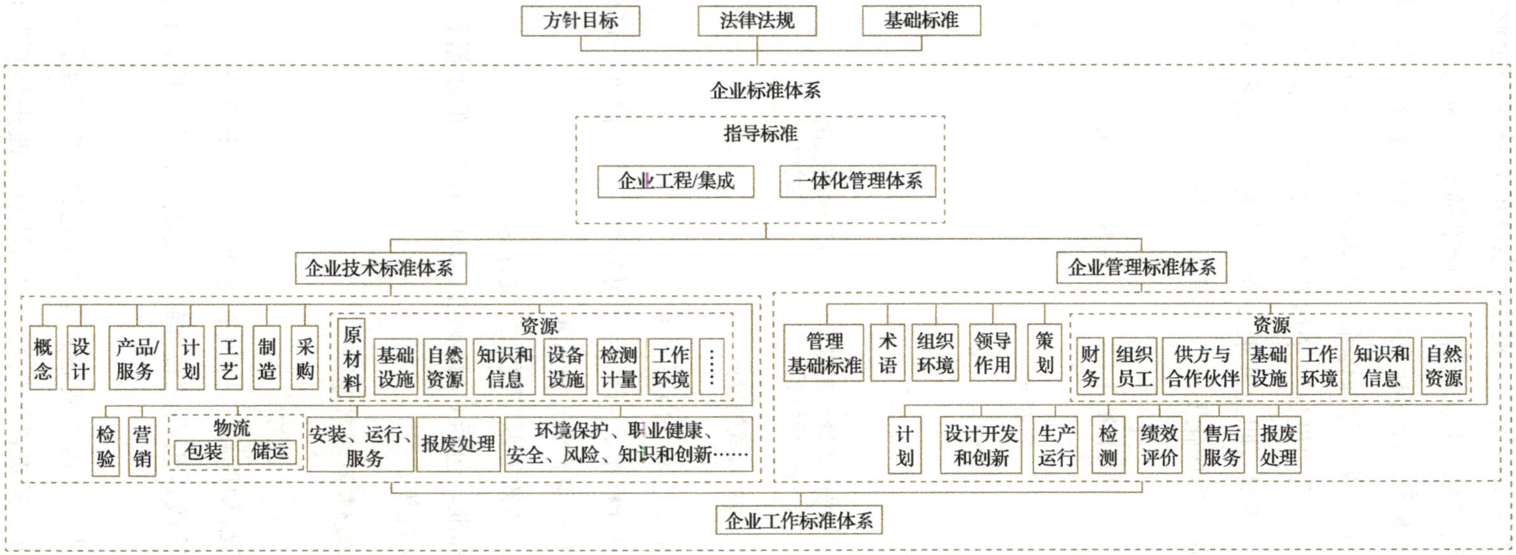

注1：带下画线的方框，仅表示标准体系的标题，而不是具体的标准。
注2：每一个方框都有一个层次或序列编号。
注3：图中的省略号表示此处可扩充其他标准，根据企业实际情况而定。
注4：图中“企业技术标准体系”中“环境保护、职业健康、安全、风险、知识和创新……”，单独列出。
注5：图中的“基础标准”包括适用于本企业的国家标准、行业标准、团体标准、地方标准、国际标准等，此处从逻辑上表明企业标准宜采用基础标准，促进技术兼容性；基础标准不宜都列在此处，宜嵌入到相应的标准子体系中。
注6：图中“指导标准”包括“企业工程/集成”标准、“一体化管理体系”标准，以便企业实施基础标准，采用企业集成、一体化管理体系的理念指导企业构建标准体系。

图3－2　集成模式企业标准体系结构图

在集成模式的企业标准体系结构图中，建议有条件的企业采用企业工程/集成标准体系和管理体系标准。这意味着企业标准体系中的每一个方框（子体系），包括技术标准体系、管理标准体系和工作标准体系中的每一个组成方框，都要考虑企业集成、管理体系的要求，加上产品标准化，基本由三部分内容构成。例如，在“设计”子体系中，要考虑产品的生产需要的设计要求，考虑质量、环境、职业健康安全等管理体系的各因素的设计要求，实现设计的信息化、集成化要求，如图 3－3 所示。

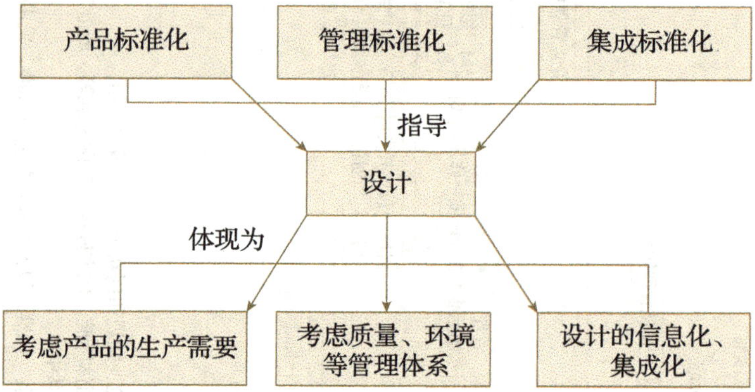

图 3－3　集成模式的设计标准示例

技术标准体系中的设计标准包括（但不限于）：

（1）可用性标准、几何设计标准、可信性（可靠性、可维修性、可保障性）标准、互换性等产品生产需要的设计标准。

（2）环境保护、安全性、节约能源等要求的设计标准。

（3）集成化要求等方面标准，包括 CAD 标准、ISO 10303 的数据表达与交换、ISO 13584 零件库标准等。

（三）板块模式企业标准体系结构图

1. 板块模式企业标准体系结构图的特点

板块模式企业标准体系结构图中方框设置主要依据 GB/T 19004—2011，致力于“为系统地持续改进组织的整体绩效提供指南”，更便于企业开展企业标准体系的构建。

板块模式企业标准体系结构图由“战略方针和顶层设计”板块、“资源管理”板块、“产品实现或服务提供”板块和“监测评审改进创新”板块四大板块组成，形成四大类功能分别归口的结构，并分别涵盖了所需要的技术标准、管理标准和工作标准。

板块模式企业标准体系结构图提供了以过程为基础的质量管理体系模式图所表达的“四大板块”，关注对象也由顾客扩展到相关方；除了实施 ISO 9001 质量管理体系之外，还特别关注持续改进组织的总体业绩与效率；在“资源管理”中提供了七种类型的资源。

2. 板块模式企业标准体系结构图的具体形式

板块模式企业标准体系结构图如图 3－4 所示，其中：

工作标准由“决策层”“管理层”“操作层”各岗位人员工作标准和“全员通用”工作标准组成，纳入“战略方针和顶层设计”板块中，是因为“全员参与”和“以人为本”正是企业战略的需要；四个板块为各类企业所通用，不能删除其中任何一个板块，但对板块内所包含的各层次要素或过程，则应根据企业的实际情况，进行相应的裁减和增补或做新的组合。

企业标准体系结构图中的组成方框应根据企业的实际情况做相应的调整（包含裁减和增补）。图 3－4 提供的企业标准体系结构图是为构建企业标准体系而提供的参考结构图，为企业编制本企业标准体系结构图提供借鉴。四个细虚线方框包含四个板块的内容，带下画线的方框仅表示“标题”之意，不含标准明细；有阴影的最下层方框代表其中包含技术标准和/或管理标准；方框中白底色的代表管理标准；该图右上角带斜体字的方框表示工作标准。而大方框粗虚线所含内容代表了企业标准体系，最上部三组方框是建立企业标准体系的指导性文件。基础标准包括国家、行业、团体、地方标准等通用性的基础标准。

二、企业标准体系表的编制说明

企业标准体系表的编制说明包括但不限于以下内容：

（1）企业标准体系建设的背景。

（2）企业标准体系建设的目标和实施策略。

（3）企业标准体系表编制原则和依据。

（4）本企业、行业、竞争对手、合作伙伴的标准化现状、问题和需求分析。

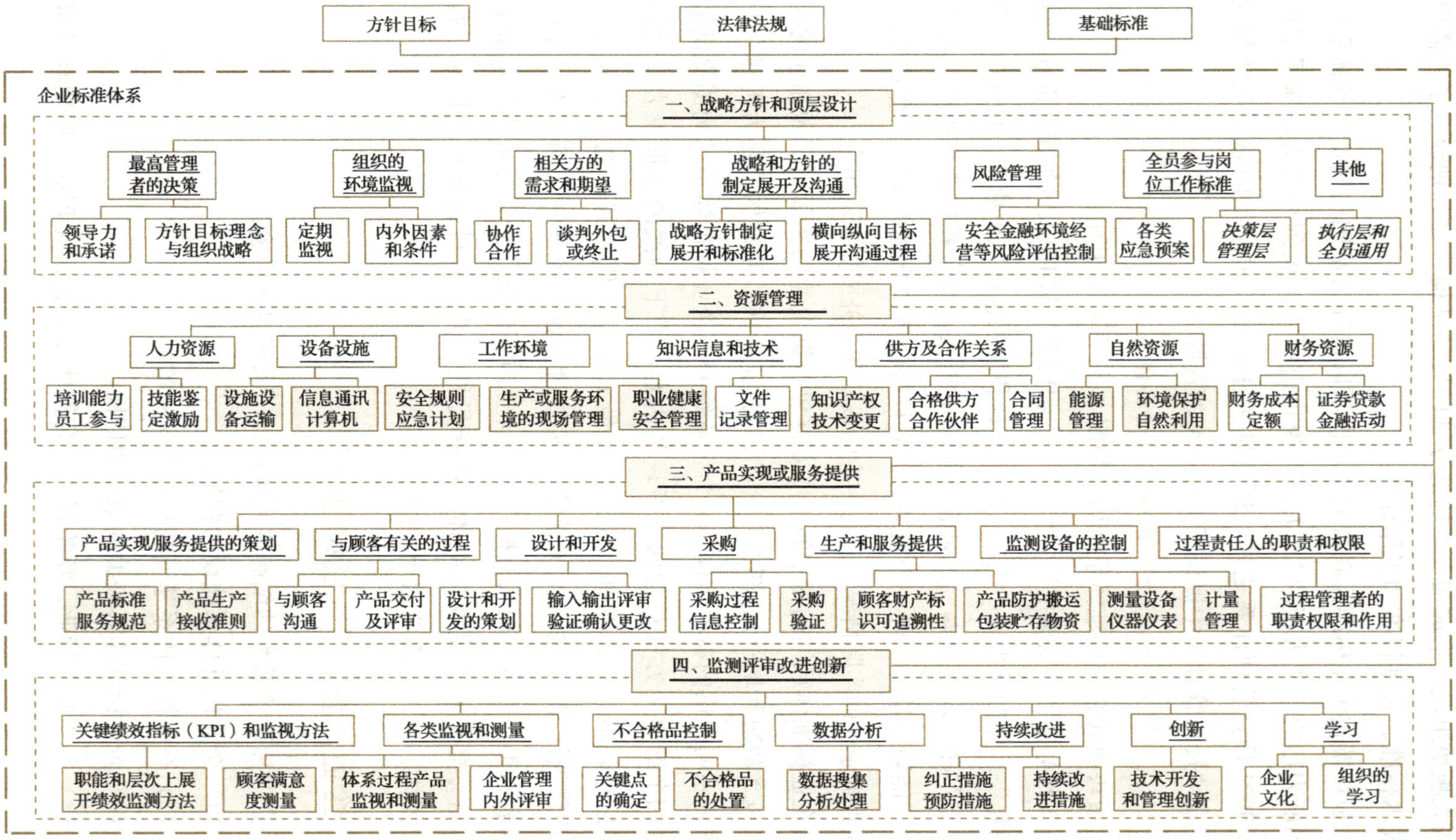

图3－4　板块模式企业标准体系结构图

（5）企业标准体系结构关系，子体系的划分依据和划分情况，各子体系内容说明（概念内涵、边界范围、适用领域）。

（6）企业标准明细表和统计分析，结合企业标准统计表分析现有标准与国内、国外标准的差异、特点和优势或薄弱环节，明确近期及将来的标准化重点方向。

（7）编制过程中的问题总结和实施建议。

第三节 技术标准

通常，技术标准是企业标准体系的主体内容。企业的规模、行业领域、运行机制和文化千差万别，很难有一种放之四海而皆准的企业标准体系。工业企业作为我国最为典型的一类企业，也是企业标准体系建设最广泛、最成熟的行业领域。下文的内容，以工业企业为目标（其他行业可以作为参考），以产品的生命周期阶段为逻辑主线，从产品的概念阶段、开发阶段、生产阶段、使用阶段、支持阶段、退役阶段（报废/回收阶段）来介绍企业技术标准。内容的编排体例，通常由是什么、为什么、包含什么、适用于什么场景等构成。下文中所有的标题都是一类标准、标准子体系或标准体系模块，例如“产品概念”就是“产品概念标准”，“设计”就是“设计标准”，为此，有些省略了“标准”两字。

一、产品概念

产品概念也称为产品定义，用来说明产品在企业内部和市场环境中的定位，主要涉及产品的价值观、愿景、架构、设计指南、政策、商业计划。产品概念文件需要说明产品在企业内部和市场环境中的定位，以便根据市场需求和产品定位对产品进行规划和定位。产品概念应从顾客和最终使用者、所有者（或投资者）、合作伙伴、社会和政府等多个视角进行综合考虑。

产品概念具体包括以下内容：（1）产品在企业战略中的定位；（2）产品的目标市场；（3）关键成功因素；（4）潜在的风险；（5）产品在同类产

品和供应链中的定位，产品的优势和不足；(6) 产品价值观，对产品如何满足市场需求进行准确的描述；(7) 产品未来发展的愿景、规划；(8) 产品主要的技术特征、产品的属性；(9) 设计指南；(10) 企业的产品政策；(11) 商业计划。

产品概念是对产品结构化的、基本的、粗略的，却又全面的构想，它描绘了设计目标的基本方向和主要内容。根据产品标识（定义)，通过总体性能、结构、规格、尺寸、形状和技术参数等来表述可预见或可以实现的产品要求，包括客户要求描述、产品功能概念设计和建模，最终得到包含产品功能表面的原理方案。

二、设计

设计是决定产品质量、环境保护、安全、创新、经济等各项目标的关键环节。

在产品设计阶段，首先要考虑产品质量要求，可以从可用性（功能性)、可靠性、可维修性、可保障性等角度出发，规划相关设计标准。

产品的可用性是指以有效性、效率和满意度为指标，产品在特定使用背景下为了特定的目的可为特定用户使用的程度。任何产品都具有特定的功能来达到其特定的使用目的。

产品的可靠性是指产品在规定条件下和规定的时间内，完成规定功能的程序或者能力。一般可用功能效率、平均寿命、失效率、平均故障时间、平均无故障工作时间等参量进行评定。

产品的可维修性是指产品在发生故障以后，能迅速维修、恢复功能的能力。通常采用平均修复时间等参量表示。产品的设计特性和计划的保障资源等是完成规定功能的能力。

可保障性包括两个方面，即与保障有关的设计特性，保障资源的充足和适用性。

（一）初步设计

产品初步设计阶段的标准是在产品概念设计阶段之后，根据产品概念，在设计过程中还要考虑产品的环境适应性、机械适应性、人类工效学原则、环境保护、安全性、经济性、节约能源等因素，结合信息化要求，并根据企业的实际情况，采用实施行业、专业、门类的通用技术规范和产品标准。企业可制定高于行业、专业或门类的产品标准的内部标准。

环境适应性是执行试验标准，加大严格度，包括耐寒、耐热、散热性、耐潮、耐盐雾、耐腐蚀等。

机械适应性包括抵抗震动、冲击、加速度、摇摆特许，提供密封、恒温、防尘、抗干扰等性能。

人类工效学原则是与人的生活质量、安全和健康有关的工作系统设计的基本原则，提倡设计工作系统时应根据实际经验，应用人类工效学知识来满足上述要求。但是，技术的、经济的、组织的和人的因素作为工作系统的一部分会影响人的工作行为和身体健康。

环境保护是在设计时，通过在产品生命周期的各个阶段中应用各种先进的绿色技术和措施，使得所设计的产品具有保护环境的特性。

产品的安全性是指产品在使用、储运、销售等过程中，保障人体健康和人身、财产安全免受侵害的能力。

产品的经济性是指产品的设计、制造、使用等各方面所付出或所消耗成本的程度。亦包含其可获得经济利益的程序，即投入与产出的效益能力。

节约能源资源是通过设计，力求使产品全生命周期中能量消耗最少，以减少能源的浪费。在选用能源类型时，应尽可能选用可再生能源，优化能源结构，尽量减少不可再生能源的使用，以有效减缓能源危机。同时，应尽量减少由于这些浪费的能量造成的环境污染。

初步设计需要考虑以下相关标准：（1）可用性标准；（2）几何设计标准；（3）可靠性、可维修性、可保障性标准；（4）环境适应性标准；（5）人类工效学设计标准；（6）环境保护标准（包含绿色设计）；（7）安全性设计标准（机械安全、电气安全、功能安全）；（8）经济性标准（包含价值工程标准）；（9）节约能源设计标准；（10）形象设计标准；（11）保护消费者权益标准。

（二）详细设计

详细设计是在初步设计的基础上，使初步设计的产品能付诸生产制造，包括互换性标准和参数系列标准。例如，在机械产品详细设计阶段，一般包括以下内容：

1. 互换性标准

互换性标准包括：（1）极限与配合标准；（2）形状与位置公差标准；（3）表面结构标准；（4）螺纹标准；（5）键与花键标准；（6）齿轮标准。

2. 参数系列标准

参数系列标准对于合理确定机械产品品种规格，做到以最少品种满足多方面需要、规划产品发展方向以及加强各类产品尺寸参数间的协调等具有重要作用。

（三）设计方法

通常，行业都根据专业的特点有各自行业或专业的设计规则和规范，企业应根据实际情况，采用相应的行业设计规范。产品设计过程中的计算方法标准，通过对设计参数的计算和校验，保证产品的功能、性能和其他的产品要求。

计算标准包括的计算内容：能耗、功率，载荷、强度、重量，钢结构，流体力学、液压与液力传动，电工与电子、力学、声学，机械设计（弹簧、齿轮、花键、机械传动等），通信、控制系统以及其他标准。

（四）设计对象

设计对象是指产品设计的对象，不同的行业有不同的设计对象，从而形成不同设计对象标准。产品标准由于其在企业生产制造过程中的重要作用，作为一个方框在结构图中单独列出，不作为设计对象在此列出。主要包括：（1）零部件标准；（2）半成品标准；（3）中间体（化工行业）标准；（4）设备、基础设施标准；（5）软件产品标准；（6）过程标准。

（五）设计图样和文件

设计图样和文件的主要标准包括：（1）技术产品文件标准；（2）设计图样和文件格式标准；（3）设计图样和文件编制方法；（4）行业标准中的图样文件管理制度。

（六）设计信息

设计信息是用于支撑信息化集成方面的标准。它需要从工业自动化系统总体架构统筹考虑，包括产品数据表达与交换标准，如物料分类编码、产品数据字典等相关标准。此外，大型企业还可以根据实际情况考虑计算机辅助设计（CAD）相关标准，如CAD文件格式、CAD制图标准、CAD系统接口等。

（七）设计文件和图样成套性要求

使用说明是交付产品的组成部分，使用说明应能避免不正确的操作，减少产品的故障和损坏率。使用说明应有助于顾客正确使用产品，并应能有效地帮助顾客避免可能导致危险的错误使用。使用说明应明确给出产品用途和适用范围，并根据产品的特点和需要给出产品的主要结构、性能、型式、规格和正确吊运、安装、使用、操作、维修、保养和贮存等方法，以及保护操作者和产品的安全措施。

三、产品

产品标准是工业企业的核心标准。产品标准是企业技术标准的主体和核心内容。为了解释相关概念和内容，在此处单独列出。在《ISO/IEC导则　第2部分》中，对产品标准的定义是："规定产品需要满足的要求以保证其适用性的标准"。通常，产品标准除了包括适用性要求之外，还包括术语、取样、检测、包装和标签等方面的要求。有时，产品标准还包含过程要求。

产品标准是一大类标准，是相对于过程标准、服务标准而言，对产品的相关功能、特性进行的规定。从标准化对象上说，还可以包括产品的功能、几何尺寸、质量要求、检测方法等，用于保障产品的设计、生产、包装、运输、检测、使用、管理维护等。

产品标准化是企业标准化工作的基础，也是管理体系的基础。在ISO 9001：2015中提到，ISO 9001中规定的质量管理体系要求是对产品和服务要求的补充。这也从侧面说明了产品标准是质量管理体系标准的基础。

通常，产品可以泛指制造业产品、软件产品、流程性材料等。产品标准按其功能分为产品交付标准和产品内控标准。

产品标准首先应根据市场的需求情况，满足客户要求，考虑产品的功能、可靠性、环境保护、安全性等要求，可参见本节“初步设计”中的相关内容。

2018 年 12 月 29 日第三次修正的《中华人民共和国产品质量法》（简称《产品质量法》）规定，“国家鼓励推行科学的质量管理方法，采用先进的科学技术，鼓励企业产品质量达到并且超过行业标准、国家标准和国际标准”。对于“可能危及人体健康和人身、财产安全的工业产品，必须符合保障人体健康和人身、财产安全的国家标准、行业标准；未制定国家标准、行业标准的，必须符合保障人体健康和人身、财产安全的要求。禁止生产、销售不符合保障人体健康和人身、财产安全的标准和要求的工业产品”。《产品质量法》还规定，作为产品生产方的企业对产品质量负责。同时，产品应“不存在危及人身、财产安全的不合理的危险；有保障人体健康和人身、财产安全的国家标准、行业标准的，应当符合该标准”。产品质量应“符合在产品或者其包装上注明采用的产品标准，符合以产品说明、实物样品等方式表明的质量状况”。

四、生产计划

生产计划是为满足客户要求的交期、品质、成本而制订的计划，是使企业获得适当利益，而对生产过程中的材料、人员、机器设备的准备、分配及使用的计划。生产计划标准主要用于计划、指导和管理生产制造和物料供应，服务于企业内部的生产计划和车间安排，包括计划的方法和相关计算的方法，以及为满足系统协调运作而制定的信息化标准。

生产计划技术标准包括生产需求的确定、总产量计划方法、生产能力计算、生产作业计划、批量和生产间隔期确定、期量标准、物料需求计算、作业排序的方法与规则等。生产计划信息化标准包括生产计划安排（PPS）系统的框架模型标准、生产计划单证和报文消息格式标准、接口标准等。

五、工艺

工艺标准是在编排工艺过程中，根据产品加工工艺的特点对产品的工艺方案、工艺过程、工序的操作要求、操作方法和检验方法等进行的规范化。将生产工艺标准化，也是工艺知识管理的过程。将有经验、有诀窍的高级生产技师的知识，通过写入工艺标准在更大范围内使用，尤其是对新入职的工作人员使用，能促进知识的扩散和重用，提升产品质量。

工艺标准在编制过程中，应该同时考虑环境保护、节约能源、有利于职业健康等因素。企业的工艺标准通常包括以下内容：

1. 工艺基础标准

工艺基础标准主要包括工艺术语和符号、工艺文件等相关技术要求。

2. 专业工艺技术标准

专业工艺技术标准主要涵盖特定专业工艺生产制造过程要求、操作方法等相关要求，例如，热加工技术要求、钣金成形技术要求、表面处理技术要求等。此外，特定专业化的工艺材料、工艺试验等也可以纳入专业工艺技术标准。

3. 工艺设施装备标准

工艺设施装备标准涵盖制造过程中使用的各种工具、装备和相关设备设施的要求，例如模具标准、刀具标准。

4. 工艺管理标准

工艺管理标准应涵盖工艺研究、工艺设计、工艺评审、工艺总结等各阶段管理要求，分为三大类工艺的管理：综合工艺管理、产品生产工艺管理和制造过程工艺管理，参见 GB/T 24737 工艺管理系列标准。

5. 工艺标准

工艺标准又称作业指导书，是标准的一种形式。它可以是标准或标准的一部分或技术文件。

以下从两个方面来说明：第一，机械加工企业的工艺规程可以分为专用工艺规程和通用工艺规程两种；第二，流程性企业的工艺规程。

（1）机械加工企业的工艺规程。

1）专用工艺规程主要包括以下内容：

- 工艺过程卡片，以工序为单位简要说明产品或零部件的加工（或装配）过程的一种工艺文件，主要用于单件小批生产的产品。

- 工艺卡片，按产品或零部件的某一工艺阶段编制的一种工艺文件。它以工序为单元，详细说明产品（或零部件）在某一工艺阶段中的工序号、工序内容、工艺参数、操作要求，以及采用的设备和工艺装备等，主要用于各种批量生产的产品。

- 工序卡片，在工艺过程或工艺卡片的基础上，按每道工序所编制的一种工艺文件，主要用于大批量生产的产品和单件小批生产的关键工序。

- 检验卡，根据产品标准、图样、技术要求和工艺规程对产品及其零部件的质量特性、检测内容、要求、手段做出规定的工艺文件，主要用于关键工序的检查。

- 工艺守则，某一专业工种通用的一种基本操作规程。

2）通用工艺规程是工艺标准的一种形式，是指导工人操作的通用工艺要求。包括：

- 典型工艺规程，一组结构相似的零部件所设计的通用工艺规程。

- 成组工艺规程，按照成组技术原理将零件分类成组，针对每一组零件所设计的通用工艺规程。

- 标准工艺规程，按标准制定程序和标准格式编制的工艺规程。

（2）流程性企业的工艺规程。

流程性企业的工艺流程主要包括工艺流程、工艺配方、工艺参数和工艺质量指标等。其中，工艺参数是指导操作人员在生产过程中操作的重要依据，工艺质量指标是操作人员通过操作应保证的质量指标。

6. 工艺信息

对于较大型的企业，根据企业信息化集成的需要，应制定工艺信息相关标准，主要包括用于对各类工艺进行分类与编码的标准，用于对所需的各类工艺进行统一的分类与编码，便于分类、统计、管理、信息化等。工艺数据表达、工艺元数据标准，用于建立信息化的工艺知识库。相关国家标准可以参见 GB/T 22124.1—2008《面向装备制造业产品全生命周期工艺知识》。

六、营销

（一）产品标识

顾客在购买商品时，主要是凭产品标识来了解其性能，包括产品标签等。2014 年 7 月 2 日，在《质检总局关于公布现行有效规范性文件和废止部分规范性文件的公告》（2014 年第 70 号）中，《产品标识标注规定》在废止的规范性文件目录内，自公告发布之日起废止。

产品标识应遵守真实性、合法性、必要性和便利性原则。《产品质量法》规定产品或者其包装上的标识必须真实，并符合下列要求：

（1）有产品质量检验合格证明。

（2）有中文标明的产品名称、生产厂厂名和厂址。

（3）根据产品的特点和使用要求，需要标明产品规格、等级、所含主要成分的名称和含量；需要事先让消费者知晓的，应当在外包装上标明，或者预先向消费者提供有关资料。

（4）限期使用的产品，应当在显著位置清晰地标明生产日期和安全使用期或者失效日期。

（5）使用不当，容易造成产品本身损坏或者可能危及人身、财产安全的产品，应当有警示标志或者中文警示说明。

裸装的食品和其他根据产品的特点难以附加标识的裸装产品，可以不附加产品标识。

（二）产品描述

产品描述是指描述产品特性的标准，如保质期、质量、生产厂家、产品成分等相关信息的标准。

七、采购

企业采购标准首先应执行所在行业的基础标准，并建立“采购产品数据库”（包括供方提供的产品字典库）。

除充分采用行业、专业或门类标准以外，需要企业自行制定的采购标准包括：产品建议书，营销、市场调查的信息描述标准，营销、市场信息交换的接口标准，需方提出的产品标准、技术条件或样品，以及向需方提供的有关标准、法规、产品说明书、认证文件等。

八、电子商务

电子商务是经济全球化和贸易自由化的重要手段，也是传统产业变革和企业技术跨越的关键推动力。企业应根据企业所处供应链中的位置，考虑与供应商、客户以及政府部门的信息、应用、业务等集成的需求，采用基础信息（如地点代码、货币代码、国际物品编码等）的分类与代码、商品或产品描述的元数据、数据交换格式、信息安全技术、电子支付、网络与传输技术等相关的国家标准。

企业应制定以下与电子商务相关的数据标准：

（1）企业产品、原材料、外协件等物料的分类和编码，这部分应与物料分类与编码保持一致。

（2）企业产品、机构（合作方、供应商、客户）等相关的元数据标准，用于统一的数据的表达、描述和交换。

九、资源

资源是企业生产过程中的输入，企业应合理使用，节能节水，开发与发挥人员的最大潜力，降低成本以提高企业利润，提高企业产品质量和服务社会的能力。

企业应制定本企业资源的技术标准，包括物料信息、能源、制造资源、知识资源等标准，人力资源、组织资源、财务资源、供方和合作方资源等资源应从管理标准的角度予以考虑。

（一）物料信息

企业应在国际、国家标准的基础上，制定本企业的物料信息化标准，实现统一的信息分类、编码、描述、存储、访问、交换和管理。具体包括：

（1）建立企业统一的产品、零部件、物料的分类和编码体系。

（2）制定企业统一的产品、零部件、物料的数据描述（元数据）标准。

（二）能源

能源标准化是合理开发能源资源，提高能源利用率，更新和改造能量转换设备的科学技术依据，是能源管理的科学技术依据和基础。能源标准体系主要由以下几部分构成。

1. 能源基础标准

能源基础标准是以燃料化学、工程热物理、电工理论等为基础，在工程技术应用中，对术语、单位和符号，以及各种图形、文字符号等所作的统一规定。

2. 评价企业合理用能标准

GB/T 15316—2009《节能监测技术通则》规定了对用能单位的能源利用状况进行监测的通用技术原则，适用于制定单项节能监测技术标准和其他用能单位的节能监测工作。

监测的范围包括对重点耗能单位应定期进行综合节能监测，对一般企、事业单位和其他用能单位进行单项节能监测。监测的内容包括：

（1）用能设备的技术性能和运行状况。

（2）能源转换、输配与利用系统的配置与运行效率。

（3）用能工艺和操作技术。

（4）企业能源管理技术状况。

（5）能源利用的效果。

（6）供能质量与用能品种。

《节能监测技术通则》还规定了节能监测的技术条件、节能监测的方式、节能监测项目评价指标的确定、监测机构的技术要求、节能监测评价结论与报告的编写要求等。

节能监测技术标准还包括对热能、电能、风能、工业锅炉节能等的监测标准。

3. 能耗工艺和能耗产品标准

重点能耗工艺的标准包括锻造、焊条烘干、电镀、锻造、热处理等工艺的能耗标准。重点能耗产品能耗定额标准包括家用电冰箱、空调、洗衣机、电熨斗、电饭锅、电视机、收录机、电风扇等产品的能耗标准。

4. 能源方法标准

能源方法标准包括对能源、原材料、产品的采样、分析、试验、鉴定方法、石油产品的台机实测和评定方法，以及节能型产品的应用技术条件。

5. 新能源标准

新能源包括核能、太阳能、沼气、风能、地热和潮汐能等。在推广应用各种新能源中，为了提高各种新能源的技术性能和质量、合理利用、保证安全和便于维护等需要制定大量标准。

6. 能源产品标准

供用户加工、转化或直接使用的能源产品，按过程可分为一次能源产品，如原煤、原油、可燃气体等；转化后的二次能源产品，如商品煤、商品油、煤炭、电力、蒸汽、热水、煤气、液化气等。能源产品的系列和质量是影响能源有效利用的重要前提。

7. 能源设备、器具标准

能源设备、器具标准由开采、生产（加工、转换）、使用、通用等设备的标准组成。能源设备、器具标准化的重点方向为炉、机、通用设备，其技术途径主要是：与能源产品质量及供应稳定相配合；采用系列化以有限合理解决功率、容量的配套；采取技术措施，如改善原材料性能、设备结构、工艺方法，以减少各种损失，提高设备效率。

8. 节能材料标准

节能材料包括保温、保冷、换热器、金属耐磨、润滑、密封、透光、反光、远红外材料和涂料及节能代用材料等。节能材料标准化就是以节能为目的的对这些材料的导电、导热、绝缘、耐温、隔热、密封等性能制定相应的测试方法标准，或包括热物理化学性能的产品标准。为合理地选材，应控制并制定相应的各种材料使用的技术管理标准。

（三）制造资源

制造资源包括生产设备、基础设施、工艺装备等，应采用全国通用综合性基础标准，主要包括劳动定额、动作和时间分析、生产环境的人类工效原则、安全生产标准、职业健康标准和产品不合格标准等。

制造资源标准还包括工艺装备设计规范、工时定额标准、数控机床、作业指导书、操作规程等。

1. 生产设备

（1）外购设备附带的技术资料。

（2）自制设备的设计技术资料。

（3）设备零配件、元器件、易损件的技术资料。

（4）设备维修保养规范及设备润滑标准。

（5）设备操作规程。

2. 基础设施

（1）对产品质量特性发生作用的场所、运输、通信的技术要求。

（2）与产品质量有关的生产卫生条件。

（3）温度、湿度、清洁度的要求。

3. 工艺装备

（1）夹具、模具、器具和工具样板标准。

（2）夹具、模具的零部件标准。

（3）工艺流转器具标准。

（4）工艺装备设计规范及编号方法标准。

（四）知识资源

1. 知识资源的分类与标识标准

首先，应根据企业的业务战略需要，识别对于企业具有战略价值的知识资源，并进行分类分级管理。知识资源的分类可以从多个维度开展，用于满足不同人员、不同业务的需要。

根据 GB/T 23703.7—2014《知识分类通用要求》，企业知识通常可以分为：

（1）显性知识和隐性知识。

（2）内部知识和外部知识。

（3）个人知识、团队知识和组织知识。

（4）结构化知识和非结构化知识。

（5）静态知识和动态知识。

（6）事实知识、原理知识、技能知识和人际知识。

可以从业务维度、专业技术维度、组织部门维度、产品类别维度、存在形式维度、知识载体维度、价值维度等对知识进行分类，也可以从这些维度为现有组织知识打标签，用于对现有知识进行识别、归类和查找。

2. 知识的显性表达标准

知识的显性表达标准主要包括知识交换格式、领域本体等标准，为企业的产品、工艺流程、经营管理、市场营销等建立领域知识库。

十、检验检测和试验方法

质量检验是根据技术标准、产品图样、作业规程或订货合同、技术协议的规定，采用相应的检测、检查方法观察、试验、测量产品的质量特性，判定产品质量是否符合规定的要求。主要包括以下内容：

（一）采购进货检验

企业应根据外购物资对成本质量的影响及产品总成本，慎重选择被检物质的质量特性，确定检验项目。

（二）工序检验

工序检验是对生产过程中各工序的质量指标或半成品转入下道工序前为判定质量而进行的检验。企业应根据生产阶段产品质量特性和必要的检验工作确定检验频次，并在工序检验标准中做相应的规定。

（三）库存品检验

可根据库存品特点选择检验的特性项目，又可根据库存品的价格和数量，选用 GB 2829—2002《周期检验计数抽样程序及表（适用于对过程稳定性的检验）》或 GB 8051—2006《计数序贯抽样检验方案》，对价格昂贵的库存品可采用 GB 8051—2006。

（四）最终成品检验

成品检验应能确保产品或生产批量满足产品性能要求及其他要求。成品的检验方法和检验规则应根据产品标准或合同要求确定。检验内容还可以包括装运产品的类型和数量。

对检验结果的数据处理应采用数据解释和处理的相应标准。采用不同的试验方法，可能结果会有所差异，这就需要确定相应的试验方法来进行技术指标检测。此外，确定产品的技术指标要与试验方法相匹配。如果定的指标太高，没有与之对应的检测能力、检测方法，那么这个指标也就没有实际意义。

十一、物流

为了确保产品的质量、安全生产、环境保护、提高效率等，应制定企业的装卸车、搬运、包装、贮存、标志、运输、仓储自动化等相关技术和管理要求，制定相应操作规程。

（一）装卸车

对于特殊货物，应制定装卸车操作规程，应包含：搬运、装卸车人员的要求；进站之前对车辆和运输人员的检查要求；工作服、劳保用品的作业要求；货物的安全、保持质量（如保持生鲜）等相关要求。

（二）搬运

搬运有企业内搬运和产品出厂的搬运，其标准主要包括以下几点。

（1）企业内工序间的传输装置、装卸、堆码机械的技术要求。

（2）产品出厂后的运输工具（手段）的技术要求。

（3）对企业内搬运应制定防止损坏或变质的搬运操作方法，尤其应注意对易腐、易燃、易爆等有害物品的搬运方式、方法的规定。

（4）对产品出厂运输规定的运输和装卸要求应符合有关运输规章的规定。

（5）根据产品的特性，必要时可规定以下运输要求：运输方式，如铁路、公路、水运、空运等；运输条件，如遮棚、密封、保温、通风、堆码高度和安全卫生措施等；根据产品的特性、大小、体积形状，规定装卸要求。

（三）包装

包装工艺标准、包装通用标准、包装材料标准、容器标准、包装试验标准、集装箱标准、包装标志标准等均属于全国通用综合性基础标准，但也可以有相应的行业标准。需企业自定的包装标准包括：包装设计标准；包装质量要求、试验方法、检验规则等标准。因此应根据产品包装的等级和用户的要求提出产品的包装质量要求，包括：内装物量值，规定内装物的数量、质量、体积，必要时给出允许偏差；包装方法，规定包装程序和摆放方式以及包装食用方式及其材料的性能和使用要求；包装防护，规定所采用的反撑、衬垫、缓冲等防护方式及其材料的性能和使用要求；随货文件规定随货文件的内容，如产品合格证、使用说明书、装箱清单、随机备件清单、安装图纸及其他有关技术文件，并规定其封装方式及摆放位置；封箱与封口，规定订合、黏合、缝合、压合等的方式和要求；捆扎规定，捆扎采用材料的技术要求以及捆扎的方式和要求；产品包装标准中规定的技术要求应能用试验方法等加以验证。

产品虽然规定了包装要求，但只是用户对包装质量的起码要求，难以直接指导生产，企业应结合实际情况制定企业包装标准。

（四）贮存

贮存标准对产品的贮存要求应在下列方面做出规定，特别是对有毒、易腐、易燃、放射性等产品应规定特殊要求。

（1）贮存场所，规定仓库、遮棚、露天等场所的要求，还应规定合适的货架、容器，以及防止振动、撞击、磨损、腐蚀、温度或其他原因造成的破坏。

（2）贮存条件，规定温度、相对湿度的最适宜范围，通风方式及单位时间应更换的空气流量，对有害物质的防护要求。

（3）贮存方式，指明单放、堆码，以及堆码的形式、高度等。

（4）贮存期限，规定包装有效期及贮存器内维护的要求，以及定期或不定期抽验的要求。

（五）标志

标志标准涉及标签、铭牌、标记或标识（安全标识、接地标识等）等相关要求。

（六）运输

对于特定产品，通常会根据公路运输、航空运输、水运（河运、海运）、管道运输等不同的运输方式制定相应的运输规范，包括制定相应的运输过程中的必要单据。

（七）仓储自动化

其包括单据（领料、送料单等）和台账格式标准；与信息需求单位（设计、计划、采购、制造等）间（包括仓库对对方）的信息需求接口标准。

十二、安装、运行、服务

企业的安装、运行、服务方面应满足以下条件：

（1）对现场安装程序、方法、要求和注意事项做出规定。

（2）安装验收技术条件，应对安装完工后试运行技术要求和试运行方法做出规定。

（3）交付验收程序及环境保护产品质量的规定。

（4）交付抽样及试验方法标准。

（5）安装、交付技术文件的完整性要求。

企业的安装、运行、服务标准主要包括以下内容：

（1）安装技术标准。

（2）安装操作和维修技术标准。

（3）检查项目标准。

（4）检查方法标准。

（5）测试设备标准。

十三、回收利用/废物处理

产品在退役阶段、报废处理阶段，应考虑产品的回收利用、废物处理等事项，以便节约资源能源，避免污染物对环境造成危害。

企业在废物处理过程中通常需要考虑的环境因素有：大气、水、噪声、固体废物、放射性。企业应根据所在行业环保标准的要求结合企业产品，制定企业废物处理的标准。关于废物处理和排放的标准可能包括以下几种。

（一）废气排放

企业废气排放防治需要通过工艺改进、过程控制、末端治理和加强管理等措施，减少污染气体排放，达到环境管理要求。废气污染防治技术标准包括（但不限于）：采用国家或地方政府的气体污染物排放标准、生产工艺及设备设施的改造要求、污染物排放标准（包括固定源、移动源的各种排放标准）、燃料有害物含量标准、废气排放检测/监测标准。

（二）废水排放

企业废水排放标准包括（但不限于）：采用国家规定的水环境质量标准、水污染物排放限值标准、废水检测标准等。

（三）噪声防治

特定的行业领域会对周边居民生活环境造成噪声污染，应采用国家标准，制定相应的企业噪声防控标准，包括（但不限于）：声环境质量标准、控制（排放）标准、高噪声产品噪声排放标准等。

（四）固体废物污染防治

根据企业所在的行业领域，应针对性地采用并制定本企业的固体废物污染防治标准。尤其是可能对环境产生潜在危害的有毒有害垃圾、废弃物的回收和处理工作。采用的国家标准包括（但不限于）：固体废物分类标准（国家危险废物名录、医疗废物分类目录）；危险废物鉴别标准和监测方法标准（急性毒性、浸出毒性、腐蚀性、反应性、易燃性）；危险废物贮存、运输、处置污染控制标准；固体废物的再利用和处置标准（废玻璃、金属、塑料容器类；废电子电气设备、废机动车辆、废轮胎、废干电池、废矿物油；粉煤灰、磷石膏等）、产品中有害物限制及废弃产品回收再利用标准。

（五）辐射污染防治

根据企业所在的行业领域，尤其是涉及核设施、核技术应用、伴生放射性矿和放射性废物等相关领域的企业，应针对性地采用国际、国家制定的基础性辐射防护标准，并制定本企业的辐射污染防治标准。

十四、其他

（一）质量

企业质量标准应根据产品的市场定位、产品概念来具体制定，并执行国家和行业质量标准。包括：

（1）企业产品的质量标准。

（2）产品的质量评估标准。

（3）产品的检验检测标准。

（4）服务质量标准。

（5）企业质量档案。

此外，质量基础标准还包括：

（1）质量统计方法标准。

（2）质量控制图标准。

（3）常规控制图标准。

（4）累积和控制图标准。

（5）软件工程的质量标准。

（二）环境保护

企业应执行国家或行业制定的基础标准，包括环境保护术语标准、符号标准、图形标识标准等。

环境测试/分析方法标准，一般涉及大气、水、噪声、土壤和固体废物等 5 个领域的环境质量或污染物排放标准中污染物检测的方法标准。

企业应在执行基础标准的前提下，根据实际情况制定环保产品的标准。

（三）职业健康安全

1. 基础标准

基础标准包括职业健康安全卫生的术语、标准编写规范、危险分类代码、健康分类代码、危险货物等标准，是制定企业职业健康安全标准的基础标准。

2. 安全标志

安全标志的绘制方法参见基础标准的图形符号标准。安全标志标准包括安全色、安全标志、安全色卡、工业道路、消防安全、工业有害气体监测、报警器等标志。

3. 危险有害因素的分类分级

常用危险有害因素分级的标准包括：危险化学品、工厂危险等级、高处作业、体力劳动强度、高温作业、生产过程危险及因素、工伤鉴定、恶劣环境（冷水、低温、有毒）作业、机械加工设备的危险因素、工业建筑物的危险因素、爆炸物品、化学危险品、放射品等的分类分级标准。

4. 考核标准

考核标准指对企业各类工作人员的考核，包括企业管理人员、工程技术人员、工人、监察人员、焊接作业人员、提升作业人员、起重机司机、高空作业人员、爆破人员、电工作业人员、厂矿机动车司机、特殊作业人员、潜水焊工和无损检测人员等。

5. 事故统计分析

事故统计分析包括企业职工伤亡事务的分类、调查分析规则、经济损失统计和重伤范围的划分，以及事故伤害损失工作日标准、事故的预测方法标准、企业职工伤亡事故分类标准等。

6. 职业病统计分析

职业病统计分析包括职业病人数预测方法、经济损失统计、职业病的统计分析、经济损失的评价原则和计算方法等。

7. 安全工程通用标准

（1）安全装置与设施的标准包括：各类梯子标准，如固定式钢直梯、斜梯、木直梯、折梯等；防护栏、机械设备防护罩、防护屏等安全保护措施标准；汽车等机器的安全玻璃标准；安全报警设备、安全网等标准；安全监测和检验标准，包括气体检测等标准。

（2）机械安全，包括生产设备安全卫生设计要求、机械防护安全要求、防护屏安全要求、安全距离以及各类机械工具的操作规程。

（3）电动工具安全，对螺丝刀、电动砂轮、砂光机、电钻、圆锯、电锤等手持式电动工具的安全要求。

（4）电气安全，包括电气术语、安全规程、符号标志以及防止静电、雷击、爆炸的措施和要求，电工作业防护设施的各类标准，电子设备、计算机防雷、场地等要求。

（5）防火防爆，包括防火防爆的术语、操作规程、防护措施和各种压力容器的标准，以及防爆用的工具设施标准、消防标准、火灾报警标准、可燃气体标准等。

（6）储运安全，即对于易燃、易爆、剧毒、化学危险品等有害安全和健康的物品储存、运输、装卸等安全规程。

(7) 爆破，即爆破的安全规程、安全距离标准。

(8) 燃气安全，即氧气、氢气、工业煤气、石油液化气等技术规程、检测装置标准。

8. 生产过程安全卫生

在 GB/T 12801—2008《生产过程安全卫生要求总则》中规定，凡对人员的安全健康可能造成危害，对财产可能造成损失的生产过程，都应制定相关的安全、卫生标准。在生产过程安全、卫生标准中，应对下列诸因素明确规定具体要求：

(1) 生产过程中的危险和有害因素。

(2) 厂址、矿区、施工作业区的选择及平面布置。

(3) 工艺、作业和施工过程的设计、组织和实施。

(4) 生产厂房和作业场地上的建（构）筑物。

(5) 生产物料。

(6) 生产装置。

(7) 设备、设施、管线、电缆的配置和作业区的规划和组织。

(8) 生产物料、产品、剩余物料的储存和运输。

(9) 生产辅助设施和公用工程。

(10) 人员选择。

(11) 防护技术措施。

(12) 管理措施。

(13) 重大危险源的管理。

(14) 应急救援体系。

(15) 其他。

9. 生产设备安全要求

生产设备及其零部件必须有足够的强度、刚度、稳定性和可靠性。在按规定条件制造、运输、贮存、安装和使用时，不得对人员造成危险，包括各类生产设备安全卫生设计应遵循国家和行业基础标准的基本原则、一般要求和特殊要求，并根据企业生产运作的具体特征制定各类生产设备安全设计的专用标准。

10. 劳动防护用品

劳动防护用品又称劳保用品，是劳动者在生产过程中免遭或减轻事故伤害和职业危害的个人随身穿（佩）戴用品。企业选用劳保用品的标准首先应执行国家关于劳动防护用品的基础标准。企业的劳保用品标准，首先根据企业生产过程中的危险特性和特殊工作条件进行分类，包括易燃易爆作业、可燃性粉尘作业等危险作业类别，并对危险作业按不可使用的品类、必须使用的品类和可考虑使用的品类三种情况制定出相应企业标准；还包括判定劳动防护用品作废的条件和程序，以及防护品使用期限等内容。

企业劳动防护用品标准还应根据生产情况执行基础标准，或在执行基础标准的基础上制定企业标准。可能包括的标准有：头部防护用品标准（安全帽标准、眼面护具标准、护耳器标准等）、呼吸护具标准（呼吸保护具、防毒面具、口罩、防尘面具等标准）、手足护具标准（如各种用途的防护鞋、防护鞋袜和劳动保护手套等标准）、防护服标准（一般防护服、防水服、X射线防护服以及防酸、防静电、防砸等防护服标准）以及其他类型的劳动防护用品标准。

（四）信息化

企业信息化标准用以促进企业设备设施的互联互通、数据和信息交换和共享、业务流程的协同协作，并支撑和促进信息化建设过程中的网络信息安全。

通常，企业信息化标准包括总体框架模型、信息与通信基础设施标准、数据标准、业务应用标准、信息化管理和维护标准、网络信息安全标准等若干部分。

（1）总体框架模型用以规定企业信息化建设总体规划设计的要求，包括信息化标准化指南、术语和词表、信息化总体框架及其他，适用于企业信息化标准的制定、信息化总体架构设计等。

（2）信息与通信基础设施标准规定企业信息系统运行的基础设备设施和基础的系统平台（不含业务应用系统）的要求，包括计算机及外围设备、网络系统、物流监控设备、机房、基础软件、网络安全设备及其他标准。

（3）数据标准规定企业信息资源的结构化表达、文件格式、采集和管理等要求，包括企业信息分类与编码、元数据规范、数据交换、数据质量、主数据管理，以及数据治理相关标准，适用于企业信息资源的分类、标识、描述、存储、管理和交换。

（4）业务应用标准规定与企业业务应用系统相关的技术要求，包括业务应用的业务流程规范、相关构件或模块的功能和性能要求、为应用系统提供基础服务、互操作和组件管理的应用支撑平台标准。

（5）信息化管理和维护标准规定企业信息化建设和运营维护过程的相关要求，一般包括项目管理、软件开发管理、运维管理和信息系统资产管理等标准。

（6）网络信息安全标准是网络安全保障体系建设的重要组成部分，在构建安全的网络空间、推动网络治理体系方面发挥着基础性、规范性、引领性作用。网络信息安全标准规定网络安全的合规要求、技术要求和管理要求。

第四节 管理标准

管理标准体系是基于质量管理、环境管理、职业健康安全管理、知识管理、企业集成等上层标准的要求，以及结合重要的企业经营管理标准形成的内容。下面对管理标准体系各组成要素的意义、要求以及为达到这些要求而应建立的标准体系进行扼要说明。

一、战略管理

战略管理主要是依据管理体系标准（质量管理体系、环境管理体系、职业健康安全管理体系、知识管理体系、创新管理体系、信息安全管理体系、能源管理体系等）中关于方针、目标和最高管理者承诺等相关战略管理的要求，制定的相关战略。这就要求企业根据自身实际情况，制定相应的发展战略，包含使命、愿景（长期规划）、价值定位等内容，建议将相关方针目标形成文件，例如质量方针、环境方针、知识产权方针、创新方针等。

二、组织环境

企业要不断地跟踪、分析、评估所处的内外部环境的相关信息，识别出与质量、环境、职业健康安全、知识、创新、能源等管理紧密相关的现状、需求和问题，作为制定企业战略，以及质量、环境、职业健康安全、知识、创新、能源等不同管理体系方针目标，实施管理体系建设的前提和依据。同时，标准体系的分析和构建，也是针对企业内外部环境的分析，确定标准体系的目标定位，确定企业标准化战略和实施路线，从而确定标准体系结构和具体标准。

（一）针对性地收集并评估内外部环境信息

（1）国际、国内、行业、区域或地方的社会、文化、法律、法规、金融、技术、经济、自然和竞争环境等各方面因素。

（2）影响组织目标的关键驱动因素和趋势。

（3）与外部利益相关方的关系，以及他们的观念、价值和期望。

（二）组织的内部环境/内部因素

包括但不限于以下几个方面：

（1）组织治理、组织结构、角色和职责。

（2）组织的方针、目标和实现方针、目标的战略。

（3）在管理标准化方面的能力和现状。

（4）相关的软件和工具。

（5）与内部利益相关方的关系，以及他们的观念、价值和组织文化。

（6）组织管理、制度、业务流程和程序。

（7）组织已采用的标准、指南和模式。

（8）合同关系的形式和范围。

（三）股东、员工、客户、合作伙伴（产学研用）、供应商、公共监管等相关方对企业标准化管理的需求

（1）股东、组织管理层对质量、环境等的需求。

（2）企业员工对质量、环境、职业健康安全、知识、创新等的需求。

（3）客户、供应商、合作伙伴等标准化管理的需求及相关信息。

（4）国际、国家、社会、行业等外部政策环境的影响因素和需求等。

（5）竞争对手、合作伙伴、供应商和客户等相关的管理标准化情况。

三、文件化/成文信息

在旧版的 ISO 9001 管理体系中，强调企业应将所有过程具有约束性和指导性的规范、规则、指南、要求和情报资料等制成文件，如质量手册、质量计划、规范、指南、“程序、作业指导书和图样”、记录，但不再强调是纸质文件。

在新版的 ISO 9001 和 ISO 14001 等管理体系中，不再强调将这些约束性和指导性的规范、规则等形成文件，而是以成文信息统一代替。成文信息是指组织需要控制和保持的信息及载体。成文信息可以以任何格式和载体存在，例如纸质文件、电子文件或者存放在信息系统中的相关信息。成文信息包括阐明要求的约束性内容，可以用于提供证明性材料的记录。

对于标准化管理，也推荐将传统的以纸质文件形式发布的标准转化为超文本、网页的形式；对于信息化的有关标准，例如分类与代码、元数据（数据字典）、接口、术语等，可以数据库的形式存在。这样更有利于标准内容的修订、升级和动态更新维护，便于信息化建设和运维过程中的使用。

四、风险管理

任何类型和规模的企业都有风险，企业开展的各项业务和活动也存在着风险。GB/T 24353—2009《风险管理原则和实施指南》中提供了风险管理的通用原则：控制损失、创造价值；融入组织管理过程；支持决策过程；应用系统的、结构化的方法；以信息为基础；环境依赖；广泛参与、充分沟通；持续改进。

风险管理通常包括以下内容：

（一）明确企业风险管理的内外部环境和风险准则

（1）分析企业内部环境，包括企业战略、资源、组织结构、组织文化等。

(2) 分析企业所处的外部环境，包括政治、经济、文化、法律、法规等外部环境、自然因素，国内外市场环境等。

(3) 根据企业情况，确定用于评价风险重要程度的准则。

(二) 风险评估

(1) 风险识别。通过识别风险源、影响范围、事件及其原因和潜在的后果等，形成一个风险列表，识别风险不仅仅要考虑有关事件可能带来的损失，也要考虑其中蕴含的机会。

(2) 风险分析。根据风险类型、获得的信息和风险评估结果的使用目的，对识别的风险进行定性或定量分析，考虑导致风险的原因、风险源、风险事件的影响、不同风险及风险源之间的关系及风险的其他特性、现有的管理措施及其效果和效率等。

(3) 风险评价。将风险分析结果与组织风险准则进行对比，或者在各种风险分析结果之间进行比较，确定风险等级。

(三) 风险应对

选择并执行一种或多种改变风险的措施，包括改变风险事件发生的可能性或后果的措施。

(四) 监督检查

对事件进行监测，分析变化趋势并吸取教训；监测内外部环境信息的变化；监督风险应对之后的剩余风险；对风险应对措施的执行情况进行监督和报告；对风险管理的绩效进行评估。

五、采购管理

采购管理标准通常包括以下内容：

(一) 识别供方

对供方的管理体系的审核和对有效、高效地按期提供所需产品的潜在能力的评价；供方的相关经验和与竞争对手相比的业绩；检查供方有关顾客满意程度的资料和数据；供方的财务状况；供方对寻价、报价和投标价的反应；供方的服务、安装和支持能力以及满足要求的历史业绩；供方对相关法律、法规要求的意识和遵守情况；供方的物流能力，包括场地和资源。

（二）合同标准

合同中确定采购产品的质量要求和验收方法等，也有人将合同中规定的产品质量要求称为合同标准。

（三）采购产品的验证

应确定并实施检验或采取其他必要的活动，以确保产品满足规定的采购要求。当企业或其顾客拟在供方的现场实施验证时，应将对拟验证的安排和产品放行的方法在采购合同中做出规定。

六、电子商务

当前，电子商务已经渗透社会生活和经济生产的各个方面，很多企业基于电子商务开展产品销售，或者基于电子商务建立市场化战略。这就需要企业，尤其是大型企业，制定或采用相应的电子商务标准，推动电子商务的应用实施。电子商务管理标准主要是满足电子商务业务流程的标准化需要，对电子化采购、信息发布、合同、支付等需要协调统一的管理事项而制定的标准，主要包括电子订单管理、交易流程、电子支付管理等。

七、生产计划管理

ISO 18828—2：2016《工业自动化系统与集成——生产系统工程的标准化程序——第 2 部分：无缝生产计划的参考过程》提供了一个参考的介于研发设计和加工制造中间的生产计划过程模型。该生产计划过程模型是用于实现生产系统的计划，例如实现“订单式生产”“按订单装配”。

八、资源管理

ISO 9004—2018《质量管理——组织质量——持续成功指南》中提到了 10 种资源用于支持组织管理过程的运行，确保高效的绩效管理，分别是：人力资源、组织知识、资金、基础设施（如装备、设施、能源和公用设施）、工作环境、外部资源（包括下属公司、合作伙伴和战略联盟）、自然资源、原材料、技术信息等。下文简要介绍其中几种资源标准。

（一）人力资源

人力资源是一个企业最重要的资源，投资于人力资源的开发及培训是获取最大收益的方法之一，这就需要企业员工有正确的知识、技能和动力来更有效率地工作。能干的、忙碌的、赋能的和被激励的人力资源是关键资源（ISO 9004—2018）。具体涉及以下内容：

1. 全员参与

为了使企业实现全员参与，应满足以下条件：

（1）建立知识分享的机制。

（2）充分开发人员的潜能。

（3）建立人力资源不断晋升和个人发展的技能考核体系。

（4）不断地评估人力资源的满意度、相关需求和期望。

（5）提供接受导师辅导和教练培训的机会。

（6）促进团队提升活动。

2. 员工的授权和激励

授权和激励是促进企业创造和交付价值的核心内容。授权可促进员工的工作积极性和担当精神，这需要给相关员工提供相应的信息、权限和决策自由。各层次的管理人员都应激励员工理解工作的重要性，为此需要：

（1）定义清晰的目标，授予职责和权限，创造员工可以自主决策的环境氛围。

（2）引入基于人员（个人或团队）成绩的评估机制。

（3）为成绩优异者提供激励，促进工作的积极性和主动性。

3. 员工的能力

企业应建立并维护用于员工能力测定、开发、评估和提高的机制，主要内容如下：

（1）测定和分析企业所需要的人力资源评定标准。

（2）测定现有人力资源的能力，找出与企业所需能力的差距。

（3）采取措施以提升或获取相应的人才。

（4）不断提升和保持已有的工作能力。

（5）对人力资源活动进行评审评估，以确保获得必要的人才或技能。

（二）组织知识

现在，企业越来越意识到组织的知识资源已经成为当今时代的战略性资源。通常，组织知识资源包括内部知识资源和外部知识资源。

GB/T 23703.1《知识管理　第1部分：框架》给出了知识管理的通用概念和参考框架模型。主要包括以下内容：

1. 知识鉴别

通常，企业的知识资源的范围太过广泛，企业内外部涉及的知识领域也很多，企业不可能对所有的知识进行管理。此外，不同企业需要不同的知识资源，有些知识对A企业毫无价值，但对于B企业来说可能就很珍贵。企业应首先识别其所需要的战略性知识资源，哪些知识对组织的生产和发展具有重要意义，围绕着这些知识进行规划和管理。知识鉴别的过程就像鉴宝一样，需要认真分析、鉴定，因此在国家标准中，将知识识别称为知识鉴别。

2. 知识创造

知识创造是知识管理活动中创造新知识的活动。对于组织来说，知识创造过程体现在通过技术研发部门的专家小组开展技术攻关，开拓新的关系网络知识，例如开拓销售渠道。与此同时，知识创造需要全体员工积极参与，改善业务经营过程中的各个环节，因此知识创造过程不局限于研发部门。

3. 知识获取

知识获取强调对存在于组织内部已有知识的整理积累或对外部现有知识的获取；对分散在各个角落、分散于员工个体知识的集中化获取，形成知识库；对蕴含于个体的隐性知识的明确表达（Codification，编码化），将老师傅的生产诀窍写成纸质文本，形成组织知识，便于更多人学习和掌握。对组织来说，应收集整理多方面知识，并使沉淀下来的知识具有可重用价值。同时，还可以通过兼并、收购、购买等方式直接在某个领域突破知识的原始积累获取所需要的知识，或有针对性地引入相应人才。

4. 知识存储

在组织中建立知识库，将知识存储于组织内部。知识库中应包括显性知识和存储在人们头脑中的隐性知识。此外，知识也可以存储在组织的活动程序中。

5. 知识共享

知识在组织中转移、传递和交流的过程是知识共享。通过知识共享将个人或部门的知识扩散到组织系统，知识共享方式有培训、研讨等。

6. 知识使用

知识在组织应用时才能增加价值。知识应用是实现上述知识活动价值的环节，决定了组织对知识的需求，是知识鉴别、创新、获取、存储和共享的参考点。

为了实现知识管理，企业需要从组织管理和制度建设、企业文化建设、信息化建设等方面提供保障措施。

GB/T 34061.1—2017《知识管理体系　第 1 部分：指南》将知识管理的理念和方法，以 ISO 管理体系的方式（采用 ISO/IEC 导则中规定的高层体系结构作为标准内容框架），通过设定知识方针和目标，设置知识管理部门，提供资源支持保障措施，建立知识管理体系，为应用实施知识管理体系的用户，为用户提供咨询或系统集成服务的服务组织，以及提供知识管理体系绩效评价的组织提供指导性的框架和方法。

ISO 9004—2018 将组织知识作为一种支撑性资源进行了介绍。最高管理者应该：

（1）将企业知识作为一种智慧资产，同时，作为企业获得持续成功的核心要素。

（2）考虑企业对于知识资源近期和长期的需求。

（3）评估组织知识的识别、获取、分析、检索、维护和保护。

当确定了如何开展知识的评定、维护和保护之后，企业应建立以下流程或者机制：

（1）从失败中或成功项目中萃取经验和教训的机制。

（2）显性知识和隐性知识的管理，包括人员的知识、洞察力和经验。

（3）作为企业战略的一部分，确定从相关方获取知识的需求。

(4) 在企业产品或服务的全生命周期阶段，确保知识和信息在恰当的范围进行分发并为所需要的人员掌握。

(5) 对成文信息进行管理。

(6) 开展知识产权管理，参见 GB/T 29490—2013《企业知识产权管理规范》。

(三) 资金

资金是投资或经营等所需的资本金。资金管理标准包括：资金需求概算、预算及其风险评估；融资渠道、方法和程序；严格执行国家证券交易管理机构（及国外同类机构）的各种规定，例如，按各项资金指标提出资金运行季报、半年报、年报和分红方案等。

(四) 基础设施和工作环境

ISO 9004—2018 中提到基础设施和工作环境是企业有效和高效开展生产经营活动的关键。

对于基础设施应考虑以下基本要求：

(1) 可信性（包括实用性、可靠性、可维修和可维护性，还有安保要求）。

(2) 对于过程、产品和服务提供所必需的基础设施要素。

(3) 基础设施的性能、能力和所需投资。

(4) 基础设施的影响。

企业应建立适宜的工作环境，可以从以下要素进行分析：

(1) 物理特征要素，例如温度、湿度、光照、空气流通、卫生、整洁和噪声。

(2) 工作台和设备的人类工效学设计。

(3) 心理因素。

(4) 鼓励个人成长、学习和知识转移及团队协作。

(5) 影响人员潜能发挥的工作方法和因素。

(6) 关于健康和安全方面的规则和指南，以及防护设备的使用。

(7) 工作场所（车间）。

(8) 企业员工设施。

(9) 资源最优化。

为了基础设施能保持性能优良、高效运转、排除环境污染和职业健康安全隐患，对所有设施都应经常维护和保养，规定定期检修、检定，登记精度数据，分门别类地制定维护保养标准。

对于企业的设备管理，可以考虑以下要求：

（1）设备购置管理，包括购置计划、申请审批程序。

（2）验收安装管理，当设备开箱后，按装箱单验收成套设备、制造厂产品标准及有关图样、安装说明书、使用说明书、合格证、保修单等并建档。

（3）自制设备管理，包括设计图纸、运行试验报告及相关人员签证的验收交接记录。

（4）建立设备台账，记录设备管理的重要信息，包括设备的安装日期、投产日期、使用年限、类别等。

（5）编制设备维修计划，根据一定的原则编制大修和中修计划。

（6）建立设备维修档案，包括设备事故、检测、维修定额档案。

（7）设备运行管理，建立单台设备运行档案，可对单台设备查询三率（设备故障率、故障停机率和设备完好率）。

（8）设备备件管理，包括备件的仓库管理。利用 ABC 分类方法来合理设置并掌握各类备件的比例，设置最高储备和安全库存量来控制备件的积压及缺货，可自动编制采购计划。

（9）设备换油管理，编制换油计划，进行换油状态维护。

（10）日常维修管理，管理一定量的备品备件、工具、有机物料、工时等，进行设备损坏统计、精度统计、修复统计和各种消耗统计。

（五）外部资源

企业要从多方面获取外部提供的资源。企业要与供应商、合作伙伴建立良好的合作关系，以实现共赢。当外部供应商拥有本企业没有并且所需的知识资源时，企业应建立与之合作的关系，或者建立与项目相关的风险和机遇共享关系。

合作伙伴包括外部过程、产品或服务供应商，技术或金融机构、政府或非政府组织，或者其他利益相关方。

外部合作伙伴管理应考虑以下因素（ISO 9004—2018）：

（1）内部设施和能力。

（2）履行产品或服务要求的技术能力。

（3）合格资源的可获得性。

（4）外部供应商所需的控制类型和程度。

（5）业务可持续性和供应链因素，如是否高度依赖某一特有供应商。

（6）环境、可持续性和社会责任因素。

ISO 56003：2019《创新管理——创新合作伙伴工具和方法——指南》中认为，建立创新合作伙伴有利于：

（1）访问本企业所没有的知识、技能、技术和其他知识资产。

（2）访问技术设施资源，例如实验室和设备，用于开发新的或改进的产品和服务。

建立创新合作伙伴，通常包括以下几个步骤：

（1）差距分析。包括对企业现有的知识、技能、技术和其他知识资产与所需的差距分析，建立合作伙伴关系的利弊分析。

（2）合作伙伴选择。识别、评估和选择恰当的合作伙伴。

（3）合作伙伴结盟。在正式签署具有法律约束力的协议之前，要确保对拟议的创新机会和伙伴关系有共同的理解，包括签订保密协议、达成共识等。合作伙伴关系建议通过签订合作备忘录的形式正式约定。

（六）自然资源

企业首先应明确自己的社会责任，包括自然资源和环境等因素。企业应明确如何确定、获取、维护、保护和使用核心资源，例如水、土壤、能源和原材料。对于良好的自然资源管理，应考虑以下因素：

（1）将自然资源看作战略性的商业物质。

（2）了解关于高效使用和相关方期待的新趋势和新技术。

（3）对自然资源的可获得性进行监测，确定潜在的使用风险和机遇。

（4）定义未来的市场、产品和服务，以及影响提升使用价值的因素。

九、财务、成本

企业可以建立财务管理信息系统。一般地说，财务管理标准包括总账管理标准、固定资产管理标准、应收账款管理标准和应付账款管理标准等。

（1）总账管理标准：建立会计科目体系及各类账，账务处理，多币种账务管理，现金管理，报表及现金流量表生成并打印（传递），财务分析。

（2）固定资产管理标准：固定资产卡片及固定资产台账建立并维护，固定资产折旧计算并自动产生记账凭据，固定资产变动处理，固定资产月处理。

（3）应收账款管理标准：应收账维护，客户回款维护，应收定金维护，退货/折让维护，记账凭证定义及自动生成，应收款月结转，坏账确认及处理，应收账款查询及处理，应收账与销售子系统集成。

（4）应付账款管理标准：应付账维护，回款维护，预付定金维护，退货/折让维护，记账凭证定义及自动生成，应付款月结转，应收账款查询及处理，应收账与采购子系统集成。

十、设计、开发和创新

设计、开发和创新管理是企业开展产品开发、研究开发、基础研究等活动的环节。GB/T 34061.2—2017《知识管理体系　第 2 部分：研究开发》和 ISO 56002：2019《创新管理—创新管理体系—指南》规定了研究开发的知识管理和创新管理体系的相关内容，可以指导企业规划并建立企业设计、开发和创新管理标准。

GB/T 34061.2—2017《知识管理体系　第 2 部分：研究开发》规定了企业在开展研究开发过程中的知识管理原则、模型和活动管理，以及相关方法。企业可以参照该标准，规划建立企业设计、开发和创新的标准子体系。

（一）GB/T 34061.2—2017

GB/T 34061.2—2017 将企业的研究开发活动分为四个阶段：

（1）规划。规划阶段是研究开发的初始阶段，该阶段通过收集分析相关情报，结合组织战略发展需求，对项目任务进行陈述，即定义产品的目标市场、商业目标和限制条件等。该阶段主要包括市场调研、创意设计、策略/目标制定、研究开发项目立项等环节。

（2）设计。设计阶段通过分析市场需求，依据相关标准规范，采用科学设计方法和组织管理方法，并结合产品设计案例，对产品的形状、功能和特性等进行描述，形成设计方案。该阶段主要包括概念设计、方案设计、详细设计和系统结构划分等环节。

（3）试验。试验阶段通过原型/样机/样品的制作，对产品的性能进行测试和评价，性能包括功能特性要求和可靠性、稳定性等通用性能要求。该阶段主要包含原型、样机、样品制作及实验、测试、验证等活动。

（4）试制。试制阶段是指产品在正式投产之前进行的小批量试制生产，验证产品能否达到预期的质量和效果。

（二）ISO 56002：2019

ISO 56002：2019《创新管理—创新管理体系—指南》中提供了五个通用的创新过程环节，分别是：

1. 识别机会

（1）识别和定义机会。

为了识别和定义机会，组织应考虑以下内容：

1）对组织及其背景的理解。

2）创新意图。

3）创新计划的范围。

4）以往创新计划的学习和经验。

（2）识别机会活动的内容。

1）获得已陈述（已记录）与未陈述的需求及期望的洞察力和知识。

2）获取有关趋势和挑战的洞察力和知识，例如，与竞争对手、技术知识产权和市场有关的内容。

3）识别和定义机会或机会领域，例如，要实现的影响、可以实现的价值或问题陈述。

4）经过排序的机会。

知识获取的范围可以涵盖当前和潜在用户、客户、公民以及其他相关方的损失和收益。

（3）识别机会活动可以产生的结果。

1）了解要实现的潜在价值和其他潜在影响。

2）确定优先次序的机会、机会领域或问题陈述。

3）了解最新技术，包括知识产权。

2. 创造概念

此环节将定义和识别的机会作为主要输入内容。

（1）创造概念活动的内容。

1）使用创造性构思或方法，从内部和外部来源产生新想法、可行解决方案或现有解决方案的组合。

2）调查、记录和评估想法和潜在的解决方案，例如，关于新颖性、风险、可行性、可取性、可持续性和知识产权。

3）根据既定标准选择首选想法和潜在解决方案。

4）从想法和潜在解决方案中开发出概念，包括价值主张。

5）开发价值实现方式的替代方案，例如，假设的业务、运营或营销模型。

（2）识别概念活动可以产生的结果。

1）具有可验证的初步价值实现模型的概念。

2）了解每个待验证概念的关键不确定性或假设。

3）对风险、新颖性及其对流程、结构等后续发展影响的初步评估。

3. 验证概念

创造概念是验证概念的基础。

（1）验证概念活动的内容。

1）尽早开始验证概念的初始版本。

2）考虑一种或多种验证方法，例如，测试、实验。

3）从最关键的不确定性、假设或设想开始，学习、获得反馈和创造新知识以降低不确定性。

4）根据经验教训、反馈和新知识对概念进行调整和改进。

5）评估概念的可行性，如果仍存在不确定性，则需要调整假设和设想。

6）如有必要，考虑进一步验证。

（2）验证概念可以产生的结果。

1）经验证的概念或概念证明，其具有可接受的不确定性。

2）与用户、客户、合作伙伴和其他相关方的关系。

3）新知识。

4. 开发解决方案

验证概念是开发解决方案的基础。

（1）开发解决方案活动的内容。

1）将概念开发为工作层面的解决方案，包括价值实现模型。

2）考虑是在内部开发解决方案，还是通过收购、许可、合作或外包等方式开发解决方案。

3）识别和解决与部署相关的风险，例如，用户接受度、法律要求、可扩展性、预算周期和时间。

4）检查技术发展现状，避免侵犯现有知识产权。

5）确定解决方案是否需要采取保护措施。

6）开发并建立必要的部署能力，例如，促进、生产、供应等。

（2）开发解决方案活动可以产生的结果。

1）已开发的具有价值实现模型的解决方案，包括价值主张。

2）解决方案的全程或分阶段部署计划，计划中包含创建活动、资源、关系和时间安排。

3）满足部署的需求和要求，包括知识产权考虑因素。

5. 部署实施方案

开发解决方案是部署实施方案的基础。

（1）部署实施方案活动的内容。

1）使解决方案为用户、客户、合作伙伴和其他相关方可用，例如，启动、实施或交付解决方案。

2）解决方案的促进和支持活动，例如，销售、营销、沟通、普及意识，以及与用户、客户、合作伙伴和其他相关方的互动。

3）监测用户、客户、合作伙伴和其他相关方的采用率和相关信息反馈。

4）监测价值实现或重新分配的影响。

5）确定对知识产权的新影响。

6）从部署中获取新知识，以改进解决方案、建立合作关系以及产生新机会。

（2）部署实施方案的结果。

1）实现的价值，包括经济价值或非经济价值。

2）对用户、客户、合作伙伴和其他相关方产生的影响。

3）改进解决方案的洞察力和新知识。

十一、实施、运行

此处的“实施、运行”中的“实施”来自 GB/T 18757 通用企业参考体系结构（GERA）中的“实施”，指生产实施，相当于 GB/T 19000 系列中的“产品实现”，也相当于 GB/T 24000 系列和 GB/T 28000 系列中的“运行”。实施、运行管理主要是生产管理。

生产管理标准包括计划调度管理、生产资源管理、生产组织管理、生产环境管理、职业健康安全和人类工效学管理、生产记录和档案管理等方面，下面选其中几个进行介绍。

（1）生产组织管理。生产组织管理包括生产流水组织管理和定额管理。生产流水组织管理可应用“动作和时间分析”标准安排流水线的岗位设置、每个岗位的动作规定和时间分配；也可应用“网络计划技术”规定生产流程和物料流程。

定额管理则规定每道工序或单位产品的时间定额、物料定额、能耗定额、水耗定额、加工物耗（如工具钢消耗）定额、定岗、定员等。

（2）生产环境管理。应识别工艺过程中的环境因素，例如，向空气、水体和土壤的排放；原材料和自然资源的使用；对地方或社区的环境影响。

（3）职业健康安全和人类工效学管理。生产过程中应保护环境，保护员工职业健康安全，创造良好、舒适的工作环境。可以参见 GB/T 24001—2016《环境管理体系要求及使用指南》和本书附录 D.6 人类工效学。

十二、检测、分析和纠错

（一）检测与试验

企业应对产品进行检测和监视。应根据行业通用技术规范规定或与需方议定的协议规定确定以下方面：

（1）检测的种类和时机，例如，产品定型时的型式试验（破坏性试验），设计、工艺或原材料改变后的试验和生产一定周期后的例行试验（均为破坏性试验），入库或向需方交付的交付试验（非破坏性试验）等。

（2）取样方法（执行和实施国家或行业有关的抽样标准）。

（3）破坏性试验时的试验环境、条件、种类和严酷度指标，包括：机械（振动、冲击、加速度、碰撞、摇摆等）、气候（温度、湿度、气压、盐雾、辐射等）。

（4）须测量的产品特性种类（因不同的试验种类而异）。

（5）产品特性的测量方法（包括感官测试）、所用的软件和仪器、仪表、工具，测量指标的合格判定数。

（6）生产线上的定点检测：测量点位置的设定和检测方法。

（7）企业期望或根据法律法规授权机构的要求，由具有资格的第三方在何处、何时、如何进行检测。

（8）记录检测结果。

（二）检测分析

企业应制定检测分析标准以指导对检测中出现的故障、损坏、报废的产品或零部件进行物理分析或化学分析，找出其中原因。

企业应利用常规控制图、累积控制图和其他控制图等质量管理中的统计方法，对不正常现象及时纠正，还应利用排列图、因果图、鱼刺图和ABC图等分析故障或缺陷中的主要原因。

（三）纠正措施

企业应采取措施以消除不合格原因，防止不合格的再发生，纠正措施应与所遇到的不合格的影响相适应。应规定以下要求：评审不合格（包括顾客抱怨）；确定不合格的原因；评价确保不合格不再发生的措施；确定和实施所需的措施；记录所采取措施的结果；评审所采取的纠正措施。

十三、产品防护和库存

（一）产品防护

企业应规定并实施产品的搬运、包装、贮存、防护和交付过程的标准，以防止产品在生产过程和最终交付时损坏、变质或误用。例如，在搬运、贮存过程中，了解每种危险材料对环境的潜在影响以及一旦发生泄漏事故时应采取的措施，了解存在易燃液体、贮罐、压缩气体等以及发生溅洒或意外泄漏时的应对措施。

（二）库存

库存管理标准包括：

（1）库存环境和安全条件管理应根据库存物品（如产品、零部件、元器件、原材料、工具、设备仪器、仪表等）的特点，在环境条件（如温度、湿度、气压、盐雾等）、防火、防爆、防意外事故等方面应采取防护设施。

（2）为保证库存物品的质量和可靠性，应对各种物品在规定的时间点上，采取相应抽样检验，对贵重物品可采用序贯抽样。

根据 ERP 的要求，库存管理的任务还包括：

（1）发货和接收处理。

（2）多仓库、多仓位处理。

（3）批次处理、转库处理。

（4）库存账的结转处理。

（5）库存账数据的跟踪与查询。

（6）周期统计、盘库管理，录入盘库信息、调整盘库数量与现有库存量的关系。

（7）库存统计分析。

十四、支持

（一）服务规范

为了提升支持阶段的客户服务质量、效能和客户满意度，应考虑制定相关服务标准，具体可参照 GB/T 28222—2011《服务标准编写通则》的要求制定服务规范。服务标准一般包括以下几个方面：

（1）服务人员标准，可以包括服务需要掌握的基本技能和知识、人员的资质要求、工作经验、教育背景、服务行为及态度等方面的要求。

（2）服务环境标准，服务场所的环境要求、卫生要求、标识要求等。

（3）服务设施设备标准，设备设施的种类、数量、质量、功能、安全性、卫生、环保及其他相关性能等方面的要求。

（4）服务用品标准，在为客户提供服务过程中对服务用品的相关要求。

（5）服务提供过程标准，开展服务的全流程的描述和相关要求。

（6）服务质量标准，可以从功能性、经济性、安全性、舒适性、时间性和文明性等方面进行测评。

（7）服务评价标准，可从顾客满意度、服务分等分级、服务质量评价等方面制定相关要求。

（二）产品售后服务

（1）分析测量结果和数据信息，评价服务结果是否满足规范规定和顾客要求。

（2）建立、培训技术咨询队伍，健全配件、备品管理。

（3）对不合格项目及时采取纠正措施，做到包修、包换、包退。

（4）对售后活动应明确提供服务的方式（上门服务或定点服务）及联系方法。

十五、退役

在企业实体的生命周期结束时，退役管理标准包括以下三个方面：

（1）对原来参与生命周期全过程的各类人员进行下一个实体的重新组织、重新培训和分配新生命周期的各项工作。

（2）对废物再生重用的工作：做出需要保留、转让、解散、拆卸或废弃实体的全部或部分。

（3）对废弃物按照 GB/T 24001—2016 环境管理的要求进行处理。

十六、能源

企业能源管理可以参照 GB/T 15587—2008《工业企业能源管理导则》、GB/T 22336—2008《企业节能标准体系编制通则》和 GB/T 23331—2020《能源管理体系要求及使用指南》的要求，建立企业所需要的能源管理体系和运行机制，以持续改进包括能源效率、能源使用和能源消耗在内的绩效。

（一）工业企业能源管理规定

工业企业能源管理规定了工业企业建立能源管理系统的要求，通常包括：

（1）能源输入管理。能源输入管理的内容应涵盖：选择能源供方；签订采购合同；能源计量和质量检测；贮存。

（2）能源加工转换要求。根据生产要求、设备状况和运行状况，制定转换设备调度规程，确定最佳运行方案，保持最佳工况。具体指为作业人员制定工作规范、操作规程，规定转换设备的操作方法、事故处理、日常维护、原始记录等。

（3）能源分配和传输管理。制定分配和传输管理标准，界定能源分配传输系统的范围，明确机构管理职责和权限，建立工作制度。

（4）建立能源分配和使用制度。应通过优化工艺、耗能设备经济运行和实施定额管理，合理有效地利用能源。能源定额管理应明确下列要求：能源消耗定额的制定；定额的下达与责任；实际使用能量的计量和核算；考核。

（5）能源消耗状况分析。掌握各种影响能耗的因素及变化规律，挖掘节能潜力。

（二）企业节能标准体系

为了满足企业节能需要，可参照 GB/T 22336—2008《企业节能标准体系编制通则》，建立企业节能标准体系，主要包括节能基础标准、节能技术标准、节能管理标准和节能工作标准。节能技术标准主要包括节能设备标准、节能设计标准、节能施工与安装标准、节能测试与检验标准等。

节能管理标准主要包括能耗限额标准、节能监测标准、经济运行标准、合理用能标准、综合评价标准、产品和设备能效标准、能源计量标准、能源统计标准、节能计算标准等。

（三）能源管理体系

能源管理体系是基于戴明循环理念而建立的管理系统，主要包括：

（1）策划：理解组织内部因素和外部环境，建立能源方针和能源管理团队，考虑应对风险和机遇的措施，进行能源评审，确定重要能源使用，建立能源绩效参数、能源基准、目标和能源指标，建立必要的措施计划，以便根据组织的能源方针，实现改进能源绩效的结果。

（2）实施：实施措施计划、运行和维护控制、信息交流，确保人员能力，并在设计和采购时考虑能源绩效。

（3）检查：监视、测量、分析、评价、审核和进行能源绩效和能源管理体系的评审。

（4）改进：采取措施处理不符合项，持续改进能源绩效和能源管理体系。

十七、信息化

信息化管理按信息化建设过程可以分为信息化建设项目管理（包括软件开发过程管理）和信息系统建设完成之后的信息化运营维护管理（包括信息管理）。

（一）信息化建设项目管理

（1）通用项目管理：采用项目管理过程中通用的过程描述的方法，将信息化建设项目的项目管理按项目的生存周期内所涉及的相关过程进行规定。

（2）软件开发过程管理：规定在企业信息化项目建设中，软件开发过程中的需求分析、系统设计、程序编码、系统测试、功能测试、开发和测试验收、试点推广等主要阶段所涉及的进度、质量等方面的管理要求。此外，包括每个阶段的软件开发文档方面的要求。

（二）信息化运营维护管理

1. 运维管理

运维管理指企业信息系统日常运营维护所需的管理标准，包括数据库维护管理、网络维护管理、业务安全管理、主机系统管理、存储备份管理等。

2. 信息管理

信息管理指对企业生产经营产生以及收集的各类信息资源，以纸质形式和电子形式（如文档、软件、数据库、网站内容等）的信息资源进行管理的标准，包括信息资源采集、加工、存储、交换、共享、服务和应用等所需的技术标准与规范。信息管理用于实现信息系统间的信息共享，保障信息资源的有效应用。组织通常需要规定信息收集范围、信息服务要求等。

根据上述要求，组织应明确信息化管理职能部门的职责、规划、工作方法并制定相应的管理标准和工作标准。

十八、网络信息安全

信息是企业具有价值的一种资产，企业和它们的信息系统及网络日益面临着来自四面八方的安全威胁，包括计算机诈骗、间谍活动、蓄意破坏、火灾和水灾等。信息安全就是要在很大的范围内保护信息免受各种威胁，从而确保业务的连续运营、减少业务损失并且使投资和商务机会获得最大的回报。

为此，企业应建立“编有文件的建立、实施、动作、监察、检查、维护和改进的信息安全管理系统（ISMS）”，这要求企业从以下几个方面开展信息安全的标准化工作。

（一）信息安全方针

信息安全策略、方针用以指导信息安全管理，支持业务需求，并使其符合国家、行业和企业内部的安全法律、法规和规章制度。

（二）信息资产

信息资产的内容包括信息资产的标识和信息资产范围的界定，并根据具体特征进行分类管理。

（三）人力资源信息安全

为减少人为（包括员工、合同方、第三方用户等）的差错、盗窃、欺诈或滥用设施的风险，应制定人力资源信息安全管理标准。

(四)物理和环境信息安全

为减少对业务办公场所的信息未授权访问、损坏和干扰，关键和敏感的业务信息处理设施要放置在安全区域内，并受到一种已定义的安全周边和适合的安全屏障以及入口控制的保护。这些设施要在物理上避免未授权访问、损坏和干扰。

(五)通信和操作安全

为保证信息处理设施正确地、安全地运营，企业应为其所有的信息处理设施建立管理和操作的职责、程序、操作规程。

(六)访问控制

为了控制对信息资源的访问，企业应制定访问控制标准，以对信息、信息处理设施以及业务流程的访问进行控制，保证业务和安全的需要。

(七)信息系统获取、开发和维护

为了保证信息安全是信息系统的一个完整部分，在设计和实现阶段对信息系统的安全就应给予清晰的定位。

(八)信息安全事件

为了保证与信息系统相关的信息安全事件和弱点能够及时地汇报、通报，企业应建立程序化的报告和自动调整机制。所有员工、合同方和第三方用户应懂得不同事件和弱点的报告程序。

(九)业务连续性管理(应急预案管理)

为了减少业务活动中断带来的消极影响，保护信息系统的故障或灾难不影响关键业务过程，并保证信息系统及时恢复，企业应制定和实施业务连续性管理规范。

第五节 工作标准

工作标准是对企业标准化领域中需要协调统一的工作事项所制定的标

准。工作标准体系是企业中的工作标准按其内在联系形成的科学有机整体。

工作事项主要指在执行技术标准和管理标准时与管理人员或操作人员的工作岗位的职责、权限、基本技能、工作内容、要求和方法、检查、监督与考核，以及相关记录表格等有关的重复性事务概念。制定工作标准的目的是通过责、权、利的一致以及岗位工作规范化进而保证技术标准和管理标准的有效实施。工作标准的内容远远超出了企业通常的“岗位职责”。

一、工作标准体系结构图

图 3－5 为工作标准体系结构图示例，图中将企业全体人员分为三个层次：决策层、管理层和操作层，这是按照企业管理的一般分类划分的。而企业现实的组织机构与此并不一一对应，往往是按机关和车间来划分。在企业建立工作标准体系时，喜欢沿用既有的组织机构来编制工作标准明细表，这很有必要并应予以支持，因为这有利于标准的制定、实施、操作和考核。标准给出的工作标准体系结构图反映的是抽象的整体结构。

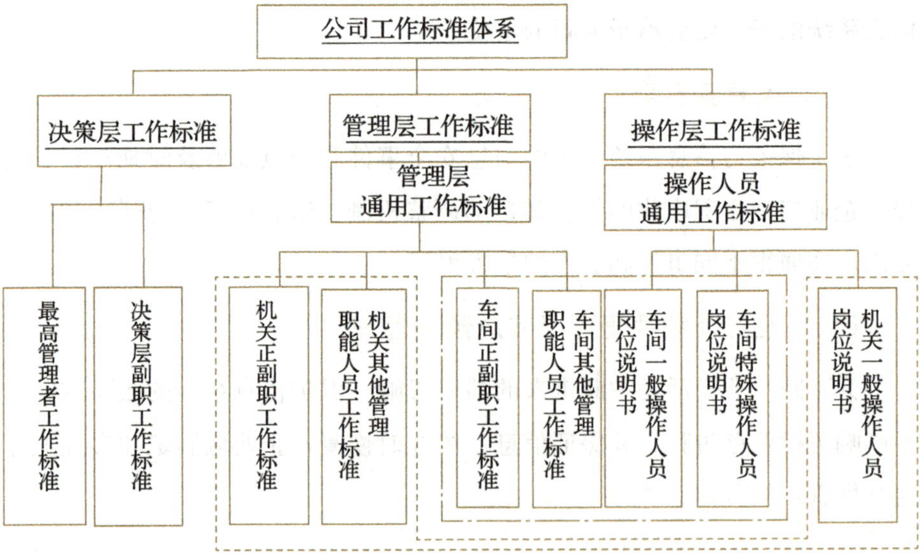

图 3－5　工作标准体系结构图示例

注 1：虚线组成“凹”字中的内容组合起来，能以机关为基础单位分列工作标准明细表。点画线组成“口”字中的内容组合起来，能以车间或基层为基础单位分列工作标准明细表。

注 2：机关（车间）其他管理职能人员是指具有指挥、控制、协调职能的人员。车间（机关）一般操作人员是指不对他人管理指挥，主要从事本岗位业务的人员。

二、岗位工作标准要求

企业制定各岗位工作标准时需注意以下几点：

（1）对于最高管理者及决策层其他管理人员，每个职务都应制定明确的职责和权限。

（2）对于中层管理人员，正职和副职的职责和权限都需要制定。

（3）部门工作标准可用部门正职管理人员的工作标准代替。

（4）一般管理人员的工作标准应按岗位制定，其职责、权限体现在工作标准中，不按现实分工制定。

（5）应为操作人员制定企业员工必须遵从的通用的工作标准。

（6）对特殊工序过程的操作人员，可对特殊工种、特殊任务制定相应的具体的工作标准。

（7）操作人员的职责权限应体现在具体的岗位工作标准中，应按工种制定。服务人员属于操作人员范畴，服务人员的工作标准应包括服务规范和为服务提供规范的要求。

三、工作内容与要求

在制定工作标准时，工作内容和相关要求应考虑满足下列几个方面：

（1）明确该岗位在企业生产经营管理活动中所应承担的工作目标。

（2）最高管理者的工作内容，主要是确立企业的方针目标，并围绕内部环境做出决策、提供资源、实施监督、进行评价等；决策层人员的工作内容应由最高管理者确定，相互之间不宜交叉，各负其责，协调接口，互相支持。

（3）管理人员的工作内容应注意尽量避免交叉，明确接口、工作内容应由主管管理者确定，对管理人员应侧重于效率和服务的要求。

（4）对岗位的工作应偏重于质量要求，也包括数量和时间方面的要求，能够定量的要求尽可能定量化。凡能规定定额的岗位，均应制定定额，包括时间消耗定额、物资消耗定额等。

（5）对特殊工序过程工作岗位，例如焊接工、探伤工、锅炉工等的作业要求，应参照国家有关部门颁布的规定制定。

（6）对每个岗位按作业顺序列出工作（作业）的细节，明确输入、转换的各环节和输出的内容，其中包括物资、人员、信息和环境等方面应具备的条件，并与其他工作（作业）接口处相互协调。应明确每个环节转换过程中各项因素，以及要达到的要求，说明需要注意的任何例外或特殊情况，必要时辅以程序或流程图。

（7）企业可运用工业工程制定工作（作业）标准的方法。

四、工作标准格式

工作标准的编制一般根据企业实际，如组织文化、管理特色、业务流程和行业背景等不同情况，采用符合本企业现状的工作标准格式。例如，方便工人使用的标准作业程序（SOP）、作业指导书、操作规程。

（一）标准作业程序

标准作业程序，又称为标准操作规程。在 ISO 15378—2018《医药产品的主要包装材料——实施 ISO 9001：2015 的特殊要求，参照良好生产规范（GMP）》中将标准作业程序定义为：

形成文档的程序/成文程序（Documented Procedure）是制定的、形成文档的、经授权的、经实施的和维护的程序。

标准作业程序（Standard Operating Procedure，SOP）是经授权的、形成文档的程序或者一组程序、工作指令和测试指南。

（二）作业指导书

在 ISO/TR 10013—2001《质量管理体系文件指南》中，将作业指导书定义为：

作业指导书（Work Instruction）是关于任务如何实施和记录的详细描述。

注 1：作业指导书可以形成文件，也可以不形成文件。

注 2：作业指导书可以是详细的书面描述、流程图、图表、模型、在图样中的技术注释、规范、设备操作手册、图片、录像、检查清单或这些方式的组合。作业指导书应对使用的任何材料、设备和文件进行描述。必要时，作业指导书还可包括验收准则。

在ISO/TR 10013—2001中指出，作业指导书的结构、格式以及详略程度应适合于企业员工，并取决于作业的复杂程度、适用的方法、实施的培训，以及使用人员的技能和资质。

作业指导书应对关键的活动进行描述。作业指导书的详略程度，应以实现对作业活动控制为目标。通过开展作业指导书的培训，让作业人员掌握工作所需要的必要信息，在此前提下，可以对作业指导书进行简化。

ISO/TR 10013—2001并没有对作业指导书的结构和格式做出规定，但是建议作业指导书描述作业的目的、范围以及需达到的目标，并对相关的程序文件进行引用。此外，作业指导书应与作业的顺序相一致，准确地反映作业要求和相关活动。为了避免混乱和不确定性，建议对作业指导书的格式或结构进行规定。

此外，企业还可以采用一种供参考的、一般使用的工作标准格式。一般来说，编制工作标准应有名称、范围、规范性引用文件、职责、权限、岗位人员资格要求、工作内容与要求、检查与考核、附录、记录和表格等。但对工作标准编写格式没有统一的要求，这是因为我国企业形式、规模、性质、种类繁多，不能也不必明确某一种格式。从企业实际来看，确实是百花齐放。一般包括以下几种类型：(1) 文字叙述形式。(2) 表格表达形式。(3) 既有文字叙述，又有部分表格结合的形式。

无论哪一种形式，标准要求的主要内容不得漏项。需要强调的是，工作标准定得再好，也要实施和检查才能发挥作用，因此需要特别强调“检查与考核”。在采用文字叙述形式时，往往会写上一条：按劳动人事部门制定的《工作标准考核办法》执行。这不能算错，也符合标准要求，但要保证通用的考核办法对许多专项要求的考核发挥作用，就有些勉为其难了。因此，就需要寻求一种更好的、更完善的工作标准格式来满足企业管理者的需求和期望。

在企业调查中，我们收集到多种工作标准（包括作业指导书、岗位说明书、岗位作业标准等），经研究、探讨、协调，整理出一种表格形式。经部分企业试用，反映较好，不但运用方便，还能全部满足标准的要求，从企业决策人员到管理人员、操作人员可全部套用该模式。下面推荐一份“焊接工岗位说明书”作为范例，供企业参考，见表3-2。

表 3-2 焊接工岗位说明书 QY××工.8.16—2005

<table>
<tr><td>范围</td><td colspan="5">本标准规定了焊接工的岗位资格、职责权限、工作内容与要求、检查考核等内容。
本标准适用于焊接工的岗位和对该岗位的检查与考核。</td></tr>
<tr><td rowspan="5">岗位基本资格要求</td><td>职业道德</td><td colspan="4">遵章守纪、爱岗敬业、服从指挥、团结协作。具有安全意识、质量意识、成本意识、效率意识、服务意识，并具有一定的沟通协调和自我管理能力。</td></tr>
<tr><td>文化专业</td><td colspan="4">中技以上学历，焊接或机械类专业毕业；掌握一定的机械制造知识、焊接操作及公共安全知识、质量管理知识、现场管理知识等。</td></tr>
<tr><td>职业资格</td><td colspan="4">经过上级安全管理部门电焊工安全技术培训及公司电焊工特殊工序职业资格培训，并取得相应的不同等级的资格证书。</td></tr>
<tr><td>工作经历</td><td colspan="4">有安全培训、技能培训、上岗培训的经历。经过实践，熟悉焊接过程控制，能够了解公司相关管理制度，较熟练运用自身所掌握的知识、技能，解决与等级相应的焊接技术及质量问题。</td></tr>
<tr><td>身体要求</td><td colspan="4">年龄在 18 岁以上 50 岁以下，身体健康，不限男女。</td></tr>
<tr><td>职责</td><td colspan="5">负责按照作业计划、图纸、工艺及有关作业标准要求做好产品零部件的焊接加工工作，按照设备管理要求做好设备维护保养工作，按照现场管理要求作好落实工作，保证规范操作、过程受控、质量可靠，按时、按量、保质完成工作任务。</td></tr>
<tr><td>权限</td><td colspan="5">有权拒绝接受无图纸无工艺等技术资料的工作安排；有权拒绝操作存在隐患的设备；有权拒绝接受未经检验或检验不合格的物品；有权对技术资料提出更改建议；有权要求车间配备完成任务所需资源（设备、工具、工装等）；有权根据设备使用状况和检查发现问题提出检修或更换零部件建议；有权获得劳保用品。</td></tr>
<tr><td rowspan="5">岗位工作要求和检查考核</td><td colspan="2">工作内容与要求</td><td>分值</td><td>检查与考核</td><td>增减分</td></tr>
<tr><td colspan="2">1. 按《操作人员通用工作标准》执行。</td><td>5</td><td>未落实每一件</td><td>—1</td></tr>
<tr><td colspan="2">2. 开好班前会，对昨天的工作总结，接受今天的工作指令。劳保用品穿戴整齐，做好设备班前检查和现场整理。</td><td>8</td><td>未落实每一件</td><td>—1</td></tr>
<tr><td colspan="2">3. 根据焊接工件查阅所用图纸、焊接工艺、作业指导书等技术资料，掌握焊接要求，筹备生产用料。</td><td>5</td><td>未落实每一件</td><td>—1</td></tr>
<tr><td colspan="2">4. 焊接前对所用焊接材料、零部件、焊接设备、工装等工艺要求的相符性进行自检，发现问题及时报告处理。</td><td>8</td><td>未自检每一件</td><td>—1</td></tr>
</table>

续表

岗位工作要求和检查考核	5. 焊接期间，严格按焊接安全操作规程及电焊机使用操作规程实施，做好焊前、焊中、焊后的安全检查；做好个人劳动防护，以及在工作过程中做好周边安全防护。	8	有违反每一件	−2
	6. 严格执行工艺纪律，在焊接过程中，对完成的每道工序或焊缝进行自检并及时处理异常情况。	8	未自检每一件	−1
	7. 严格按质量体系文件、图纸、工艺及有关作业标准要求做好产品零部件的焊接加工工作；严格按焊接工艺要求的焊丝（条）直径、电流、电压、气流量、干伸长度等工艺参数及焊接顺序、焊角大小、焊接方式、焊缝形式等进行操作。	8	有违反每一件	−1
	8. 负责根据焊接件结构、材质、作业环境等在焊接过程中易产生的诸如焊接变形、焊接应力及焊接缺陷等方面的问题采取相应措施加以解决。	8	未落实每一件	−1
	9. 负责操作过程中存在技术、质量、设备、安全及其他异常问题的反馈工作。	6	未落实每一件	−1
	10. 工件焊接完成后先进行自检，做好自检记录，确认合格后报检，待检验合格后，将工件放到转运区内待转。	8	有违反每一件	−2
	11. 对检验不合格的要隔离存放并标识，按照质检结论进行处置。	8	有违反每一件	−2
	12. 负责自己责任区域的现场管理工作及使用设备的定期、日常维护保养工作；下班前15分钟进行工作现场清扫、收集工具、关闭电源并做好各种记录。	8	未落实每一件	
	13. 负责新产品试制及工艺实验的配合操作工作。	6	未落实每一件	−1
	14. 负责车间安排的工装、工位器具、零修件的焊接工作；按车间安排和要求完成其他各种工作任务。	6	未落实每一件	−1
记录	产品自检记录、不合格品登记本、下班现场管理记录等。			
附录	直接上级	焊接班组长	直接下级	无
	周边关系	受车间主任领导，接受班组长直接管理，与车间主任、调度、技术员、成本管理员、同班组人员、送件人员、质量检验人员、设备维修人员、行车工、叉车工有工作接触。		
	职业发展	立足本职，不断学习，通过踏踏实实的工作，提高个人操作技能，在做好本职工作的同时，向一专多能发展，成为未来的企业高级蓝领人才。		
	起草单位	人力资源部、××车间		
	主要起草人	张××、李××、王××		
	标准批准	××公司标准化委员会批准，××××-×-×发布，××××-×-×实施。		

04

第四章

标准化运行管理

本章导读

本章从企业标准化运行的角度，阐述了企业标准化机构设置及各自职责、标准化保障措施、标准制修订管理、参与外部标准化、标准的实施等内容。此外，从支撑企业创新的方法和工具的角度，阐述了标准、专利和技术秘密之间的关系。

第一节 设置标准化机构

建立企业标准化工作机构，是系统、可持续地开展标准化工作的基础和保障，包括最高管理者的重视、推动和支持，建立常设标准化部门，或者委托相应部门负责标准化事务，指定专职或兼职的标准化管理人员和标准化专业工程师。主要涉及的部门和人员如下：

一、标准化高层领导

企业最高管理者应具备标准化战略意识，这决定着企业标准化工作的方向、目标和实施策略。在实际开展标准化过程中，为了得到最高管理者的认同和支持，可以多组织相关培训，让决策层管理者参与，提高决策层的标准化战略意识，认识到标准化对于市场营销、研究开发、产品生产、企业经营等各方面的重要作用。或组织相应的专家，为决策层提供相应的标准化战略咨询。咨询内容包括：企业标准化战略（标准化的战略方针、成功企业的案例、企业标准化实施策略、企业标准化工作内容）；企业标准化运行管理体系建设；企业标准体系建设。

最高管理者的职责包括：

（1）批准发布企业的标准化战略性文件，包括开展标准化工作的战略目标或愿景、标准化实施策略、远期规划和近期工作计划安排。

（2）组建标准化部门，或者委托开展相关部门负责标准化工作，也可以委托第三方机构协助开展标准化工作，为标准化部门提供有能力资质的标准化工程师。

（3）为标准化工作提供必要的资源保障，包括经费资源、办公场所、检验检测实验室、标准化专职或兼职人员、标准化资料档案库等。

（4）确保建立保障标准化实施的相关规章制度，如企业标准化管理办法；确保标准的立项、研制、发布实施得到各业务部门的高度重视。

（5）定期组织标准化运行管理效果的评估和评审，对标准化的方针、目标、运行管理办法、标准化实施情况进行检查和评估。

二、标准化领导小组

标准化领导小组是为了实现某项专项工程项目设置的临时性组织机构，目的是统筹安排并协调在该工程项目推进过程中的标准化问题。成立专项工程项目标准化领导小组，小组成员由标准管理部、相关业务部门和标准化工作承担部门（也可能是第三方机构）的相关领导组成，由该专项工程的总负责人担任组长。

标准化领导小组全面领导该专项工程标准化建设工作，其主要职责包括：

（1）批准该专项工程标准化建设思路、原则、目标、内容、组织方式和经费等。

（2）审定该专项工程标准项目建设总体实施方案，部署实施计划。

（3）协调解决该专项工程标准化建设中遇到的重大问题。

三、标准化委员会

（一）标准化管理委员会

标准化工作较为复杂的大型企业，可以设置标准化管理委员会，作为企业标准化工作的决策机构。标准化管理委员会统筹管理企业标准化工作，贯彻执行国家有关标准化的法律、法规和各项方针政策，审议批准企业标准化发展规划和年度工作计划，决定企业标准化政策和发展战略，决定标准化专业技术归口部门的设置或撤销，负责批准企业标准的立项和正式发布，指导企业标准化工作有序有效开展。标准化管理委员会是由各子公司、各部门技术负责人参与构成的虚拟机构，标准化管理委员会的秘书处可以设置在企业标准化管理部门。标准化管理委员会是企业在标准化领域的权威机构。

（二）标准化技术委员会

企业根据自身规模、特色和实际需求，可以在企业内部设置一个或多个标准化技术委员会，负责标准的立项征集、征求意见过程中的意见反馈、技术审查等；在实际操作过程中，可以根据企业自身需要，标准化技术委员会由相关业务部门承担，作为专业标准化技术归口部门。在技术领域内承担的工作包括：

（1）提出本专业领域标准化工作的目标和实施策略。

（2）编制本专业领域标准体系，根据各部门的需求，提出本专业领域标准制修订目录清单。

（3）开展本专业领域标准的起草、征求意见、技术审查、复审，以及执行外部标准（国际标准、国家标准、行业标准、地方标准、团体标准等与本企业紧密相关的标准）建议。

（4）开展本专业领域标准的宣传培训和实施工作，包括邀请相应的外部专家，参与外部标准化学习培训。

（5）开展标准实施情况的评估、研究分析。

（6）组织开展本专业领域标准的比对分析，跟踪、研究相关专业领域标准化的发展趋势和工作动态。

四、标准化部门

标准化工作任务较多的企业，尤其是标准化工作量大的集团公司、大型企业，以及机械制造、航空航天、建筑业、石油化工、电力、电工电子、冶金、食品饮料等传统工业企业，网络通信、电子信息、仪器仪表、生物医药、医疗器械等高技术产业领域，技术标准的研制和实施的标准化事务较多，建议成立独立的标准化部门，负责研究提出标准化战略，在标准化高层领导的指导下，推进落实各项标准化工作，包括但不限于：

（1）研究建立企业标准化战略，制定企业标准化方针和目标，最好以文件的形式进行规定并固化下来，让全体员工都能方便地获得，并在全体员工范围内进行宣讲培训；在显著位置进行张贴宣传，增强标准化战略意识，营造良好的标准化氛围，形成全员共识，形成合力。

（2）推动贯彻国家标准化工作的法律、法规、方针、政策，制定本企业的标准化各项目管理制度，提出企业标准化规划和年度计划。

（3）策划、建立、实施并评估改进企业标准体系，编制企业标准体系表。

（4）组织开展质量管理、环境管理、职业健康安全、信息安全、信息化运维管理、计量管理、信息与知识管理、知识产权管理等各项管理体系的规范、技术标准、作业指导书、操作规程等编制过程中的技术协调，宜将各部门共同使用和重复使用的技术要求形成企业标准并发布实施。

（5）起草建立企业内部的标准化技术委员会制度，并提交标准化领导小组批准发布。

（6）组织管理企业内部的标准化技术委员会，通过联系企业内部委员开展企业标准化各项工作。

（7）推动企业内部业务部门开展标准化联系人（标准化专员、标准化工程师）的培训，建立企业内部的标准化技术队伍。

（8）组织各相关业务部门提出标准立项需求和立项建议书。

（9）定期组织对已有标准内容的适用性、时效性的技术复审，确保标准内容符合最新的国家政策、法律法规，符合企业生产经营现状和需求，符合技术发展现状和趋势，必须满足相关强制性标准的要求，宜符合所在专业领域相关的推荐性国家标准或行业标准的技术要求。

（10）负责企业标准的编号、发布、出版及档案管理工作，按照最新标准化法的要求开展向有关标准化管理部门申办企业技术标准备案。

（11）归口管理企业技术标准的宣讲培训、实施监督和检查工作。

（12）组织建立企业内部的标准信息库和管理维护系统，有条件的可以建立整个集团公司（含下属企业）的标准档案库。

（13）负责组织重要技术标准中重大问题的基础研究和技术开发。

（14）组织开展参与企业外部的标准化，例如组织相关专家参与该行业领域的团体标准、地方标准、行业标准、国家标准、国际标准等的制定。

（15）组织落实上级标准化主管部门和上级行业主管部门委托的标准化工作任务。

五、企业标准化人员

（一）标准化主管/经理

1. 主要职责

标准化主管/经理是负责企业标准化部门运行的中层管理人员，主要职责如下：

（1）贯彻执行并组织落实企业标准化战略方针、工作规划和年度计划。

（2）协调处理在标准的立项、制定、实施过程中的各种技术性问题和事务性问题，组织召开标准研制过程中的技术协调会，并将本部门不能处理的疑难问题报上级负责人。

（3）负责研究提出企业标准化方针策略，报上级领导研究讨论后发布；组织研究提出企业标准体系框架结构，编制标准体系表。

（4）组织完成企业内部标准化技术委员会下达的标准制修订任务。

（5）制订本企业标准化工作计划，年终进行相应的标准化工作总结。

（6）负责组织企业标准期刊、动态、标准等文献资料的跟踪、收集、采购，建立标准资料档案库。

（7）组织本企业和本部门人员开展标准化知识培训，组织学习最新的标准化政策、法律法规和基础标准，并向企业内部业务部门进行相应的宣传和培训。

（8）负责企业标准管理及系统中相关标准信息的运行和维护。

2. 基本资质

标准化主管/经理的基本资质要求如下：

（1）具备标准化基础知识和良好的文字功底，熟悉国家、行业标准的编制规则和修订程序。

（2）具备基础的业务领域专业知识，能与业务专家进行简单的沟通和交流。

（3）具备良好的沟通协调能力和语言表达能力，能够与同事、业务部门和外部专家进行良好的沟通和协调。

（4）具有团队协作能力，能够组织专家进行标准体系的研究、构建，团结同事共同完成专项标准化工作。

（5）具有认真踏实严谨的工作作风，能够静下心来，认真负责地完成标准的编写，指导新进员工或业务部门的标准化专员制定标准。

（二）标准化工程师

1. 主要职责

企业标准化工程师是指企业标准化部门专职负责标准化工作的标准化

专业人员，负责日常的标准制定，沟通协调，主要职责包括：

（1）完成标准化主管交付的标准化日常工作。

（2）负责起草编写标准文本。

（3）协助审查业务部门制定的标准格式。

（4）负责跟踪国内外技术标准发展动态，收集标准化资料，撰写内部标准化动态，推送相关基础标准及专业标准的标准化动态信息。

（5）负责联络业务部门的标准化专员，沟通协调具体标准的制修订。

（6）协助组织标准化研讨会和标准化培训。

（7）参与外部标准化的相关事务。例如，联系标准化专家，参与标准化技术委员会，参与国家、行业、地方、团体标准的制定等。

2. 基本资质

（1）具备标准化基础知识和良好的文字功底，熟悉国家、行业标准的制修订程序和编制规则。

（2）具备基础的业务领域专业知识，能与业务专家进行简单的沟通和交流。

（3）具备良好的沟通协调能力和语言表达能力，能够与同事、业务部门和外部专家进行良好的沟通和协调。

（4）具有认真踏实严谨的工作作风，能够高质量地完成标准的起草编写工作。

（三）标准化专员

标准化专员指业务部门的标准化联系人员。一方面，标准化专员熟悉本部门的业务领域、专业技术和工作进展情况；另一方面，标准化专员掌握标准化基础知识，了解标准化工作程序，了解本企业标准体系。标准化专员是本企业标准化部门和业务部门的联系人，代表本部门参与企业标准化工作。其主要有以下职责：

（1）参与本企业标准体系的构建，包括企业标准体系结构图的讨论、标准明细表的编制，将本部门的现状、需求反馈给企业标准化部门。

（2）负责对口联系本部门归口管理标准的立项申请、起草制定、标准培训和实施等。

（3）参与标准化部门组织的标准化技术研讨、标准意见协调、标准化培训等，并将相关情况向本部门负责人汇报。

第二节　标准化保障措施

企业最高管理者应确保提供标准化所需的经费、人员、设备设施、检测设备、计量仪器、实验室等资源，为标准化的运行实施提供充分的保障措施。

一、标准化经费预算

（一）设置经常性经费预算

企业标准的预研、制定、实施、监督检查等是一项费时、费力的工作，需要企业决策层的支持和企业内部各个相关部门的通力配合，企业标准化工作需要配套的经费支撑。有人说标准化委员会是富人俱乐部，也有人说标准化是有钱企业的游戏，这从侧面说明了标准化需要充足的经费提供保障支持。

企业应设立经常性的标准化预算经费，用于保障企业标准化工作作为一项日常性的工作能持续开展。标准化经费通常用于以下几个方面：

1. 标准制修订经费

用于企业内部标准制修订的相关经费。用于标准在正式立项之前的预研工作，标准可行性研究，标准的目标、范围和技术路线，以及与相关标准之间的关系等内容的研究。

企业标准在预研、立项、起草、征求意见、审查、发布实施等相关活动中的经费，通常包括人员费、会议费、差旅费、材料费、专家咨询费等相关科目费用。标准化工作需要不断研讨和协调，这就需要召开大量的会议。会议费、差旅费、专家咨询费等通常在标准制修订经费中占较大比例。

此外，不同的标准制修订经费差距可能非常大。例如，一项重要技术标准的制定，在前期可能需要做大量的试验验证工作，那么试验验证费用可能会占有更大的比例。

2. 参与外部标准化组织经费

（1）参与国际标准化工作。

参与包括ISO（国际标准化组织）标准、IEC（国际电工委员会）标准、ITU（国际电信联盟）标准等国际标准化组织，以及WIPO（世界知识产权组织）、IEEE（电气和电子工程师协会）、ASTM（美国材料与试验协会）、OMG（对象管理组织）等国际性的行业协会组织的标准化工作。

相关国际标准化机构的介绍参见附录C。国际标准化工作涵盖以下内容：

1）设立标准化技术组织的提案。

2）承担技术委员会秘书处工作。

3）担任技术委员会的职务，例如，TC/SC的主席、标准工作组（WG）的召集人。

4）成为标准化技术委员会的注册专家。

5）参加国际标准化会议，赴会议现场或者参加网络视频会议，与标准专家进行讨论和标准文本编写。

6）承担标准文本的起草编写。

7）参与标准意见反馈或者文本完善修改。

8）参与国际标准化投票等工作。

（2）参与国家标准化工作。

参与国家标准化管理委员会（SAC）批复的技术委员会（TC）、分技术委员会（SC），承担秘书处的日常事务管理，或者作为委员参与标准化工作，包括国家标准制修订、征求意见、标准审查等相关国家标准制修订工作。

（3）参与行业、地方、团体标准化工作。

企业可以参与行业标准、地方标准、团体标准等标准化工作，相关费用可能与国家标准化大体相同。不同的行业、不同的地方、不同的社会团体的标准化政策不同，所需要的标准化费用可能也略有差异。我国标准化行政主管部门批复了很多行业标准，负责相关行业标准化工作。《中华人民共和国标准化法》规定：“地方标准由省、自治区、直辖市人民政府标准化行政主管部门制定；设区的市级人民政府标准化行政主管部门根据本行政区域的特殊需要，经所在地省、自治区、直辖市人民政府标准化行政主管部门批准，可以制定本行政区域的地方标准。”这与之前的标准化法相比，地方标准不再局限于由省级地方政府发布，地方标准的制定范围进一步扩大。

3. 开展标准化科研项目

对于一些重点关键性的技术标准，可能还需要投入大量的人力、物力开展标准化项目研究。这包括收集调研国内外相关行业、相关企业标准化的现状、需求、问题，分析标准体系，提出标准项目的定位、拟解决的问题、标准化经济或社会价值分析、标准化实施策略等；此外，对于特定需要检验检测的技术标准，需要进行大量的试验验证，采集数据、反复论证，从而最终确定标准技术指标。

对于某项重点应用项目、重点产品，还需要开展标准体系和标准实施策略研究。对于重点产品、重点项目，不仅仅是一两项标准所能解决的，还需要一系列相关标准配套支撑，形成标准体系。这需要广泛收集国内外相关行业、相关企业标准体系的现状、需求、问题，分析该项目、产品的标准体系需求、定位和目标，提出标准体系的技术架构及拟解决的总体问题、标准化经济或社会价值分析、标准体系的实施策略等。

4. 企业标准化宣传培训

这主要指用于对标准化专职人员或兼职人员参加标准化培训的费用，此外，还包括在企业内部组织的内部标准化培训费用。

5. 企业标准化信息、动态管理

用于订阅标准化相关的期刊、杂志；作为会员参与相关标准信息中心或标准化机构的费用；购买国内外标准的知识产权费用；用于标准化信息的收集、加工整理和动态维护管理的费用。

6. 标准化奖励

用于奖励做出突出贡献的标准化工程师或者标准化项目团队，还可奖励获得国家、行业或者地方标准化创新贡献奖的个人或者项目团队。

（二）设置标准化专项经费

除应设置经常性预算经费外，根据企业重点发展需要，例如重点产品的研制或重大工程的实施，还可以根据需要设置标准化专项经费。这部分经费主要用于独立于标准化经常性工作项目之外的经费支出。例如，企业ERP系统等重大信息化项目工程的实施等，需要配套相应的专项经费为标准化工作提供保障。

（三）控制标准化经费预算

法国空客公司的爱丽丝·卡萨诺瓦（Alice de Casanove）提供了三种控制标准化经费预算的方式，分别是由公司集中控制的经费预算、运行团队提供的经费预算和两种方法混合式经费预算。

（1）集中控制的经费预算需符合经费的支出额度，这有助于公司长期的发展愿景。但有可能错失关键的标准化机会，这个机会也有可能对企业发展至关重要。

（2）运行团队提供的经费预算支持标准化工作。运行团队通常采取近期或者短期发展策略，更贴近于技术发展情况，符合市场需求、技术发展现状和趋势。参与标准化工作，可以更紧密地与潜在客户、供应商和合作伙伴建立合作关系，获得最新市场情报和相关（尤其是进入市场的新产品）声誉的信息。然而，运行团队也可能会由于财务问题削减标准化经费。

（3）平衡的方式，即两种方法混合式预算。标准化经费一部分来自运行团队，一部分来自公司层面，这将有助于融合上述两种方法各自的优点。但是，这种方法的缺憾在于要协调专家参与相同标准化活动，尤其是不能同时产生两种相左的观点。

二、建设实验室与检验检测

在国家层面提出了国家质量技术基础（NQI）建设，使质量、标准、计量三个领域相互支撑、相互配套；在企业层面，同样也要围绕企业的业务发展战略，统筹规划实验室建设和标准化建设。

收集检验检测相关的技术标准，如技术指标标准、检测方法标准等。

（一）实验室与检验检测

实验室是根据不同的实验性质、任务和要求，布置相应的实验装置以及其他专用设施，由教学、科研人员在实验技术人员配合下，有计划有控制地进行教学、科研、生产、技术开发等实验的场所。实验室是科学研究的摇篮和基地，也是产品技术攻关的平台，是标准技术攻关、验证、质量检测的重要设施，对企业的高质量发展起着重要的技术支撑作用。

国家标准化管理委员会发布的《国家标准化体系建设发展规划（2016—2020年）》提出，企业要建立促进技术进步和适应市场竞争需要的企业标准化工作机制。企业应严格执行标准，把标准作为生产经营、提供服务和控制质量的依据和手段，提高产品服务质量和生产经营效益，创建知名品牌。为了实现上述目标，企业必须根据相关标准在实验室中开展检验检测工作。实验室可以是企业自建的第一方实验室，也可以是提供公共检测服务的第三方实验室。企业如果有一定规模，第一方实验室有助于产品研发和验证，降低成本。如果企业规模较小，实验室配置费用较高，则选择第三方实验室更合理。

实验室在产品研发中的型式验证、原材料供应验收、产品生产过程在线检测、出厂验收、售后运维及返修的产品全生命周期中都起到了极其关键的作用，因此建立检测实验室（质检部门）对生产企业来说非常重要。

实验室在企业中的地位和作用主要包括：

1. 实验室是企业持续创新的重要载体

创新是一个企业生存和发展的灵魂，对于一个企业而言，创新可以包括很多方面：技术创新、工艺创新、管理创新等。技术创新可以持续开发新产品新型号，拓展市场；工艺创新可以提高生产效率，降低生产成本；管理创新可以提供产品生产的一致性和稳定性。依托企业建设的实验室开展应用基础研究和竞争前共性技术研究，可以实现技术创新，不断凝练形成适合企业发展的研究方向和技术路线，夯实企业长期开展应用研究的基础，增强企业的自主创新能力，不仅能保持企业的发展后劲，还能带动行业的发展。

2. 实验室是高水平科技人才聚集和培养的重要基地

人才是科技创新的主体，企业实验室的重要任务之一就是吸引、聚集和培养行业内的人才。企业研发能力弱的重要原因之一就是企业高水平科研人才不足。有些企业由于受地理位置、研究环境、学术氛围等因素制约，很难吸引高水平科技人才。企业实验室作为企业内科技高水平的研究基地，本身具有吸引和凝聚人才的魅力。有了实验室这样的创新科研环境，就能够为企业引来和留下人才提供重要支撑。

3. 实验室是企业提升核心竞争力的基础

实验室是深化体制、机制创新的试验阵地。技术创新是根本，管理创新是灵魂，通过加强管理体制和运行机制的创新，进一步推动实验室开放运行、良性发展。一方面引导完善企业技术创新体系；另一方面加快推进以技术创新、人才培养、技术标准、知识管理等为主要内容的企业创新体系建设，形成技术标准化与成果产业化、产品市场化等创新环节的良性循环。

企业实验室最主要的作用就是为企业新产品研制过程和最终产品提供性能、环境适应性、可靠性、EMC（电磁兼容性）、安全、通信、能效等检测认证服务。检测服务开展的依据是标准，即：检测的目的是评判产品的质量或所测内容符合要求的程度（符合一致性），而“质量”和“符合一致性”的具体体现就是标准。检测服务的依据一般是技术标准，可以是国际标准、国家标准、行业标准、团体标准或企业标准。

新一代信息技术和自动化技术在企业生产过程中的深度融合，对企业实验室在数字化、网络化和智能化方面也提出了新的要求。智能化实验室是企业实验室建设的发展方向。智能化实验室分为三个层次。第一个层次是实验室信息层面的智能化，实验室信息管理系统（Laboratory Information Management System，LIMS）是多学科交叉的综合应用技术，是专门应用于分析检测实验室各类信息和管理的网络化系统，在一定程度上实现了实验室资源的信息化管理。该系统在国内外的各类实验室得到了一定的应用，有不少科研机构和商业机构对其开展相关研究。但是实验室信息管理系统主要强调的还是将资源的可视化信息在服务器或者网络上进行共享和管理，相对来说缺乏对实验设备和环境信息的监管和控制。第二个层次是实验室环境层面的智能化，即通过监测终端对实验室环境参数的实时监控和采集，并通过控制设备进行调节，寻求实验室环境控制与安全、能效的最优化解决方案，该项技术在智能家居、智能楼宇等方面应用较为成熟，但在实验室环境中的应用还属于个案。第三个层次是基于物联网技术，实现实验室环境和仪器设备的泛在智能感知，数据上传至大数据平台后进行优化与智能决策，该层次为实验室运行层面的智能化，可以使实验室的运行过程具备试验项目与设备自组织、试验顺序与能耗自优化、试验资源自匹配等功能，实现真正意义上的智能化实验室。

有条件的企业还可以申请成为国家重点实验室。它是国家技术创新体系的重要组成部分，是开展行业应用基础研究、聚集和培养优秀科技人才、开展科技交流的重要基地，是发展共性关键技术、增强技术辐射能力、推动产学研相结合的重要平台。其主要任务是“开展行业前沿技术研究、共性关键技术研究，促进基础研究成果的转化和科研成果的产业化，以及国际、国家或行业技术标准的研究制定等工作”。我国相关部门正在制定和实施促进企业自主创新的财税、金融、政府采购、技术引进等措施，积极营造有利于企业国家重点实验室建设和健康发展的政策环境。我国政府还通过政策、项目和运行补助等各种方式，对企业国家重点实验室的建设、运行和科研工作进行支持。因此，企业国家重点实验室的建立将促进企业成为技术创新主体，极大提升企业自主创新能力和核心竞争力。

（二）工业自动化系统标准一致性测试

1. 概述

进行工业自动化系统标准一致性测试（也称为符合性测试），目的是确定所测试的实现是否与有关应用协议所陈述的要求相一致。如果不进行相关软件、产品及相关工具的标准一致性测试，标准化的目标不能完全达到。

一致性测试是为了确定待测软件/构件/产品的一致性实现程度，对该产品的标准要求特性进行测试，即对照相关标准中的一致性要求和所声明的实现能力进行测试。

在标准表述中，标准的一致性要求可以是：

（1）强制性要求：这些要求在任何情况下都须得到满足。

（2）条件性要求：这些要求在标准列出的某些条件适用时须得到满足。

（3）选择性要求：对这些要求可进行选择，并对选择这些要求进行适当规定。

根据一致性测试提供的一致性范围，在 GB/T 16656《工业自动化系

统与集成 产品数据表达与交换》中，将标准一致性测试分为两种类型：基本测试和能力测试。

（1）基本测试。提供“测试期间实现”（IUT）一致性初步证据。可在抽象测试套件中有选择地规定出基本测试。假如标准抽象测试套件规定为用于基本测试的测试，则这些测试应用于一致性评价过程的初始。这样的测试才是标准化的。

（2）能力测试。根据“协议实现一致性声明”（PICS）中所标称的能力，检验 IUT 可观察到的能力。在标准规定的一致性要求的范围内，尽可能提供全面的能力测试，这样才符合标准化。

如果标准的抽象测试套件中包括作为基本测试使用的能力测试，应将这种能力测试列表，而标准抽象测试套件不应包括附加的能力测试集的基本测试。

2. 一致性测试过程概况

一致性测试过程通常可以分为四个阶段，其示例如图 4－1 所示。

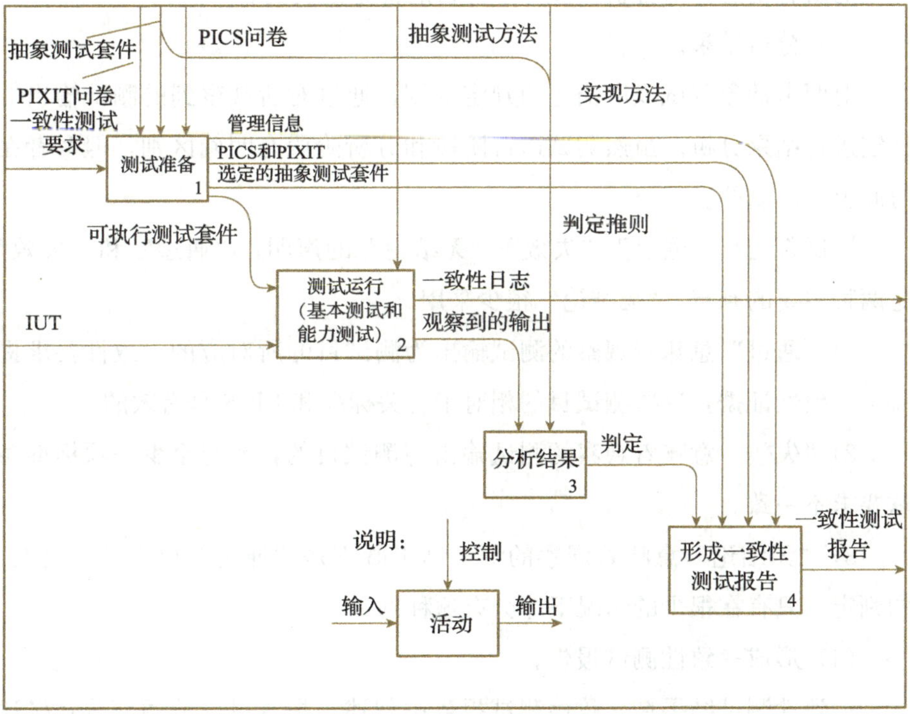

图 4－1　一致性测试过程示例

（1）测试准备。

测试准备通常包括：

1）形成管理信息。

2）形成 PICS 和 PIXIT（协议实现的测试补充资料）。

3）抽象测试方法和抽象测试套件的识别。

4）根据有关的一致性要求，通过分析 PICS 而进行的 PICS 复查。

5）包括对照 PICS 进行相容性检验在内的 PIXIT 复查。

6）基于 PICS 及 PIXIT 的初始抽象测试项选择和参数赋值。

7）被测系统准备。

8）基于 PICS 和 PIXIT 的最终抽象测试项选择和参数赋值。

（2）测试运行。

测试运行是运行可执行测试套件的过程，是在一致性日志中记录所观察的测试输出和其他相关信息的过程，对 IUT 的输入和来源于执行测试项的测试结果的观察应在一致性日志中记录。记录和保存测试运行阶段 IUT 产生的所有信息，对分析阶段和审计目的都是必要的。

（3）分析结果。

对照由抽象测试项所描述的判定准则，通过对所观察到的测试输出的评定进行结果分析。虽然测试运行阶段和分析阶段有明确区别，但两者在时间上可以重叠。

测试判定是“通过”“失效”“无结论”的声明，“通过”和“失效”是两种主要的判定，“无结论”很少采用。

1）“通过”意味着观察的测试输出为测试目的所对应的一致性要求提供了一致性证据，这些测试目的相对于有关标准和 PICS 是有效的。

2）“失效”意味着观察的测试输出与测试目的，或与至少一项标准条款要求不一致。

3）“无结论”意味着观察的测试结果既不是“通过”也不是“失效”的判定。只有在很少的情况下才会有这种判定。

（4）形成一致性测试报告。

一致性测试结果在一致性测试报告中叙述，报告可以分两部分：概述信息和详细信息。第一部分是 IUT 一致性状况的总体概述。总体概述信息是对一致性评价过程中执行测试项所得判定的概述。第二部分是说明所有可执行测试项的运行结果，同时引用包含所观察的测试输出的一致性日志，也引用按标准实施一致性评价过程的所有必要文件。

三、标准化情报管理

情报一词对应英文的 intelligence，原意指政治或军事用途的信息收集。技术情报、战略情报也是具有重要战略价值的信息。

企业应跟踪关注最新的标准化发展动态，收集相关标准化信息，由标准化部门向业务部门进行定制化的推送信息，并为标准制定、产品开发等提供参考和借鉴。收集的标准化信息来源包括但不限于：

（1）法律、法规，包括国际组织（联合国、国际标准化组织等）、国家（发达国家、进出口对象国）发布的标准化贸易（壁垒）法律、法规；我国发布的各种与贸易、产品（如食品法）、产业（如矿产法、森林法等）、环保、职业健康等相关的法律法规。

（2）标准文本。标准体系标准明细表内列出的标准，包括相对应的国际、国家（或地区）的先进标准。

（3）国家标准化管理委员会网站（www. sac. gov. cn）发布的国家标准信息，尤其关注最新的与本企业密切相关的标准情况。

（4）国际标准化组织 ISO、IEC、ITU 及其他相关国际标准化组织发布的国际标准。

（5）行业标准化主管部门最新标准化发展动态。

（6）标准化期刊和标准化会议会议录、学术期刊和学术会议会议录、专著、国内外标准化和学术报告等。

（7）市场监管局发布的地方标准信息。

（8）社会公开发布的团体标准信息。

（9）供应商、客户、合作伙伴、竞争对手等发布的最新标准化动态。

（10）订阅相关标准化杂志、行业标准化期刊。

（11）其他。

标准化信息管理，建议包括以下方面：

（1）建立标准化信息资料库（包括上述的法律、法规、文本、文献等）和阅览室，提供咨询手段（电子）和阅览条件。

（2）公告新到的信息资料；公告标准的更改、作废、代替等信息，同时及时通知有关部门和人员。

（3）建立生产、科研信息数据库及人才库、知识库、专利库等，根据领导意见，给有关人员分配电子密钥。

（4）保持资料库和数据库的及时更新、有序和完整。

（5）建立网站，向社会服务。

（6）将收集到的标准动态通过消息动态的形式以网页发布。

（7）对标准及标准元数据等目录信息，通过加工整理，纳入企业标准信息库；有条件的企业，可以将其纳入标准化动态管理系统。

相关标准化信息资源见附录 B、附录 C 和附录 D。

四、企业标准信息管理系统

企业标准体系的构造、建立和维护依托现代信息与通信技术，通过计算机、互联网、移动智能终端和办公自动化软件系统等现代化的技术设施，能更好地实现标准体系的管理维护理念，实现标准体系的相互协调、相互支撑，实现高效管理。附录 G 提供了企业标准化信息服务平台功能的示例。企业标准信息管理系统宜满足以下要求：

（一）标准明细的动态更新

应支持标准体系的标准收集、加工整理、维护更新和作废处理等操作。

（二）标准的制修订维护更新

标准作为标准体系的基本组成元素，是发挥标准整体效应的基本单元；技术设施应支持标准的申报、立项、征求意见、发布和修订等维护操作。标准修订的审批表应包含但不限于：

（1）修订的原因。

（2）修订可能涉及的风险。

（3）修订的条款原内容。

（4）修订后内容。

（5）涉及相关标准的变化。

（6）审批意见自动汇总分析。

（三）信息安全与权限管理

标准体系涉及管理者、业务专家、操作人员、标准化人员和系统维护人员等，应支持不同人员拥有相应的访问权限。此外，数据存储应加密存储。

（四）多维度展示

根据企业的实际需要，建议从功能部门、专业领域、业务流程等多维度展示，以方便相关人员的查阅。

第三节 标准制修订管理

企业标准制修订活动主要包括：预研、立项、起草、征求意见、技术审查、报批、批准发布、标准实施和标准复审，相关内容可以参考国家标准 GB/T 16733—1997《国家标准制定程序的阶段划分及代码》或者 ISO/IEC 导则第 1 部分：技术工作程序。企业标准制修订过程中的相关模板参见附录 E。企业标准制修订的程序如图 4－2 所示。

一、预研

企业标准的预研是指在标准立项之前，对标准必要性、技术可行性等方面的前期研究，包括：

（1）标准必要性方面，对企业生产、经营管理活动产生的价值，包括经济或社会效益方面的论证；调研国内外相关产品、技术、方法标准，相关技术指标的分析，考虑是否已经存在国际标准、国家标准、行业标准、地方标准或团体标准。

（2）技术可行性方面，开展技术试验、小范围试点、小批量试用等；围绕企业发展、技术成熟度等方面分析标准实施的可行性。

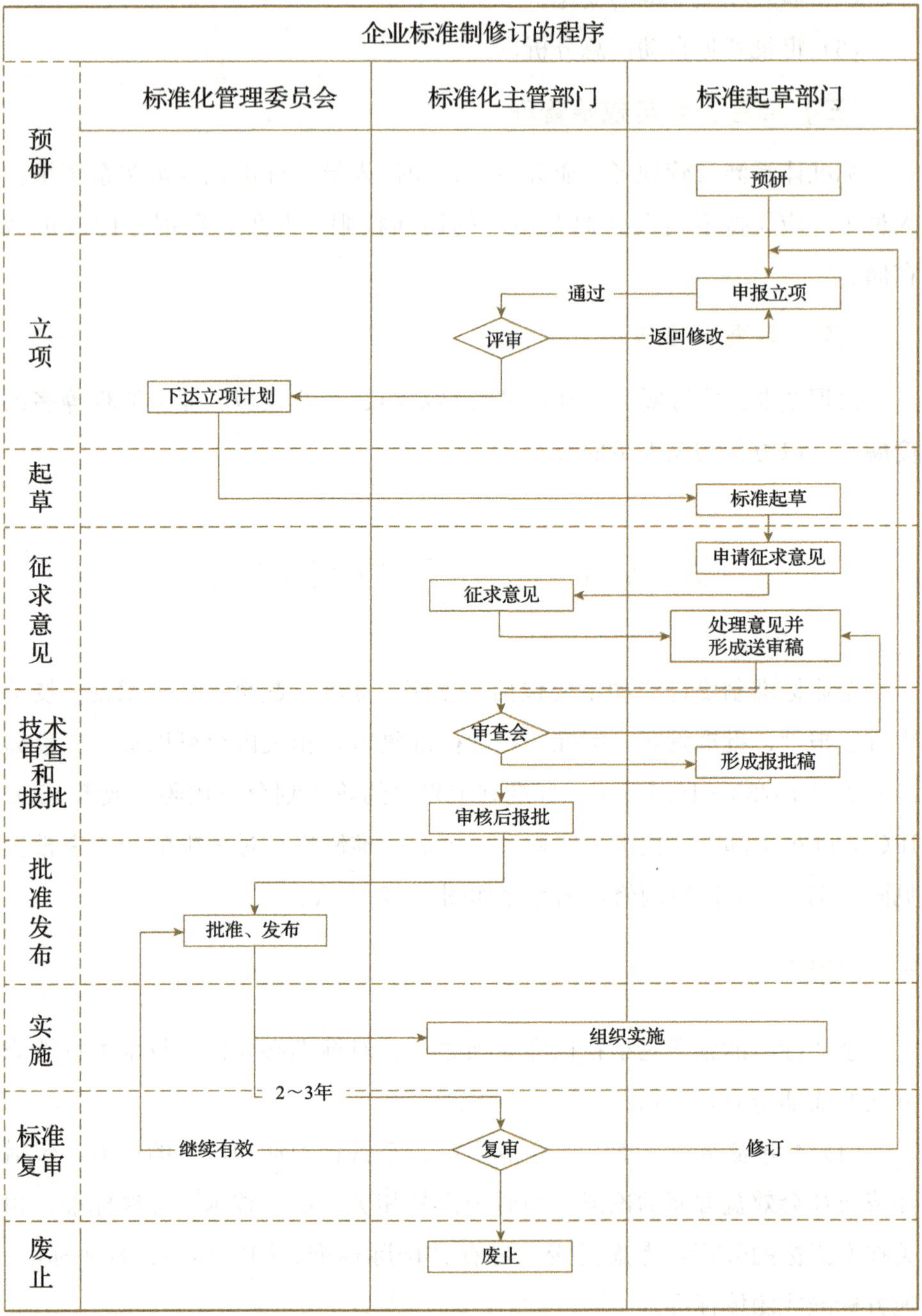

图 4-2 企业标准制修订的程序

(3) 从标准体系的协调性角度，考虑标准实施与企业的相关规章制度的配套性，并考虑该标准与相关标准配套使用因素，对可能会造成技术冲突的标准采取相关措施。

（4）从标准实施角度，分析该标准如何实施，对企业的研发、生产、市场、管理等产生影响。

二、立项

企业标准化主管部门定期向企业各部门或各子公司（下文以“各部门”统一代替，省略“各子公司”）征集标准立项。对企业标准有需求、有意向制定的部门向企业标准化主管部门提出立项申请，填写并提交企业标准立项申请表。

企业标准化主管部门负责对企业标准立项申请进行初步审查后组织技术专家统一进行评审。评估事项主要包括：

（1）是否已有相关标准涵盖了提出的标准立项需求，立项申请是否重复。

（2）制定企业标准的可行性、必要性和适时性。

（3）与现有国家标准、行业标准、地方标准等是否重叠或者冲突。通常，尽可能采用公开可用的国家标准或行业标准，采用可公开获得的、通用的基础标准，以降低成本，提高产品兼容性、通用性。与企业生产相关的国家强制性标准必须执行，与企业标准的技术要求不能冲突。

（4）通过评审的企业标准立项申请由企业标准化主管部门报送标准化管理委员会统一下达立项计划。

（5）企业标准项目立项后，由企业标准化主管部门统筹确定标准起草部门。

三、起草

标准起草部门负责成立标准起草组，可联合其他部门共同承担标准起草工作。标准起草组负责提出标准的框架、技术内容、指标要求，按照企业编制的《企业标准编写规则》的要求编制标准。标准起草部门将形成的标准征求意见稿和编制说明报送标准化部门审核，通过审核后在企业范围内征求意见。

四、征求意见

企业标准化主管部门根据标准的内容，确定标准征求意见的方式、范围和期限等事宜。标准征求意见的返回应包括标准相关的利益各方，征求意见的期限一般为一到两个月。被征求意见的部门填写标准征求意见反馈单，盖章签字后返回标准起草部门。

标准起草部门根据反馈的意见进行统一处理，统筹各方意见，确定采纳或者拒绝采纳的意见，形成意见汇总处理表；对于拒绝采纳的意见，应在意见汇总处理表中说明理由。标准化主管部门可根据反馈意见的情况决定是否再次征求意见。

征求意见阶段结束后，标准研制单位根据修改意见，将形成的标准送审稿、编制说明和标准意见处理汇总表及其他有关材料一并报送标准化主管部门。

五、技术审查

标准化主管部门负责组织标准审查工作，标准研制单位配合。

标准审查采取会议审查的方式进行。参加审查会的代表组成标准审查委员会，并推举一名主任委员或组长主持会议。除应包括三分之二以上的标准化主管部门委员外，也可根据标准内容的不同，邀请内外部业务专家、技术专家参加。审查材料应提前发给与会代表。

在审查过程中，关于标准的技术内容原则上应协商一致，至少有四分之三的代表同意方可通过。

标准审查委员会应出具审查会会议纪要，并由主任委员或专家组组长和全体代表签字。如果审查结论为不通过，标准起草单位应继续修改送审稿或根据审查结论执行。

六、报批

标准研制单位依据审查意见修改形成标准报批稿，并连同标准编制说明、审查会会议纪要、征求意见阶段的意见汇总处理表及其他必要的材料一并报送标准化主管部门审核，主要审核报批材料的完整性和制定修订工作程序的合理性。审核不通过，由标准起草单位补充材料或者完善相关程序。对于具有基础性、全局性的企业标准，由企业标准化主管部门提交企业标准化管理委员会审批。

七、批准发布

企业标准由企业标准化主管部门形式审核之后，提交企业标准化管理委员会在全企业范围内批准发布。企业标准要按照企业规定编码规则进行编号。

标准研制过程中所形成的有关文档，应按企业档案管理的要求进行归档。

标准出版发行后，如发现个别技术内容存在问题需进行少量修改或补充，由标准研制单位编制标准修改单，提交标准化主管部门，必要时经专家审核后由企业标准主管部门以修改单的形式发布。

八、标准复审

标准实施后，标准化主管部门应根据业务变化和科技发展的情况适时组织对标准进行复审，复审周期一般 2～3 年。标准复审一般应有参加过该标准审查工作的单位和人员参与。

标准在复审后按三种情况分别处理：

- 不需修订的标准，确认为“继续有效”，保持标准的原状。
- 需要“修订”的标准列入新的计划。
- 对于业务或技术发展现状已经不再适用的标准，予以废止。

第四节 参与外部标准化

一、参加标准化技术组织

参加标准化技术组织，对于企业标准化工作来说具有非常重要的意义，主要体现在以下方面。

（一）实质性表达企业的意见和诉求

标准作为市场经济中重要的技术规则，是各方意见协调的产物，需要共同遵守执行。参与标准化技术组织，可以结合企业的生产经营管理现状，在符合相关法律法规的前提下，反馈企业自身的技术现状、生产需求，表达自己的意见和诉求，争取相应的标准话语权。

（二）与同行业专家共同探讨交流，了解行业技术发展动态和趋势

通常，标准化专家是该专业领域的顶层技术专家，具有较高的理论基础和实践经验；参与标准化技术组织，可以更多地参与技术标准的起草、征求意见、研讨、沟通协调等，深入地就相关技术问题进行讨论，与同行专家进行交流，向同行资深专家学习，掌握最新的国内外相关技术发展动态和趋势。

（三）了解标准出台背后的技术背景和制修订过程

标准的出台需要经过立项、起草、征求意见、技术审查、报批等环节。参与标准化技术组织，可以更多地了解技术标准在发布之前的出台背景、标准起草者在起草过程中遇到的问题、标准条款设计意图、各方意见和决策依据等，有助于更好地理解和实施标准。

（四）有条件的企业可以主导制定关键技术标准，争取话语权

标准作为专业领域内企业共同遵守的技术规则，通常由在该领域掌握成熟技术的企业制定。企业主导起草标准，可以在所在的专业领域内体现出技术领先地位，树立企业形象。同时，企业通过主导制定技术标准，也有利于占领市场主导地位，促进科技创新成果的快速产业化。

二、参与国际标准化

国际标准化工作在我国越来越受到高度重视。随着国际化的发展，国际贸易在国民经济中占有重要地位。十九大报告指出，推动形成全面开放新格局。同时，“一带一路”倡议也为企业提供了良好的发展契机。在此背景下，我国高度重视国际标准化工作。市场监督管理总局印发的《贯彻实施〈深化标准化工作改革方案〉重点任务分工（2019—2020年）》提

出，积极参与国际标准组织治理和重大政策规则制定，持续提升我国在国际组织中的影响力，选派更多专家参与国际标准制定、到国际组织任职。国家有关部门积极协助我国企业参与国际标准化工作。在《标准化法》中提出，“国家积极推动参与国际标准化活动，开展标准化对外合作与交流，参与制定国际标准，结合国情采用国际标准，推进中国标准与国外标准之间的转化运用”。

参与国际标准化工作，通常来说包括参与 ISO、IEC、ITU 等三大国际标准化组织标准化工作（参见附录 C），还包括参与 WCO（世界海关组织）、WIPO（世界知识产权组织）等相关行业的国际标准化组织的标准化活动，以及 IEEE（电气和电子工程师协会）、W3C（万维网联盟）、OMG（对象管理组织）等具有国际影响力的协会的标准化活动。

参与国际标准化工作具体包括（但不限于）：

（1）担任国际标准化组织的相关职务，例如主席、秘书长、召集人等。

（2）作为技术专家参与国际标准的提案、起草编写、反馈意见、研讨等。

（3）承担国际标准化会议。

（4）参与国际标准的转化和实施。

（5）推动我国标准“走出去”，起草我国标准外文版。

（6）推动我国标准与相关区域标准或国外标准的互认。

三、参与国家、行业、地方和团体标准化工作

目前，国家标准是跨行业领域的全国通用的标准，在我国具有广泛的影响力和公信力。在我国，负责国家标准的标准化技术组织是全国标准化技术委员会（SAC/TC），它由国家标准化管理委员会（国家市场监督管理总局）批准成立，是在一定专业领域内，从事国家标准起草和技术审查等标准化工作的非法人技术组织。

（一）行业标准

《标准化法》规定，“国务院有关行政主管部门分工管理本部门、本行

业的标准化工作”。同时，规定对没有推荐性国家标准、需要在全国某个行业范围内统一的技术要求，可以制定行业标准。行业标准由国务院有关行政主管部门制定，报国务院标准化行政主管部门备案。经国家标准化行政主管部门备案认定的行业标准，会统一制定行业标准代号。不同的行业主管部门有不同行业标准化管理规定或不同的行业标准化管理办法，附录A提供了部分行业标准化管理办法的名称。参加行业标准化工作，首先应了解该行业标准化管理制度，包括行业标准化主管部门，行业标准的立项、起草、征求意见、报批发布等工作程序和相关行业标准化技术委员会的秘书处承担单位，行业标准的技术领域要求、立项格式和模板、行业标准的申报渠道等。

（二）地方标准

《标准化法》规定，“县级以上地方人民政府标准化行政主管部门统一管理本行政区域内的标准化工作。县级以上地方人民政府有关行政主管部门分工管理本行政区域内本部门、本行业的标准化工作”。地方标准是“为满足地方自然条件、风俗习惯等特殊技术要求”而制定的。也就是说，具有地方特色的相关技术要求，可以申请制定地方标准，对于全国性的工业技术产品，建议制定国家、行业或者地方标准，当然有足够技术优势也可以参与国际标准。《标准化法》规定，“地方标准由省、自治区、直辖市人民政府标准化行政主管部门制定；设区的市级人民政府标准化行政主管部门根据本行政区域的特殊需要，经所在地省、自治区、直辖市人民政府标准化行政主管部门批准，可以制定本行政区域的地方标准”。

（三）团体标准

目前在我国，国家标准、行业标准相当于是政府主导制定的标准，团体标准和企业标准是作为市场标准出现的。团体标准的目标是促进市场竞争，促进创新性技术的发展，营造良好的行业发展环境。《标准化法》中规定，“国家鼓励学会、协会、商会、联合会、产业技术联盟等社会团体协调相关市场主体共同制定满足市场和创新需要的团体标准，由本团体成员约定采用或者按照本团体的规定供社会自愿采用”。企业根据自身的情况，制定参与团体标准化的政策。如果本企业在行业领域内处于产业优势和技术领先地位，可以联合同行业兄弟企业、供应链的上下游企业共同成立团体标准化机构，制定团体标准化的标准化政策、知识产权政策，牵头开展团体标准化工作。对于大多数企业而言，可以查找本企业感兴趣的同行业相关团体标准化组织，了解相关标准化和知识产权政策，确定参与团体标准化工作的策略。

通常来说，企业参与国家、行业、地方和团体标准化工作，包括（但不限于）以下几个方面：

（1）成立标准化技术组织，例如技术委员会（TC）、分技术委员会（SC）、标准化工作组（WG）。

（2）担任标准化技术职务，包括担任标准化技术委员会的主任委员、副主任委员会、秘书长、副秘书长、工作组组长、委员等职务。

（3）根据相关标准化政策和标准体系情况，申报标准立项。

（4）牵头制修订或参与标准制修订工作。

（5）参与标准化技术组织（TC/SC/WG）等相关的投票、征求意见和技术审查。

（6）根据企业的自身业务和技术发展情况，采用国家、行业、地方或团体标准，推动基础标准在企业内的实施，并监督、评价实施效果。

（7）参与标准化宣传贯彻活动，参与标准化培训活动。

四、参与军民标准化

（一）民企参军的必要性

当前，世界范围内的新一轮科技革命、产业革命和新军事革命交织前行，是颠覆性技术集中涌现的重要时期，更是发展颠覆性技术的难得机遇。为此，世界主要国家都在加快推动军民融合的国家创新战略。例如，美国近年高调推出了所谓的“国防创新倡议”和“第三次抵消战略”，核心是发展颠覆性先进技术武器，要以计算机、人工智能、3D 打印技术等为代表的科技创新推动定向能武器、电磁轨道炮、士兵效能改造、自动化无人武器系统、智能武器、高超音速武器等新概念武器发展。俄罗斯和日本也积极开展技术创新，借鉴美国国防部高级研究计划局（DRAPA）创新模式，整合国家科技力量激发颠覆性技术创新。面对如此激烈的国际竞争较量格局，我国要实现科技竞争、产业竞争和军事竞争的弯道超车，仅仅依靠军工企事业单位是远远不够的，必须要动员和吸纳优势民营企业参加进来，融合军民力量共同打赢新形势下科技竞赛。

民企参军是新形势下党和国家深入实施军民融合发展战略的既定改革部署，是当前及今后一段时期推动武器装备建设军民融合深度发展的关键任务，是形成开放式发展的武器装备科研生产新格局的必然要求。从科技发展的角度看，曾经较长一段时期内，军事科技的发展带动了民用科技的发展，科学技术的重大突破都首先运用于军事领域。但现在这一趋势正在发生改变，一方面，许多高新技术率先在民用领域得到突破和运用；另一方面，一些技术在军民之间的技术界限越来越模糊，特别是一些高新技术领域，融合程度越来越深，很难分清哪些是军用技术，哪些是民用技术。因此，发展高新技术装备，必须吸纳和利用民用先进技术，如果不抓紧实施民企参军的军民融合式发展战略，我们很可能与历史机遇失之交臂，甚至可能付出重大代价。

民企参军是指优势民营企业参与装备科研生产和维修。为了有效发挥民企的优势，做好民企参军工作，首先需要正确把握民企参军的作用和特点：

(1) 优势民营企业是传统军工企业的有力补充。民企参军不是用民企替代国企，而是作为国防科技和武器装备建设的重要补充，旨在通过公平竞争的方式，促进传统军工企业与民营企业之间融合发展，激发军民技术的创新活力，取长补短、合作共赢。

(2) 民企参军是有秩序、受规制地参军，必须遵循装备发展规律，进退有序、数量适度、管理严格。民企参军不是轻轻松松就能参得了军，要受体制机制有形壁垒和思想观念无形壁垒限制，必须发挥军方积极引导作用，通过改革装备采购体制机制，才能进得去、立得住、活下去。

(3) 优势民营企业是指具有技术优势、规模优势或者比较优势的民营企业。具体来讲，技术优势是指相对体制内的军工企业而言，企业在某技术领域有特长，拥有传统军工企业没有的技术，能够有效弥补现有装备技术领域短板环节或空白地带，甚至拥有军工领域颠覆性技术，能够加速促进武器装备建设更新换代，形成装备技术对抗不对称优势。规模优势是指企业在某产品或技术领域处于国内甚至国际同行业的领先地位，资产实力雄厚，研发能力较强，产品军民两用，生产规模较大，具有典型的规模经济优势。比较优势是指与传统军工企业相比，企业虽不能在同类产品技术能力方面具有明显优势，但在成本价格、质量效能、服务保障等方面具有显著优势，能够对传统军工企业形成竞争压力和态势，能够有效促进相关配套产品或技术创新升级。

（二）民企参军的现状和问题

党的十八届三中全会明确要求“推动军民融合深度发展”，“引导优势民营企业进入军品科研生产和维修领域”。在政策方面，自 2005 年国务院《关于鼓励支持和引导个体私营等非公经济发展的若干意见》颁布以来，国家和军队有关部门相继颁布了近 30 余项推动“民参军”的规章政策，包括原总装备部制定的《装备采购方式与程序管理规定》、《中国人民解放军竞争性装备采购管理规定》（装发〔2014〕3 号）、《中国人民解放军装备承制单位资格审查工作的意见》（装发〔2015〕2 号）等军事规章，下发了《关于加强竞争性装备采购工作的意见》（装发〔2009〕1 号）、《关于引导优势民营企业参与武器装备科研生产和维修的措施意见》（装计〔2014〕1174 号）等推动军民融合发展的政策，对今后一个时期的“民参军”工作提出了明确要求、做出了全面部署，明确了竞争性采购的要求和程序，初步建立了与竞争性采购相适应的法规体系。国防科工局会同军队等相关部门相继颁布了《关于鼓励和引导民间资本进入国防科技工业领域的实施意见》（科工计〔2012〕733 号）、《关于加快吸纳优势民营企业进入武器装备科研生产和维修领域的措施意见》（装计〔2014〕809 号）、《武器装备科研生产许可目录》等政策文件，明确了民间资本进入国防科技工业的领域和范围。

同时，随着“民参军”工作的不断深入，军地互动交流不断增强。例如，中华全国工商业联合会作为政府部门联系非公经济的桥梁纽带，积极推进高科技民营企业“民参军”，成立了中华全国工商业联合会科技装备商会，加强对“民参军”工作的服务。北京市中关村科技园区管委会 2014

年举办了十多场军地对接会议，促成许多民营企业与装备采购部门签订了采购协议。特别是2014年以来，原总装备部、现军委装备发展部会同工业和信息化部、国防科工局、全国工商联等部门，在北京联合举办了多届高科技成果展览暨军民融合高层论坛活动，展示了先进成果、搭建了互动平台、彰显了改革决心，在社会各界中产生了热烈反响。军委装备发展部2015年1月4日向社会公众、民营企业、军队装备采购部门、军工集团等用户开通了全军武器装备采购信息网（http://www.weain.mil.cn/），搭建了军民互动的平台，彰显了中央军委装备发展部推进军民融合深度发展的决心。

通过鼓励民营企业参加到武器装备科研生产，参军的企业数量不断增加。据2016年初的数据显示，全军武器装备采购信息网开通运行以来，注册认证企业3 738家，其中民营企业2 303家，占62%；发布装备采购需求信息1 780项，企业用户提交需求对接申请5 619条，军方对接申请2 976条；发布招标公告193条，中标民营企业占43%。当时民营企业500强（2014年入选民营企业500强的门槛值是销售收入超过90亿元）中的部分大型民营企业也开始参与武器装备科研生产活动。

另外，参军的技术领域也不断拓展，根据政府部门的几次调查统计，民营企业从事装备建设的领域主要集中在电子领域（约占民营企业总数的50%），随后是机械领域（约占民营企业总数的20%）、材料领域、冶金和有色领域、化工领域等。在电子信息领域，特别是网络安全、大数据等方面，民用技术水平已整体上超过军工水平。一批有实力的民营企业掌握了部分核心技术，形成了较强的竞争优势，并已展现出较好的军事应用效果。近年来，用于玉树抗震救灾、广州亚运会安保等任务的多种型号非战装备，都是由民营企业完成研制、定型并交付使用的。

但是，近几年我国在民企参军的过程中还面临着一些问题，主要有：

（1）观念意识问题。由于受传统观念影响，军工企业行业保护意识较强，对民营高科技企业参与军品科研生产还有所顾虑，一些军品采购部门对民营高科技企业保密问题还有所担忧等。

（2）采购规模问题。我国民营高科技企业的发展模式，主要是通过技术创新或技术引进等多种方式掌握单项或部分关键技术，进而组织产品研发，参与军民品市场竞争。当前及未来一段时间，绝大多数民营企业不具备武器装备特别是大型复杂武器装备系统的总体设计和综合集成能力，参与装备建设活动主要集中在配套层次和提供军民通用性较强的货架产品，仅有很少量的民营企业具有承担整机项目或者主战装备任务的能力。从调研情况看，民营企业的装备采购规模和比例还比较小。

(3) 准入门槛问题。目前，进入军品市场的民营企业按照现行管理体制必须获得“四证”：武器装备科研生产许可证、合格装备承制单位资格证、质量体系认证和保密体系认证。这些认证的有效期一般为 4 年或 5 年，其间还要进行若干复审，有效期过后必须重新认证，认证耗费了企业大量的时间，增加了军品市场的准入成本。

(4) 标准化问题。目前我国民用标准和军用标准是两套体系。我国尚未建立科学、统一的标准评价体系，国家标准还不能成为军品的主体标准，这给民营企业（遵从国家标准）进入军品市场（采用军用标准）带来了产品评价、技术评级等方面的问题。随着民用技术水平的发展，一些民用标准已经大幅度提高，甚至超过了某些军用标准。同时，武器装备科研生产领域的某些军用标准仍然沿用当年苏联的标准，相对陈旧，但仍然有效。这样，民用技术向军用技术转化需要付出较大的转化代价和交易成本，限制了科技资源的流动。

(5) 信息不对称问题。虽然全军装备采购信息网的开通搭建了军民互动的平台，公布了装备采购的一些法规政策和采购需求，成效也比较显著，但是发布的装备政策法规还有待细化，它只是解决了将民营企业带到“参军”门口的需要，而入门后的各种精细化的网上培训服务没有同步跟上。民营企业不了解采购政策信息和装备需求信息，军方以及军工集团也缺乏掌握民营企业优势技术和产品信息的渠道和动力，制约了竞争性装备采购的广度和深度，阻碍了“民参军”进程。

(三) 我国军用标准化

标准化问题是制约我国民企参军的主要问题之一。标准化的军民融合是实现优势民企更好地参与到我国军事科技发展工作的前提和技术保证。

我国军用标准化工作起步于 20 世纪 50 年代后期，1984 年 1 月，国务院、中央军委颁布《军用标准化管理办法》，标志着军用标准化工作走上正轨。该办法指引我国军用标准化工作走上了有序和法制的轨道，奠定了军用标准化工作蓬勃发展的基础。目前，随着全面深化改革的推进，该办法正在进行修订。其他配套制度包括：《国家军用标准制定工作暂行管理办法》《军用专业标准化技术委员会管理办法》《全寿命标准化工作规定》《军用标准编号代号管理办法》《军用标准出版印刷管理办法》等。

我国军用标准化工作的基本管理模式是“统一管理、分工负责”的两级管理体制。中央军委装备发展部统一管理全国军用标准化工作，负责拟制军用标准化工作的方针政策、规章制度、规划计划并对执行情况进行监督检查，审批发布国家军用标准，管理军用标准化技术组织，负责军用标准代号、编号管理和部门军用标准备案，指导军内外有关部门开展军用标准化工作。军用标准化工作主管部门负责职责分工，由各军兵种、军委有关部门、军事科学院、国防大学、国防科技大学、军工企业集团、中科院、中物院和有关行业协会在各自职责范围内负责本部门标准化工作的开展。除了基本的两级管理外，还有技术基础管理中心和军用标准化研究中心等支撑机构，共同组成了军用标准化工作体系。

在主管部门指导、主办部门配合下，以武器装备专业技术为划分原则，我国建立了20个军用专业（产品）标准化技术委员会，作为专业技术领域的技术支撑机构，在军用标准化规划计划和方针政策研究拟制、军用标准体系建设与维护、军用标准贯彻实施等方面发挥着决策咨询和技术把关作用。现有20个军用专业（产品）标准化技术委员会包括：全国军用电子对抗标准化技术委员会、装备可靠性维修性保障性标准化技术委员会、全国军用测控标准化技术委员会、军用计算机与信息处理标准化技术委员会、航天装备标准化技术委员会、军用目标及环境特性标准化技术委员会、军用人机环境系统工程标准化技术委员会、装备质量管理标准化技术委员会、军事气象水文标准化技术委员会、军用电子元器件标准化技术委员会、全军核动力安全标准化技术委员会、导弹军用标准化技术委员会、国防科技信息标准化技术委员会、军用雷达标准化技术委员会、军用建模与方针标准化技术委员会、军事测绘标准化技术委员会、军用测试仪器标准化技术委员会、全军技术侦查标准化技术委员会、军用密码标准化技术委员会、全军装备管理标准化技术委员会。

目前，军用标准化工作遵循的是第 4 版《军用标准体系表》。体系表将军用标准划分为通用产品标准、共性技术标准、信息技术标准、军事工作技术标准、政治工作技术标准、后勤保障标准、武器装备标准共七大板块。军用标准分为国家军用标准和部门军用标准两级。目前，现行有效国家军用标准数量总计有 11 000 余项。标准范围覆盖作战指挥、军事训练、政治工作、后勤保障、装备建设和国防科技各领域。其中，装备建设方面的军用标准是主体，约占全部军用标准的 85%。

为适应国防和军队建设与改革的新形势、新要求，进一步加强军用标准化工作的顶层设计，保证军用标准体系建设协调有序进行，全军标准化主管部门于 2018 年启动了第 5 版《军用标准体系表》编制工作，其基本方向为：

（1）拓展内涵范围，形成全域覆盖，以构建中国特色现代作战体系和军队现代化管理体系为牵引，突破装备和技术标准思维定式，拓展标准范围，创新标准类型，覆盖国防和军队建设各领域各要素。

（2）提升标准层次，突出三军通用，着力解决国防和军队现代化建设所涉及的共性技术问题，将以往各部门分别制定的专用标准进行整合重组，形成以三军通用标准为龙头，以各军兵种、各领域骨干标准为主体，精干高效的标准体系。

（3）精干标准体系，提高实施刚性，将标准体系设计向战斗力聚焦、向装备体系聚焦、向提升装备通用化系列化组合化水平聚焦，适度控制标准数量规模，认真衡量单项标准的体系贡献率，为强化军用标准的刚性约束打牢基础。

（4）做好升级换代，实现动态发展，牢固树立科技是核心战斗力的思想，重点补齐重大技术创新、自主创新配套标准，新质战斗力增长急需标准，军事管理革命重要支撑标准，逐步淘汰老旧标准，实现标准的新老交替和标准体系的腾笼换鸟。

（5）坚持兼容开放，实现军民融合，将各领域的军用标准需求纳入国家标准化建设的大体系统，做好军民标准体系衔接，逐步扩大军民融合的标准范围、层级和类别，按照统一框架形成有机整体。

军工行业标准是指需要在军工行业内统一的技术和管理要求，包括六大行业：船舶（CB）、核工业（EJ）、航空（HB）、航天（QJ）、电子（SJ）、兵器（WJ），共计1.8万项左右。

国防科工局主管国防科技工业标准化工作，负责制定国防科技工业标准化规章制度、规划与计划，组织制定军工行业标准等，国防科工局内设17个职能机构（司、局），包括办公室、科技与质量司等。其中，科技与质量司负责组织制定质量、计量标准与安全、技术规范并监督检查，组织质量保证体系认证。

为保障军工行业标准化工作的顺利开展，国防科工局制定了一系列文件指导和规范军工行业标准化工作。例如：《国防科技工业标准化工作管理办法》规范了军工行业标准的制定、实施及对实施的监督工作；《国防科工局技术基础科研管理办法》规范了技术基础科研管理工作。此外，国防科工局还制定了《军工行业标准制定工作程序要求》等实施类文件。

截至2016年年底，军工行业标准共18 352项，其中核行业1 086项、航天行业3 329项、航空行业8 338项、船舶行业851项、兵器行业2 789项、电子行业1 959项。按标准类型可分为基础技术标准、管理标准、工业技术标准等，其中基础技术标准占4%，主要涉及军工专用术语、符号等；管理标准占2%，主要涉及军工质量管理、安全生产等管理事项；工业技术标准占94%，主要涉及军工先进设计试验与制造，以及关键原材料、核心元器件、特种零部件等技术和产品要求。

为支撑和服务于国防科技工业标准化工作，国防科工局在各军工行业均成立了标准化技术委员会，并确定相关标准化专业机构作为各军工行业标准的归口管理单位。例如，航空行业成立军工航空行业标准化技术委员会，归口单位为中国航空综合技术研究所；船舶行业成立军工船舶行业标准化技术委员会，归口单位为中国船舶工业综合技术经济研究院；兵器行业成立兵器行业标准化技术委员会，归口单位为中国兵器工业标准化研究所等。

(四) 民企参与军用标准化的重点内容

积极吸纳和利用民用技术，采纳并使用民用标准，打破军用标准和民用标准之间的壁垒是美国、俄罗斯等军事大国提升军用标准化水平，实现军民融合的重要举措。例如，美国《国家技术转移和技术进步法》以法律形式规定联邦政府各机构（包括国防部）应优先采用非政府标准，并积极参与非政府标准的制定工作。改革不到5年，美国废除了4 000余项军用规范和300余项军用标准，采用的非政府标准有近2 000项，并将其纳入《国防部规范与标准目录》，作为国防部的采办或采购文件。改革后国防部在标准使用顺序上，除法律和国际条例所要求的文件外，首先采用非政府标准，只有在无非政府标准可用的情况下，才考虑使用军用规范和标准。同时，加大国防部各单位与非政府标准团体之间的交流，积极参与非政府标准团体的活动，包括国际标准化组织的活动，一同制定满足军用要求的非政府标准。俄罗斯通过制定一系列适用于军用标准化的法律文件，以及开展国家标准体制机制的改革，截至2012年1月1日，俄罗斯军用标准化文件中除了为军事专用的军用标准外，大部分都是军民通用的国际标准、国家标准和行业标准。

借鉴国外先进国家的做法，我国优势民营企业参与军用标准化的重点内容主要包括：

（1）加强军民通用标准的研制。军民通用标准是标准化军民融合的主体。军民通用标准是由军地双方共同提出需求、研制并认同的标准文件，其内容符合国民经济建设和国防建设的双重需求。当前，民营企业已经在民用标准制定工作中发挥了重要作用。下一步需要继续发挥民营企业的技术优势，在相关领域联合军方科研单位，牵头或者参与制定军民通用国家标准、行业标准和团体标准。推动先进民用标准被军方采用，逐步建立军民一体化的技术标准体系。逐步推行按性能规格采购民用产品和技术的管理方式，避免军用标准对民企的无限限制。习近平总书记指出，除了基础设施建设、国防科技工业、武器装备采购、人才培养、军队保障社会化、国防动员等传统领域外，海洋、太空、网络空间、生物、新能源、人工智能等领域军民共用性强。因此可以在这些新兴技术领域重点开展军民通用标准的研制，加快形成多维一体、协同推进、跨越发展的新兴领域军民融合深度发展格局。

（2）积极参与军民融合标准化技术组织。全国专业标准化技术委员会（简称标委会）是归口管理国家标准的重要标准化技术组织。标委会负责提出本专业领域标准化工作的政策和措施建议；编制本专业领域国家标准体系，根据社会各方的需求，提出本专业领域制修订国家标准项目建议；开展国家标准的起草、征求意见、技术审查、复审及国家标准外文版的组织翻译和审查工作；开展本专业领域国家标准的宣贯和国家标准起草人员的培训工作等。目前，有一大部分的标委会已经吸收了优势民营企业的专家作为委员，参与国家标准化的有关活动，体现了标准服务于市场的目标。因此，我们可以建立军民标准化技术组织的专家交流通道，将已有的企业专家输送到军民通用的标准化技术组织中，或者吸纳为军用标准化技术委员会的专家。开展双方技术委员会的专家人才交流，便于将军民的标准化需求及时有效地反映到国家标准化工作中。

（3）探索军民通用标准转化为国际标准的路径。推动军民标准的国际先进性和通用性是许多先进国家军民融合的发展方向。目前，我国已经与国际标准化组织和国外先进国家标准化组织开展了合作，采用了大量的国际标准，并且开展中国标准走出去，推广我国的国家标准成果。在军用标准方面，我国已经成功将军队在射频识别领域的创新成果通过标准引入民用，同时，2.45GHz 的技术提案成功提交 ISO/IEC JTC1 并获投票通过，为该领域参与国际市场竞争打下基础。在不影响军事安全、符合性能要求的前提下，我们应积极遴选与采纳国际先进通用标准，努力保持军用标准的先进性与开放性。在军民通用标准的研制中积极吸纳最先进的技术内容，我们应弥补自身不足，实现与世界接轨，尽可能节省大量的人力物力；积极推动军民通用标准的国际化，推动各系统、各军种、各国家之间标准的统一；积极推进核、航天等领域国际合作。因此，可以依靠这类国际合作的契机，在核、航天等领域开展军民通用的国际标准化工作，争取核、航天标准化的话语权。

（4）在地方开展军民融合标准化工作试点。军民融合标准化试点示范，是为了探索军民融合标准化的运行机制、工作模式、工作流程，是促进军民融合产业发展的一项标准化创新改革的试验田。通过探索切实可行的军民融合标准化机制和模式，为更广泛地开展军民融合提供典型实践案例；营造有利于标准化军民深度融合发展的良好环境，实现军民标准通用化创新改革；通过区域性的政策环境、创新改革等措施，促进一批重点军民产业、重点技术领域、重点企业等快速发展；通过开展军民融合标准化的人才的教育和专业化培训，培养一批军民融合标准化的标准化管理人才和专业技术人员；建立军民融合标准资源共享服务平台，促进军民标准化信息资源共享。因此，建议重点在国家高新技术产业开发区、国家经济技术开发区、国家自主创新示范区等重点区域开展军民融合标准化试点示范建设，增强军民融合标准化的紧迫感和意识，集中攻克阻碍军民融合发展的难点和关键点，并加大军民融合标准化试点示范建设的引导经费投入，在试点示范区域，选定重点区域、重点产业、重点企业开展军民融合标准化工程和项目建设，以点带面，实现集中突破。

第五节 标准的实施

标准的实施是企业标准化过程中的重要环节，是标准发挥作用的环节。企业标准体系的构建、企业标准的制定都需要投入大量的人员、经费和时间，是企业资源投入的环节。为保证企业标准能切实发挥实际作用，为企业带来价值，必须高度重视标准的实施环节。

对企业来说，标准的实施可以简单地分为企业参与制定的国家标准、国际标准、团体标准等外部标准的实施和企业内部标准的实施。

一、企业外部标准的实施

企业外部标准的实施，指的是企业参与制定的国家标准、行业标准、团体标准，乃至部分适用范围较广的企业标准，在企业外部的应用实施。企业外部标准的实施，不仅仅是企业内部经营管理活动，更是一种社会化的活动。通常，标准作为一种推荐性、自愿性的技术文件，不能强制其他企业必须执行。这就需要企业考虑相应的标准化实施策略。一般来说，合格评定活动是最常用的推动标准化实施的方式。合格评定是一个广泛的概念，笼统来说，就是对是否符合标准的一种评定。

（一）合格评定

GB/T 27000—2006/ISO/IEC 17000：2004《合格评定　词汇和通用原则》将合格评定（Conformity Assessment）定义为：与产品、过程、体

系、人员或机构有关的规定要求得到满足的证实。

其中，合格评定的专业领域包括检测、检查和认证，以及对合格评定机构的认可。“合格评定对象”或“对象”，包含接受合格评定的特定材料、产品、安装、过程、体系、人员或机构，服务也可以看作是一种产品。根据合格评定的实施主体，可以将合格评定活动分为第一方合格评定、第二方合格评定和第三方合格评定。此处的第一方和第二方不同于法律合同中的第一方（甲方）、第二方（乙方）。此处的第一方是指提供合格评定对象的人员或组织，第二方是指具有使用方利益的人员或组织，第三方是独立于上述两方的人员或组织。

第一方合格评定活动（First-party conformity assessment activity）：由提供合格评定对象的人员或组织进行的合格评定活动。

第二方合格评定活动（Second-party conformity assessment activity）：由在合格评定对象中具有使用方利益的人员或组织进行的合格评定活动。例如，产品采购方或使用方为了评定供方的供货能力或资质而采取的合格评定活动。

第三方合格评定活动（Third-party conformity assessment activity）：由既独立于提供合格评定对象的人员或组织、又独立于在对象中具有使用方利益的人员或机构进行的合格评定活动。

检测（Testing）是指按照程序确定合格评定对象（如产品、材料、过程、体系等）的一个或多个特性的活动。例如，通过检测确定产品的功能、可靠性、环境保护特性。检测强调安装规定的程序或方法，确定产品特性。但是，检测并不强调是否达到标准规定技术指标。

检查（Inspection）有时也称为检验，是指审查产品设计、产品、过程或安装并确定其符合特定要求的符合性，或根据专业判断确定其与通用要求的符合性的活动。检查是要求安装确定的标准指标给出是否达标的结果判定。

2015 年 6 月，中国合格评定国家认可委员会秘书处印发的《中国合格评定国家认可委员会关于采用“检验”替换“检查”一词的通知》中提到，“为使合格评定工作更好与国家相关发展规划及法律法规相衔接，更符合我国合格评定机构的使用惯例，并与其他使用中文的国家和经济体的认可机构协调一致”，中国合格评定国家认可委员会（CNAS）决定采用“检验”替换“检查”，其内涵和定义未发生变化。

认证（Certification）是指与产品、过程、体系或人员有关的第三方证明。

认可（Accreditation）是指正式表明合格评定机构具备实施特定合格评定工作的能力的第三方证明。

（二）推动开展基于标准的认证制度建设

紧密跟踪国家标准化政策，积极参与标准化实施活动，积极推动基于标准的合格评定。中关村智联软件服务业质量创新联盟（简称“智联”）是在有关部委、中关村管委会和海淀园管委会的支持下，于2013年11月8日，由用友、中科软、北京大学等三十多家组织及个人联合发起成立的产业技术联盟，是国内软件服务业首家由来自生态的“政企学协咨社用”七方联合成立的联盟。智联牵头制定了电子行业标准SJ/T 11463—2013《软件研发成本度量规范》。该标准解决了产业界的一个难题，就是如何度量和评估软件研发项目的成本。它规定了软件研发成本度量方法、过程及原则，包括软件研发成本的构成、软件研发成本度量过程、软件研发成本度量的应用。

智联联合各方开展了基于标准的认证工作，包括以下方面：

（1）培训认证：主要是针对人员和讲师进行培训和人员资质认证。人员级别认证分为基础级、高级、专家级。人员需要获得资格认证才能开展软件成本分析工作，需要通过培训、考核才能获得对应的级别资质认证。

（2）咨询评估：结合度量成熟度框架开展咨询工作，进行成熟度评估，其成熟度包括初始定义级、标准定义级、基准管理级、优化级。

（3）审核评估：根据客户的需要，独立做出第三方的成本估算报告。由行业专家通过分析具体项目的需求开展，主要内容包括功能点计数外审、数据可信度评价、行业数据基准比对。

（4）符合性认证：依据行业标准，判定组织符合标准的程度。主要是依据该标准和相应的认证过程，给出认证结果。

在各方的联合推动下，《软件研发成本度量规范》得到了广泛应用，使软件开发实现了可控、可视的量化管理，包括信息化项目前期的制定预算、报预算、批预算、项目实施、项目计划、项目跟进等，项目全流程乃至在前后延伸都可以对软件开发项目成本进行分析，对业务和管理都提供了支撑。该标准自发布起，智联为标准用户提供了培训认定、审核评估、咨询评估和符合性认定等服务。

（三）标准自我声明制度

我国《标准化法》规定："国家实行团体标准、企业标准自我声明公开和监督制度。企业应当公开其执行的强制性标准、推荐性标准、团体标准或者企业标准的编号和名称；企业执行自行制定的企业标准的，还应当公开产品、服务的功能指标和产品的性能指标。国家鼓励团体标准、企业标准通过标准信息公共服务平台向社会公开。"

2015 年 9 月，质检总局和国家标准委联合印发的《企业产品和服务标准自我声明公开和监督制度建设工作方案》在附件 2《企业产品和服务标准自我声明公开和监督制度指南》中提出："企业产品和服务标准自我声明公开和监督是企业标准管理的重要改革举措。要将企业产品和服务标准自我声明公开和监督制度建设与企业产品标准备案管理改革工作结合起来，企业自我声明公开标准的，视同完成标准备案。"

"企业声明公开的产品标准应是企业生产的产品和提供的服务交付时应符合的基本要求，一般包括产品和服务的功能要求，相关产品的性能要求等。产品不应含有企业的生产工艺、配方、流程等可能含有企业技术秘密和商业秘密的内容。"

"企业在销售产品之前，应当在企业产品标准信息公共服务平台声明公开产品和服务标准信息。"

"企业公开产品和服务标准信息应包括：企业执行国家标准、行业标准和地方标准的，应公开相应的标准名称和标准号；执行企业标准或团体标准的，应公开企业产品的主要技术指标，包括产品主要技术指标和对应的检验试验方法，企业也可选择公开企业产品和服务标准文本。"

"企业应当在全国统一开放的企业产品标准信息公开服务平台上公开

产品和服务标准信息。声明公开的内容纳入全国企业质量信用档案数据库。”

对于企业标准自我声明公开的监督，提出“县级以上政府标准化主管部门负责核查、处理对企业产品标准的投诉或举报，负责对企业自我声明公开的标准信息进行随机抽查，对既不备案也不公开标准的企业加大检查力度，发现违反法律、法规和强制性标准规定的，应予以纠正”。

“各级质量监督管理部门应积极推动行业部门制定政策举措鼓励行业内企业开展企业产品和服务标准自我声明公开。”

（四）标准化试点示范

我国《标准化法》规定，“县级以上人民政府应当支持开展标准化试点示范和宣传工作，传播标准化理念，推广标准化经验，推动全社会运用标准化方式组织生产、经营、管理和服务，发挥标准对促进转型升级、引领创新驱动的支撑作用”。

标准化试点示范，通常是指标准化试点和标准化示范的两个阶段。标准化试点，是在特定的领域实施标准化战略，为地方发展产生良好的经济和社会效益。通过标准化试点，可以探索标准化工作的新机制、新模式，并通过标准化示范可以向周边区域进行经营推广，充分发挥标准化示范区对周边区域的引领、辐射和带动效应。

国家标准委组织开展了多种形式的标准化试点示范工作，不同的标准化试点侧重面存在差异，工作方式也不完全相同。国家标准委先后批复开展的试点示范包括：农业标准化示范区、高新技术产业标准化示范区、高新技术产业标准化试点、新型城镇化标准化试点、循环经济标准化试点、服务标准化试点、社会管理和公共服务标准化试点等。在国家标准化试点示范的带动下，相关省、自治区、直辖市也开展了标准化试点示范，包括农业标准化示范区、服务业标准化试点、标准化良好行为企业试点、循环经济标准化试点、高新技术产业标准化试点、社会管理和公共服务标准化试点、旅游标准化试点等。

标准化试点示范的运行机制，通常是由政府提供政策扶持，搭建一个标准化工作平台。企业是标准化试点示范的主体，通过企业积极参与，承担相应的标准化试点示范任务，发挥企业标准化主体作用。标准化服务机构为企业和政府提供技术支持，各相关部门联合推动标准化工作的开展。标准化试点示范工作，通常包括建立标准化试点示范领导小组，提供试点示范政策和资金保障措施，开展标准化调研，开展标准化培训和人才培养，加强标准化宣传和舆论引导，引导企业实施标准化战略，引导企业参与标准的制定和实施，推动标准化工作机制建设等，营造良好的标准化氛围，促进企业、地方政府、全社会的标准化意识建立。

二、企业内部标准的实施

企业内部标准的实施是企业内部生产经营管理活动。根据不同的企业管理体制、企业文化，企业可以采取各种不同方法促进标准的实施。对企业来说，企业标准不再区分是否强制性标准。企业标准的制定就是用来执行的，用来实施的。当然，企业也需要制定企业标准化管理办法，规定企业标准的奖励和惩罚措施，以确保企业标准的有效实施。

（一）标准文本配备或信息访问要求

为确保标准的有效实施，首先应确保标准的用户和相关方，能配备相应的标准文本，或者具备在标准信息管理系统中相应的访问权限。具体来说包括：

（1）标准化管理部门、标准化工作岗位以及生产业务主管部门应配备相应的现行有效的标准文本，或者在标准信息管理系统中具有相应的查阅访问权限。

（2）生产技术业务领导、技术人员应配备其使用的现行有效的标准文本及其配套的标准文本、作业指导书和工艺卡片等，或者在标准信息管理系统中具有相应的查阅访问权限。

（3）操作岗位应配备相关的标准文本、操作规程或其他相应作业指导书和工艺卡片，或者能访问其需要的标准文本信息，操作人员应能熟悉标准中涉及本岗位的技术内容。

（二）标准宣贯和培训

鉴于标准文本编写技术性、专业性和标准化本身的要求（简洁、准确、无歧义等），大多标准仅规定了相关技术要求，并不对该要求的详细背景做更多的阐述。同时，对标准如何使用、标准条款背后的技术等，通常不会进行详细说明，这也会造成标准阅读起来拗口，难以理解。

为此，标准化管理部门、相关业务部门或标准化从业人员等应积极开展或协调有关部门开展标准宣传贯彻实施（简称宣贯）工作，开展标准的培训。标准宣贯可采取多种有效形式，并有可以查实的培训记录。记录应包括培训（宣贯）计划、学习记录、培训总结和受培训人员的名单等。

（三）标准实施

每个标准执行岗位应严格按标准或与其配套的标准、作业指导书或工艺卡片等规定的要求执行。其最终结果和过程控制结果均应符合标准或作业文件所规定的指标或要求。对标准实施中所必需的设备、仪器和技术手段，各实施单位均应配备、完善。

（四）信息反馈

对于标准执行过程中出现的问题，执行标准的人员应及时将信息反馈到其标准化管理部门和岗位，信息包括提出对标准修订的具体意见。

各级标准化管理部门或相关专业标准化技术委员会应对反馈的信息进行汇总、分析，并将信息反馈到上一级标准化管理部门。信息反馈应有可查证的记录。

三、标准化培训

（一）面向不同人员采取不同的培训方案

鉴于标准化工作的技术性、专业性以及使用过程中涉及面广，标准化培训已经成为标准化工作的重要组成部分。根据不同培训对象，可以将标准化培训分为面向标准化专职人员的标准化专业知识培训、面向业务人员的标准化基础知识培训和面向中高层管理人员的标准化战略和管理培训。

1. 面向标准化专职人员的标准化专业知识培训

这是针对标准化专职人员开展关于标准化专业理论知识、制修订程序，以及国家、行业最新的标准化政策方面的培训。通常，可以委派标准化专职人员参与国家或地方政府组织的公益性标准化培训或标准化咨询服务机构组织的培训。当然，也可以邀请标准化专家来本企业开展有针对性的标准化培训。

这类标准化培训的内容，通常包括以下方面：

（1）标准化原理与方法。

标准起草和编制方面的基础知识。包括标准内容结构、表述方法和排版格式等内容；企业标准、团体标准的编写。

（2）标准化工作指南。

标准化工作程序方面的基础知识。包括标准化基本概念、我国标准化运行机制、国家/行业标准化制修订程序、采用国际标准等。

（3）标准体系理论与方法。

运用系统论指导标准化工作的原理和方法；企业标准体系构建原则和方法；国内外相关标准体系情况，典型标准体系案例，标准体系的动态维护管理平台。

（4）通用综合性基础标准培训。

除标准化原理和方法之外，对术语、分类编码、图形符号、人类工效学、试验、计量检测、质量管理、信息化、节能环保、知识和创新管理、安全、职业健康、标准情报等各行业、各领域都会用到的通用性标准进行相应的培训。

（5）国际标准化。

ISO、IEC、ITU 等国际标准化组织架构、国际标准制修订程序、如何实质性参与国际标准等相关知识的培训。

（6）合格评定。

合格评定的基本概念、理论方法、合格评定程序、国内外相关机构等相关知识培训，包括标准的一致性/符合性测试、产品认证、管理体系认证等相关内容。

2. 面向业务人员的标准化基础知识培训

这类培训主要是针对业务部门的专业技术人员开展的，是关于标准化基础知识、所属专业领域标准化机制和标准体系，以及该专业领域最新的国内外标准化发展动态方面的培训。通常来说，这类培训受众面比较窄，专业性较强，可以委派专业技术人员参与该专业领域标准化技术组织，与同行专业技术人员共同探讨交流该领域的专业技术问题及标准化发展动态；也可以邀请专业领域的标准化技术委员会的专家来企业进行专题培训；还可以参与相应的标准化技术委员会组织的标准化培训。

这类标准化的培训内容，通常包括以下方面：

（1）标准化基础知识。

标准的结构与编写规则、该专业领域的标准化技术组织情况、所在专业领域的国际标准/国家标准/行业标准的制修订流程。

（2）专业领域标准体系。

专业领域的标准体系包括国内外相关的标准化机构发布的标准情况，标准在专业领域的应用范围和效果、取得的经济和社会效益。

（3）关键技术标准。

影响该专业领域的关键技术标准的培训，例如对该专业领域的框架性、原则方法性、总体性标准的内容讲解，概念体系，检测或试验方法，合格评定规则，等等。

（4）参与国际标准。

该专业领域国际标准组织情况，各国参与国际标准的企业、机构情况，国际标准与国内标准的技术指标对比，相关部门对国际标准的政策，国际标准技术内容的解读，等等。

3. 面向中高层管理人员的标准化战略和管理培训

这主要是针对中高层管理人员开展的标准化战略知识培训，目的是企业实施标准化战略，建立企业标准体系的标准化前期准备工作，增强企业标准化战略意识。这类培训针对性较强，不涉及标准化技术细节内容，通常是邀请该领域的标准化专家来企业进行现场讲座，知识面可以较为宽泛，但不宜太深入。其内容可以包括：国内外标准化战略情况，标准化对企业发展的重要作用，对标准化机构设置、运行机制、实施策略的讲解；国内外企业实施标准化的成功案例，可以参考借鉴的相关企业的标准化实施经验；相关部门的标准化支持政策，包括标准化试点示范建设情况等。培训的内容通常不会太多，不宜占用太多时间，宜有针对性地就重点问题举办讲座。

这类培训可以从下面的内容中摘选：

（1）标准化战略知识。

标准化对企业发展的作用，例如，促进创新、降低成本、提升企业形象、建立广泛的合作关系、赢得市场准入等；国内外标准化战略知识，包括国家标准化战略、相关地区标准化战略、龙头企业或典型企业的标准化战略；标准化战略的内容，标准化战略的制定与实施。

（2）企业标准体系建设。

企业标准体系建设的范围和内容、工作方法和程序，企业标准体系下的实施运行机制，标准体系的实施和监督检查；企业内控标准与对外声明的标准。

（3）参与外部标准化。

参与国际标准、国家标准及行业标准的策略和方法，投入的人员、经费和时间；参与标准化试点示范、试点示范工作的内容、相关标准化政策、预期的经济和社会效益等。

（二）标准化培训的形式

标准化培训是一项长期的、日常性的工作，可以采取不同的形式，为管理人员、技术人员、操作人员等面向特定专业领域、应用场景、培训主题开展针对性的培训。

1. 现场宣贯形式

通过标准化培训会议，在会议现场通过现场讲解、交流、答疑的形式进行标准化知识的传播和分享。

2. 电子课程在线学习

通过在线学习网站、微信公众号等现代互联网的形式，利用录音录像、标准化的课件等提供标准化培训。这些方式不必拘泥于培训会当天，可以为学员提供持久的学习资源。另外，还可以通过标准化知识问答、设置标准化知识库等形式，解决常见的标准化问题。此外，还可以设置标准专栏，包括标准发布、标准文本、标准修改与解释、标准征求意见等类别的内容。

3. 发行杂志等形式

作为传统的宣贯媒介，杂志具有发行范围广的特点，可承担重要的标准化宣贯职能。可创办标准化类杂志，以普及和宣贯标准化知识，提高企业全体员工的标准化意识，培养员工的标准生活理念，可以设置标准化动态、热点关注、标准化大讲堂、专家点评等栏目。

4. 宣传画报形式

宣传画报、宣传标志等也是标准化意识教育的一种重要方式，具有直观、醒目、印象深刻等特点。也可以通过拍摄特定的标准化宣传视频、专题片对标准化进行专题宣传。

(三) 标准化培训的程序

标准化培训是一项复杂细致的工作，必须有计划地做好安排才能取得良好的效果，主要包括如下四个步骤。

1. 确定标准化培训需求

确定培训需求是有效开展标准化培训的前提，目标不清的培训不会取得良好的效果，而且会造成培训资源的浪费。标准化宣贯需求应以提高企业标准化意识为根本点，标准化培训需求应从人员的标准化知识需要，以及现有标准化技能和所从事工作的标准化要求等方面的差距来考虑。

2. 设计和策划

在明确标准化培训需求后，应着手设计和策划标准化培训，主要包括：确定标准化培训内容和时机，分析标准化培训的制约条件，选择适宜的标准化培训方式、标准化培训提供者、标准化培训资料，确定标准化培训结果评价方法等。标准化培训的设计和策划完成后，应制订相应的标准化培训计划。标准化宣贯的制约条件包括：宣贯时间和周期、宣贯对象对标准化的认识程度、硬件条件等。标准化培训的制约条件包括：组织的制度、人力资源方针、财务考虑、培训时间和周期要求、培训对象的态度和现有水平、提供培训的内外部资源情况等。在选择标准化培训方式及组织标准化培训时应考虑的因素包括：时间和地点、设备、费用、培训目标、培训对象的基本情况、培训持续的时间，以及培训的评估、评价形式等。

3. 实施培训

标准化培训组织者应做好有关标准化培训工具、设备、文件、软件和食宿安排等，应精心组织好标准化培训工作的开展，并应收集标准化培训对象关于培训效果和改进方面的反馈信息。

4. 评价培训效果

标准化培训效果评价主要为衡量标准化培训目标是否实现、标准化培训的效果如何，着眼于培训的有效性和效率的提升。开展标准化培训效果评价的依据是培训计划和预先设定的评价规则，应了解培训对象在培训方式、资源和培训中所获得的标准化知识或技能的情况。

为确保标准化培训按要求管理和实施，提高培训的有效性，应对上述四个培训步骤进行监督。如发现问题，应及时采取纠正预防措施，改进标准化培训过程。

第六节　创新战略下的标准、专利和技术秘密

一、基本概念

在开始本节内容之前，为了统一相关概念的表述，我们从已有的法律法规或标准出发，引入几个关键术语。

（一）创新

ISO/TC279 创新管理是在国际标准化组织（ISO）负责创新管理的标准化技术委员会。ISO 56000：2020《创新管理——基础和词汇》引用了ISO 9000《质量管理——基础和词汇》的创新定义。

创新（Innovation）：新的或变更的实体，实现或重新分配价值。

注 1：新颖性和价值与组织和相关方的洞察力（Perception）有关并由其决定。

注 2：创新可以是产品、服务、流程、模型、方法等方面的创新。

注 3：创新是一种结果。“创新”一词有时指的是导致或旨在创新的活动或过程。当在这个意义上使用“创新”时，它应该总是与某种形式的限定符一起使用，例如：“创新活动”。

注 4：为了统计调查，请参阅“第 4 版的奥斯陆手册”（经合组织/欧洲统计局 2018 年）。

定义中的“新的或变更的实体”对应“新的或改进的产品或过程，或其组合，与该单元的先前产品或过程显著不同”。“实现或重新分配价值”对应“已经向潜在用户提供或已经有该单位使用”。

(二) 标准

GB/T 20000.1—2014《标准化工作指南　第1部分：标准化和相关活动的通用术语》给出了标准的定义。

标准（Standard）：通过标准化活动，按照规定的程序经协商一致制定，为各种活动或其结果提供规则、指南或特性，供共同使用和重复使用的文件。

(三) 专利

国家知识产权局负责起草的GB/T 21374—2008《知识产权文献与信息　基本词汇》给出了专利和专利权的定义。

专利（Patent）：专利权所保护的技术方案或设计，包括发明、实用新型和外观设计。

专利权（Patent right）：经申请并在满足一定法律条件的前提下由国务院专利行政主管部门授予的一定期限的排他性权利。

ISO发布的ISO 56000：2020《创新管理——基础和词汇》给出了知识资产、知识产权的定义。

知识资产（Intellectual assets）：有价值的无形创造或知识资源。

知识产权（Intellectual property）：受法律保护条件的智力活动成果。

GB/T 33250—2016《科研组织知识产权管理规范》给出了知识产权的定义。

知识产权（Intellectual property rights）：自然人或法人对其智力活动创造的成果依法享有的权利，主要包括专利权、商标权、著作权、集成电路布图设计权、地理标志权、植物新品种权、未披露的信息专有权等。

目前，我国的国家标准还没有对Intellectual property rights和Intellectual property进行严格区分，都称为知识产权。

(四) 技术成果和商业秘密

技术成果、技术秘密、商业秘密等术语，是在相关法律及法律释义中规定的。2000 年发布的《中华人民共和国合同法释义》、2019 年修正的《中华人民共和国反不正当竞争法》和 2004 年的《最高人民法院关于审理技术合同纠纷案件适用法律若干问题的解释》分别给出了技术成果、商业秘密和技术秘密的定义。

技术成果，是指利用科学技术知识、信息和经验作出的产品、工艺、材料及其改进等技术方案。

商业秘密，是指不为公众所知悉、具有商业价值并经权利人采取相应保密措施的技术信息和经营信息。

技术秘密，是指不为公众所知悉、具有商业价值并经权利人采取保密措施的技术信息。

二、标准、专利和技术秘密的关系

标准、专利和技术秘密都是企业创新战略下的内容，都是知识的载体。标准，大多数情况下指技术标准，本质是一种各方达成的技术协议、技术约定，在一定范围提供的技术要求，通过某种形式的技术约束，实现标准化目标，例如降低成本、保护人身安全、保护环境等。专利是专利权所保护的技术方案或设计。专利是一种技术成果，是为了解决某项技术问题而提供的实施方案。专利的目标，是某个专家或企业为了解决某些特定的问题，提出设计方案，具有新颖性、实用性，同时得到法律保护，具有专有性，其拥有的专利权享有独占或排他的权利。技术秘密是不为公众所知悉、具有商业价值并经权利人采取保密措施的技术信息。技术秘密凭借知识、经验或技能产生，是对企业生产具有重要价值的技术情报、数据或知识，例如产品配方、工艺流程、技术秘诀、设计方法、草图、试验数据等，并且这些技术信息采取了保密措施，不对外公开。

（一）标准代表的公共利益、公共权力

标准，是经过利益相关方协调一致形成的产物，是各方参与的结果；是为了共同使用、重复使用，在一定范围内建立技术规则和秩序而制定的。这就意味着标准（企业内部标准或者企业内控标准除外）代表着公共利益，是一种“公权力”，不为个别企业或个人所私有。

（二）专利和技术秘密代表的私有权

通常来说，企业的专利和企业技术秘密是企业的知识资产，为企业所独占。当然，对于企业内部标准或者企业内控标准，如果符合《中华人民共和国反不正当竞争法》中技术秘密的定义，也属于企业技术秘密。专利和技术秘密是企业的知识资产，其使用权和所有权受法律保护。

（三）标准和专利是公开的，技术秘密是保密的

通常来说，国际标准、国家标准、行业标准、地方标准都是公开发布的文件（部分具有保密属性的标准除外），是相关方共同制定供社会各方重复使用、共同使用的一种文件，这就意味着大多数的标准可以公开获得。

专利公开是将请求保护的发明通过科学刊物书面公开，或通过演讲口头公开，或在展览会上展出发明的物品或物品构成的发明方法。公开的另一层含义是在专利申请或专利说明书中对发明技术内容的公开。同时，要求发明信息必须清楚、完整，同行业技术人员能够据此应用实施。专利制度的一个基本原则是，所有授权的发明创造在授权后，发明专利申请甚至在申请日后、授权以前的一定时间，都应当向公众公开。这是社会公众的利益所需要的。

国防专利应遵照《国防专利条例》的规定执行。根据《国防专利条例》的规定，“国防专利是指涉及国防利益以及对国防建设具有潜在作用需要保密的发明专利”。“绝密级涉及国防利益的发明不得申请国防专利。国防专利局受理的国防专利申请，在受理、审查、复审、授权、转让、实施、调处纠纷和诉讼的过程中，在未解密前按照《中华人民共和国保守国家秘密法》和有关主管部门的规定进行管理。”

企业的技术秘密是企业知识资产，必须采取相应的保密措施。企业不能从公开渠道获得其他企业的技术秘密。

三、创新过程中的标准化、专利和技术秘密

对企业来说，需要具有采取标准化战略、专利战略或是技术秘密的方式，这需要根据企业的业务战略和企业创新战略而定。

（一）创新的基本概念

ISO 56000：2000《创新管理——基础和词汇》为定义创新，引入了实体（Entity）的概念。实体，可以是产品、服务、流程、模型、方法或任何其他实体或实体组合。例如，模型可以是业务模型、操作模型或任何其他价值实现模型。任何领域的任何事物都可以进行创新。创新的概念以新颖性和价值为特征。为了实现价值，必须在一定程度上引入、实施、部署、采用或使用该实体。因此，新颖性和价值是创新概念定义的必要和充分特征。这意味着，没有价值体现的见解、想法和发明，就不是创新。

创新的新颖程度与所涉及的相关方的洞察力有关，并由其决定。“新”可以相对“世界”来说是新的，即在全球任何区域，以前从未见过或做过，都是新的；相对特定的部门、领域或学科来说是新的，例如从行业或市场角度分析，对特定的社区、特定的用户群体或者特定利益方是新的。创新可以包含现有实体的组合，这意味着它不必在其中是原始的或唯一的。

新颖程度可以通过创新的属性来表达，例如，渐进式创新（渐进式变革）或激进创新（全新或重大变革）。新颖程度也与实施时间有关。随着时间的推移，创新可能在社会中被广泛采用和传播，从新的到主流，最终变得过时。

价值的实现或重新分配可以发生在不同的层面：个人、组织或社会。价值可以是经济价值或社会价值，例如收入、储蓄、生产力、可持续性、满意度、赋权、参与、经验或信任。价值的正面性或负面性是由有关各方决定的。例如，创新的价值可能被不同类别的用户或整个特定价值链或网络中的生产者、分销商和消费者不同地感知。

在确定创新的价值时，利益相关方通常会考虑实施创新的成本和预期收益，以及替代产品、服务、流程、模型、方法等的价值。创新的价值通常随着时间的推移而发展，从不确定到有效，因为需求和期望得到了确定和实现。

价值实现是组织参与创新活动的最终目标。创新可能对涉及的所有相关方产生重大影响并具有变革性，可以是价值链或网络中的创新者、中间人和用户，或跨部门、领域或学科实现，导致重新价值分配或销毁价值。

（二）创新战略

企业创新战略是企业战略的重要组成部分，为了制定企业的创新战略，企业需要系统地分析、梳理企业现有的内外部环境。包括：

（1）影响创新管理体系预期成果的内部因素和外部环境，包括经济、社会、文化、科学、技术、法律、政治等外部因素，以及企业的内部战略导向、视野、管理体制、组织架构、企业文化等内部因素。

（2）分析并掌握对创新战略的相关方需求和期望。

（3）获得潜在价值实现的机会。

（三）创新战略中的专利战略、标准化战略和技术秘密战略

创新战略是企业围绕创新管理而制定的企业战略。通常，创新战略的内容涵盖产品研发、标准化、专利和技术秘密。

笼统来说，企业通过投入资源实施创新活动，产生创新成果，这对企业来说是一种重要的知识资产。对于知识资产的管理，应根据企业的内部和外部环境，统筹运用标准化、专利、技术秘密等策略，促进创新战略实施。

对于企业研发的技术成果，哪些需要制定并发布为国际、国家、行业、地方或者团体标准，哪些需要申请专利，哪些需要采取商业秘密的方式进行保护，这需要在充分的企业内外部环境分析的基础上，结合企业业务战略，在创新战略的统一指引下确定。

首先，标准战略意味着共享。对企业来说，如果自身投入研发而形成技术成果，已经在标准中公开发布，那么就不能申请专利保护，也就不再是企业的技术秘密。与此同时，写入标准中的企业技术，要在更广泛的范围内公开使用、共同使用。企业可能因此获得同行或市场的认可和声誉。另外，企业也会由于市场采用了自己提出的技术路线，公开了部分技术成果，具有了一定先发优势，从而促进占领市场。

其次，专利战略意味着独占。企业研发的技术如果申请并获得专利局授权，则意味着技术成果作为专利受到法律保护，对于技术成果拥有排他的独占权利。第一，企业研发的技术成果会受到法律保护，排斥其他企业

包括竞争对手使用这一技术；第二，企业运用专利组合，构建专利保护网，会对竞争对手在该领域的技术投入起到一定的阻止和威慑作用；第三，如果将技术申请为专利，也可能会导致市场相关方避开该技术方案，转为其他的技术方案，从而减少了该领域的相关方参与。

对企业来说，这就需要统筹考虑标准、专利和商业秘密策略。企业可以在技术上采取一定的策略，将部分技术制定为标准，将其他配套技术申请专利，将关键核心技术作为商业秘密进行保护。这就需要企业统筹考虑自己的创新战略，从哪些角度制定标准，将哪些技术进行专利布局，哪些关键技术作为商业秘密进行保护。这样既用知识产权战略保护了创新成果，又通过标准化战略赢得了市场。

标准和专利战略统筹推进意味着创新的综合实力。制定标准，要赢得同行业的认同，赢得市场的认可，达成最广泛的一致。因此，标准的制定，不仅是技术工作，更多地体现在与同行业竞争对手、合作伙伴的博弈，还体现为协同创新，而且是参与市场竞争与合作的方法和手段。

【案例：苹果公司的专利战略和谷歌公司的标准化战略】

苹果公司更喜欢专利策略。在开发出第一件产品 Apple I 开启了个人电脑时代后，极具知识产权独占意识的苹果公司，断然拒绝了其他公司的许可请求。然而，紧随其后的竞争对手 IBM 开放了 IBM - PC 标准，微软在此基础上发布了 Microsoft Windows，尽管苹果的 Mac OS 比微软的 Windows 操作系统优越很多，但 Windows 加上一部兼容机的价格则比 Mac 便宜许多，兼容机被其他厂商广泛采用，后来成为行业的事实标准。可以说，在这一时期苹果的专利战略被 IBM 的开发标准战略打败了。2007 年 1 月，苹果公司正式推出 iPhone 手机。从推出革命性的产品到推动革命性的商业模式，从提供创新技术为产业界所模仿到提供创新环境为产业界所追随，苹果的知识产权经营理念已经发生了革命性的飞跃。苹果公司构建了 App Store 这样一个软件工具平台，保护苹果公司的知识产权，保护了音乐、软件的知识产权，激发了原创者的创新精神，也为苹果公司带来了巨大的盈利。苹果公司不仅仅生产手机的硬件，还开发操作系统。苹果公司的iPhone手机、iOS操作系统、iPad平板电脑、苹果电脑等都蕴含着大量的知识产权，保证了苹果公司在这一领域的垄断地位。

谷歌公司在手机领域更倾向于采取标准化策略。早在2005年，谷歌公司就启动了安卓项目。谷歌公司的安卓系统和苹果公司的iOS系统是智能手机领域的两大操作系统。由于安卓系统起步较晚，面对强大的iOS系统，谷歌公司采取了开源的方式，也可以看作是标准化战略，来促进各方共同参与安卓系统的开发和应用，营造安卓系统的生态环境。2007年11月，谷歌公司与84家硬件制造商、软件开发商和电信营运商组建开放手机联盟共同研发改良安卓系统。随后，谷歌公司以Apache开源许可证的授权方式，发布了安卓系统的源代码。第一部安卓系统智能手机发布于2008年10月。安卓系统逐渐扩展到平板电脑及其他领域，如电视、数码相机、游戏机、智能手表等。2011年第一季度，安卓系统在全球的市场份额首次超过塞班系统，跃居全球第一。

四、标准涉及专利的处置

（一）ISO/IEC/ITU的共同专利政策

2018年11月2日，由ISO、IEC和ITU共同发布的《ITU-T/ITU-R/ISO/IEC的共同专利政策实施指南》提到，国际标准化组织（ISO）、国际电工委员会（IEC）、ITU的电信标准化部（ITU-T）和无线电通信部（ITU-R）一直采取相同的知识产权政策。ISO、IEC、ITU的共同专利政策（以下简称共同专利政策），鼓励尽早披露和识别可能与标准（含ITU的建议书、ISO和IEC的交付物）有关的专利。这样做可以提高标准制定的效率，并且可以避免潜在的专利权问题。

除以上所述的参加标准化工作的组织外，没有参与标准化技术组织的任何当事人也可以提请ISO、IEC、ITU注意当事人或者任何第三方已知的任何专利。在披露专利信息时，专利持有人必须按照《ITU-T/ITU-R/ISO/IEC的共同专利政策实施指南》规定表格填写“专利声明和许可声明”。

考虑到技术专家通常不熟悉复杂的专利法问题，共同专利政策在其执行部分以核查表的形式予以表述，涵盖可能出现的三种不同情况，分别是：

（1）ITU 电信标准化局（ITU－TSB）、ITU 无线电通信局（ITU－BR）、ISO 和 IEC 的首席执行官办公室不负责提供专利或相关权利的证据、有效性或范围给出权威的或全面的信息，但希望全面披露相关信息。因此，标准化参与方应提请 ISO、IEC、ITU 相关局长当事人所知晓的相关专利信息。

（2）如果在 ISO、IEC、ITU 制定的标准中，已经披露了第（1）条中的相关专利信息，那么：

（a）专利持有人愿意与其他当事人在无歧视基础上以合理的条款和条件谈判免费专利许可事宜。此类谈判留给有关各方，并在 ITU－T、ITU－R、ISO、IEC 之外进行。

（b）专利持有人愿意在合理的条款和条件下，在非歧视的基础上与其他方谈判许可。此类谈判留给有关各方，并在 ITU－T、ITU－R、ISO、IEC 之外进行。

（c）专利持有人不愿意遵守上述的（a）和（b）条的规定；在这种情况下，ISO、IEC、ITU 的推荐书或 ISO、IEC、ITU 的标准或其他交付物中不得包含带有专利的内容。

（3）无论何种情况适用（a）、（b）、（c），专利持有人必须填写恰当的“专利声明和许可声明”表格，分别向 ITU－TSB、ITU－BR，或者向 ISO 或 IEC 的 CEO 办公室提交书面声明。这个声明不得包含超出表格相应方框中每种情况的附加条款、条件或任何其他排除条款。

（二）我国国家标准涉及专利的政策

在 2013 年年底，国家标准委和国家知识产权局联合发布了《国家标准涉及专利的管理规定（暂行）》，提出了我国国家标准中涉及专利的管理要求。首先，国家标准制定过程中鼓励披露相关专利信息。“在国家标准制修订的任何阶段，参与标准制修订的组织或者个人应当尽早向相关全国专业标准化技术委员会或者归口单位披露其拥有和知悉的必要专利，同时提供有关专利信息及相应证明材料，并对所提供证明材料的真实性负责。”

此外，国家标准在制修订过程中涉及专利的，全国专业标准化技术委员会或者归口单位应当及时要求专利权人或者专利申请人作出专利实施许可声明。如果国家标准草案中涉及专利，专利权人或者专利申请人应同意在公平、合理、无歧视基础上，免费或者收费许可任何组织或者个人在实施该国家标准时实施其专利；如果专利权人或者专利申请人不同意上述专利许可，则国家标准草案不予批准发布。另外，强制性国家标准一般不涉及专利。具体的管理规定请查阅《国家标准涉及专利的管理规定（暂行）》。

05

第五章

监督检查

本章导读

本章从企业建立标准化管理体系的角度，对企业标准化管理体系的运行效果进行检查、评审，包括在宏观层面由最高管理者组织的评审，以及在微观层面对具体标准实施效果的监督检查。

第一节　管理体系评审

企业标准化管理体系，类似于 ISO 9000 规定的质量管理体系、ISO 14000 规定的环境管理体系，也可以看作是一种类型的企业管理体系。在企业标准化运行过程中，需要定期开展内部评审或外部评审，以便及时发现运行过程中出现的各种相关问题，总结经验，确保企业标准化管理体系在正确的路线下进行。

对于企业标准化管理体系，宜定期开展由最高管理者组织的企业标准化管理体系评审。评审的内容可以包括：

（1）企业标准化方针是否恰当。

（2）企业标准化目标设置是否合理，是否完成预期任务指标。

（3）企业标准化机构和人员是否尽职尽责，工作能力是否符合标准化工作需要。

（4）企业标准化管理办法、各相关规章制度是否满足企业标准化的运行管理需要。

（5）企业标准化资源配备是否满足标准化工作需要：

1）经费是否满足标准制定和参与外部标准化的需要。

2）经费是否超出预算，标准经费的投入和产出情况如何。

3）标准信息、动态是否能满足各部门的使用需要。

4）检验检测实验室与标准制定之间是否协调、相互配合。

5）企业标准化信息管理系统运行是否正常。

6）是否建立了良好的标准化关系网络，与地方政府、供应商、客户和消费者、标准化技术机构、舆论媒体等外部关系如何。

7）其他相关配套资源是否到位等。

（6）企业标准体系是否满足业务生产和经营管理需要。

（7）企业标准在运行实施过程中存在什么问题，是否已经解决已有的问题。

（8）企业标准化取得了哪些成效，这些成效是否有数据支撑：

1）参与了哪些国际、国内的标准化技术委员会。

2）标准化专家担任了哪些技术委员会的技术职务。

3）牵头或参与制定了哪些标准。

4）哪些标准项目、部门、人员获得了国家或社会奖励。

5）举办了哪些重要的国际、国内标准化会议。

6）参与了哪些标准化培训。

7）制定的标准在哪些场合开展了应用，并取得了成效。

8）组织开展了几期标准化培训，参与培训的人数，培训是否达到预期目标。

9）组织申报了哪些相关标准化项目。

10）哪些国际或国内标准项目获得了立项，取得了新的突破。

11）取得的其他成绩。

（9）企业标准化运行过程中，有哪些新机遇或新的发展需求。

第二节　标准实施监督检查

我国标准化工作普遍存在的一个问题是，很多标准在制定之后，应用实施的效果不好，或者根本没有推广应用，标准制定和应用实施脱节，标准制定和应用实施存在两张皮的问题。根据创新的观点，如果技术成果没有产生经济价值、社会价值或其他价值，那么就不是创新。标准应用实施的效果如何，标准实施过程中是否采取了相应的监督监控措施，是否有合理的监督检查方案和计划，是本节需要探讨的内容。

一、标准实施监督和检查

（一）准备

1. 做好抽查计划

各级标准化主管部门编制标准实施监督抽查目录，确定年度抽查标准、受检单位和时间安排的文件。

2. 组成检查组

根据抽查计划要求，标准化主管部门组织成立标准实施监督抽查检查组。检查组一般为 3～5 人，设组长一名。检查组在组长的领导下开展工作。

在确定检查组的规模和组成时，应考虑以下几个方面：

（1）抽查的对象、范围、地域以及预计的检查时间。

（2）检查组成员合作的能力，以最大限度地发挥其技能。

（3）检查组有效开展检查所需的知识、能力和个人素质的综合要求。

（4）保证检查组的独立性。

（5）对检查组在检查期间所获得的任何有关文件的内容和信息以及标准实施监督抽查报告的保密要求。

3. 编制抽查方案

在建立检查组之后，应召开检查组内部会议，针对抽查标准，在学习、分析研究的基础上确定抽查方案，补充编制“检查单元标准实施监督抽查评定表”和“检查单元标准实施考核评定表”的内容，见附录 F 中的表 F-3 和表 F-4。

（1）抽查方案。

1）受检单位和时间。

2）抽查的标准。

3）考核内容。

4）考核方法。

5）判定条件。

6）满分分值。

（2）抽查标准考核内容（以抽查标准要求为主）的选定原则。

1）抽查方案中要求抽查的必检项目和技术要求。

2）抽查标准中对产品质量和 HSE 有重要影响的技术要求和指标。

3）选定的考核内容应具有现场可检测性或可查证性。

（3）考核方法遵循的原则。

1）对不同检查单元的同一考核项，考核方法应具有一致性。

2）考核方法应有助于对考核结果的判定。

抽查标准考核内容的判定条件是判定执行岗位作业的程序和结果是否达到标准相应的技术要求或指标。

在确定了抽查标准考核内容的考核方法、判定条件后，应根据考核内容的重要程度分别确定其不同满分分值。

（二）检查

1. 首次会议

检查组组长主持召开首次会议，受检单位标准化主管部门领导和相关标准化人员参加，会议包括以下主要内容：

（1）彼此介绍参会人员。

（2）检查组组长介绍抽查的依据、目的和意义，并就抽查标准、检查内容、检查方法、检查步骤、判定方法做简要说明。

（3）听取受检单位标准化工作汇报。汇报内容应包括本书第三章的内容要求，同时应提供相关的证实性材料，包括持续改进情况。

（4）受检单位标准化主管部门应向检查组提供涉及抽查标准执行的所属基层单位的全部清单。

（5）检查组同受检单位标准化主管部门协商，确定检查的日程安排、检查单元和陪检人员，提出工作要求，并就检查日程安排与受检单位的其他相关安排达成一致意见，如末次会议的时间、与受检查单位或检查单元管理者的中间会议以及任何可能的更改等。

（6）确认检查工作所需的资源。

（7）确认对有关信息的保密措施。

（8）确认是否存在检查组可能无法实现检查或检查目的的因素，以及继续实施检查或检查的措施。

2. 检查的实施

检查组按日程安排和标准实施的具体要求，对附录 F 中的表 F－2、表 F－3 和表 F－4 中的所有要素进行逐项检查和评定。

检查组的检查主要是收集信息，确保达到检查目的。信息可通过以下方式获得并予以验证：

（1）为获得具有代表性的信息，在检查期间应与受检单位或检查单元涉及的基层单位内不同层次和职能的人员进行面谈，尤其是应考虑检查那些标准执行人员。

（2）交谈的方式应与接受面谈的人员相适应，交谈应尽可能在相关工作场所进行。

（3）交谈所做的笔记应予以说明，其结果应予以归纳，所得出的任何结论应在可能的情况下与接受面谈人员进行验证。

（4）查看相关的文件和记录，例如：标准目录、标准配备与记录、培训计划与记录、检验记录、会议记录、监控方案、现有测试结果、程序文件、作业指导书、配备的标准、工艺卡等。

检查组应对检查过程中收集的信息进行验证，经验证的信息可作为检查证据。

检查过程中可能出现检查范围内的任何变更，应与受检单位或检查单元涉及的基层单位进行协商，并得到受检单位或检查单元涉及的基层单位的认可。

对未满足规定要求的不合格项应以清晰和简明的方式加以识别和记录，并得到受检单位和检查单元涉及的基层单位的理解，应与受检单位和检查单元涉及的基层单位的代表就不合格项进行讨论，以确认事实依据。双方应力求解决意见分歧，对未能达成一致的意见，应听从检查组的决定，并应予以记录。

检查组应在适当的检查阶段依据不同项目的评定方法进行打分评定，在末次会议之前，应完成汇总处理。

3. 内部评议

末次会议之前，检查组应进行内部评议，内容如下：

（1）对检查情况交换意见，并进行综合评议。

（2）对检查单元的考评情况进行汇总，分别完成附录F中的表F-2、表F-3和表F-4的填写工作。

（3）对不合格项进行评议，并开具“标准实施监督抽查整改通知单”，见附录F中的表F-5。

（4）达成一致性的监督抽查结论和综合评定结果，形成书面材料，并完成附录F中的表F-1的填写工作。

监督抽查结论应根据检查单元评定情况进行综合评定。其结论包括：

（1）综合评定的级别。

（2）标准实施中的典型做法和存在的主要问题。

（3）针对问题提出的整改意见或建议。

4. 沟通

检查组应与受检单位标准化主管领导和标准化管理部门就内部评议的结果进一步交换意见，以确保监督抽查结论得到受检单位的理解和确认。对存在的任何尚未解决的意见分歧均应予以讨论，只要有可能均应予以解决。如未能解决，双方的意见应予以记录，并作为标准实施监督抽查报告的材料之一。

5. 末次会议

由检查组组长主持末次会议，受检单位的标准化主管领导、标准化管理部门的相关标准化人员和检查单元的代表参加会议。会议包括以下主要内容：

（1）检查组组长通报检查情况和监督抽查结论。

（2）检查组组长向受检单位提出“标准实施监督抽查整改通知单”和改进建议，并明确整改时间。

（3）受检单位主管领导就检查组提出的整改意见和改进建议表态。

（三）报告

1. 报告的编制

检查组在检查结束前，应编制完成对受检单位某项标准的实施监督抽查报告。检查组组长负责组织抽查报告的编制，并对报告的准确性和完整性负责。

2. 报告的内容

抽查报告格式见附录 F，主要内容应包括：

（1）抽查标准的基本情况（见图 F－2）。

（2）受检单位的基本情况（见图 F－2）。

（3）受检单位标准实施监督抽查汇总表（见表 F－1）。

（4）受检单位标准实施监督抽查评定表（见表F-2）。

（5）检查单元标准实施监督抽查评定表（见表F-3）。

（6）检查单元标准实施考核评定表（见表F-4）。

（7）标准实施监督抽查整改通知单（见表F-5）（复印件）。

（8）其他需要说明的问题。

3. 完成

当标准实施监督抽查活动结束后，检查组应将标准实施监督抽查报告上报组织抽查单位。

二、评定

检查组的评定活动应保持独立性，并应遵循公平、公正、科学、客观的原则。

检查组在监督抽查时，一个检查单元使用一张“检查单元标准实施监督抽查评定表”和一张“检查单元标准实施考核评定表”。受检单位若有多个检查单元，检查组在监督抽查时，只对受检单位的标准化基础管理工作进行一次性考核评定打分。

对考核项中各要素的评定打分可根据实际符合程度给予不同的分值，但不得超过本标准和检查组对各项考核内容预先确定的规定分值。

监督抽查评定结果是每个受检单位实施标准的总体反映。一项标准的实施监督抽查考核评定按下列方法汇总：

（1）依据检查单元标准实施考核评定的结果（见表F-4），填写“检查单元标准实施监督抽查评定表”中“标准实施”各要素所得分值。

（2）当受检单位只有一个检查单元或受检单位就是检查单元时，按“检查单元标准实施监督抽查评定表”直接汇总到“受检单位标准实施监督抽查评定表”。

（3）当受检单位有一个以上检查单元时，按“检查单元标准实施监督抽查评定表”中各项所得的平均分值分别汇总到“受检单位标准实施监督抽查评定表”。

（4）依据受检单位标准实施监督抽查评定结果（见表F-2），按“受检单位标准实施监督抽查汇总表”要求汇总分值。

监督抽查的综合评定分为 A、B、C、D 四级，评定标准如下：

A 级：符合标准实施要求，综合考评分在 90 分以上（含 90 分）。

B 级：基本满足标准实施要求，综合考评分为 80～90 分（含 80 分）。

C 级：标准实施工作存在问题，综合考评分为 70～80 分（含 70 分）。

D 级：标准实施工作存在较大问题，综合考评分低于 70 分。

06

第六章

企业标准自我声明公开与领跑者制度

本章导读

本章从标准化改革中企业标准化角度，介绍企业标准自我声明公开与企业标准领跑者制度。内容涵盖了企业标准自我声明公开、企业标准领跑者、企业标准公共服务平台等的相关概念、背景、政策和法律依据、操作指南等。

第一节　企业标准自我声明公开

一、概述

在企业标准自我声明公开制度建立之前，我国实行的是企业标准备案管理制度。1989 年，我国颁布实施的《中华人民共和国标准化法》确立了企业产品标准备案制度，改变了计划经济体制下政府对企业标准化活动全面管制的状态，将企业产品标准变审批为备案，“企业的产品标准须报当地政府标准化行政主管部门和有关行政主管部门备案”。相对于计划经济时代的审批制度，备案制度已经朝着市场经济方向迈进了一步。但是，随着市场经济改革的不断深入，企业标准备案制度也逐渐出现了很多弊端。由于大量企业标准需要到地方质量技术监督部门备案，地方质量技术监督部门并没有审查所备案地方标准的技术实力，也没有办法投入大量的人员和精力开展企业标准技术审查，对于备案的企业标准，并不能保证存在技术问题，例如是否符合当前的强制性标准、是否存在其他问题等。此外，这还存在以下问题：备案审查界限不清，在一定程度上对企业自身事务形成干预，遏制了企业发挥市场主体作用；备案如同行政部门为企业产品标准“背书”，降低了企业的主体责任；备案标准内容不公开，社会大众难以监督。

为了进一步推进社会主义市场经济改革，使市场在资源配置中起决定性作用和更好发挥政府作用，2015 年 3 月国务院印发的《深化标准化工作改革方案》提出，“建立企业产品和服务标准自我声明公开和监督制度，逐步取消政府对企业产品标准的备案管理，落实企业标准化主体责任”。2018 年 1 月实施的《中华人民共和国标准化法》规定，“国家实行团体标准、企业标准自我声明公开和监督制度。企业应当公开其执行的强制性标准、推荐性标准、团体标准或者企业标准的编号和名称；企业执行自行制定的企业标准的，还应当公开产品、服务的功能指标和产品的性能指标。国家鼓励团体标准、企业标准通过标准信息公共服务平台向社会公开”。

通过开展企业产品和服务标准的自我声明公开，企业不需要再到标准化主管部门申请企业标准备案，可以随时随地对所执行标准的情况进行自我声明。建立企业标准自我声明公开和监督制度，对企业经济和社会发展都具有重要意义，体现在：有利于保护消费者权益，消除消费者与企业之间对产品质量信息不对称的问题；有利于推进简政放权，保障企业主体地位，落实企业主体责任；有利于政府更好地提供公共服务和事中事后监管；有利于社会监督，形成全社会质量共治机制。

二、关于执行废止标准

企业自我声明公开的执行标准已废止该怎么处理呢？

通常情况下，企业在产品上使用已废止的国家强制性标准，触犯了《标准化法》第二十七条“企业应当公开其执行的强制性标准……的编号和名称”，应按照《标准化法》第三十八条“企业未按照本法规定公开其执行的标准的，由标准化行政主管部门责令限期改正……”处理；同时触犯了《企业标准随机抽查工作指引》“检查内容和方法”中第三条第一款的“检查该国家标准是否废止”。因此，企业公开其执行的标准默认是有效的标准，如果公开的是失效的标准，可视为未有效完成公开。在实际处理中，要注意区分几种情况：

(1) 按照《强制性国家标准管理办法》(2020 年 1 月 6 日国家市场监督管理总局令第 25 号公布) 的规定，“强制性国家标准发布后实施前，企业可以选择执行原强制性国家标准或者新强制性国家标准”。因此，两个标准均视为有效标准，企业可以选择自我声明公开任意一个。在过渡期结束后，企业只能选择公开新强制性国家标准。

(2) 如果在企业进行自我声明公开时，该强制性标准尚未废止，在监督检查时，该强制性标准已经废止而企业尚未修订原标准，此时，一是要结合该强制性标准发布时是否设置有过渡期来考虑，二是与公开方式也有一定关系（通过企标平台公开还是通过产品外包装公开）。可参考专利过期的相关做法：1) 专利权终止前依法在专利产品、依照专利方法直接获得的产品或者其包装上标注专利标识，在专利权终止后许诺销售、销售该产品的，不属于假冒专利行为。2) 专利权终止后，继续在其生产的产品包装及产品说明书等物品上，标注已失效的发明专利号，属于《中华人民共和国专利法实施细则》规定的假冒专利行为。

（3）如果产品执行的是被代替的国家标准（未被明确废止的），则不适用。

（4）如果产品执行标准中引用了被废止的国家标准，则具体仍需分情况考虑，结合所引用条款的具体技术指标来判断：1）如果技术指标低于新强制性国家标准的要求，按“检查内容和方法”中第一条处理。2）如果技术指标低于新推荐性国家标准的要求，按“检查内容和方法”中第二条处理。

（5）如果产品标准中引用的是被代替的国家标准（未被明确废止的），则不适用。

三、未依照标准化法公开标准的情形

《标准化法》第三十八条规定，“企业未依照本法公开其执行的标准的，由标准化行政主管部门责令限期改正；逾期不改正的，在标准信息公共服务平台上公示”。一般包括以下几种情形：

（1）无标生产。按照《标准化法》第二十七条的规定，“企业应当按照标准组织生产经营活动”，当企业生产经营活动无执行标准时，自然无法公开，则需按照第三十八条的规定开展整改。实际操作中应该注意，不能简单地将“市场经营主体未向社会公开标准”情形直接判定为“无标生产”。理由：一是“市场经营主体”的概念不等同于“企业”的概念；二是“在一定范围内知悉”和“向社会公开”的区别，如果企业是按照合同订单生产，需要执行的是订单中规定的质量要求，该技术要求只对合同双方具有约束力，也不需要“向社会公开”；三是该条中的“企业”指内资和外资企业，不包括国外企业。

（2）未在公开渠道公开。企业虽然在生产经营活动中有执行标准，但并未在标准信息公共服务平台或通过其他具有公信力的渠道公开。实际操作中应该注意，企业已在产品包装或者产品和服务的说明书上明示其执行的标准的，视为已履行自我声明公开义务；按照指令性文件的要求在指定平台进行公开的，视为已履行自我声明公开义务，如《市场监管总局关于进一步优化国家企业信用信息公示系统的通知》（国市监信〔2019〕142号））、《上海市企业产品标准和自我声明公开和监督管理办法》（沪市监规范〔2019〕15号）等。

（3）公开的标准类型不符合法的要求。实际操作中应该注意，如果企业公开的执行标准是地方标准、团体标准或企业标准类别的，还需要补充判断该执行标准的适用范围是否覆盖该企业。一般来讲，地方标准在发布地适用，团体标准在发布团体内适用，企业标准在发布企业内适用，但是标准中专门对适用范围进行特别说明的情形例外。

（4）公开的标准信息不符合法的要求。企业执行强制性标准、推荐性标准、团体标准的，未公开标准编号和名称；企业执行自行制定的企业标准的，未公开标准编号和名称以及产品、服务的功能指标和产品的性能指标。实际操作中应该注意对指标公布不全的判定和处理。有观点认为，从法的逻辑解释角度，公开不全应当视为未完成公开，以避免企业仅公开一两个无关紧要指标逃避检查的情形。该观点认为，某类产品公开的指标至少应包括该产品所适用强制性国家标准中规定的功能指标和性能指标，鼓励包括该产品所适用推荐性标准中规定的功能和性能指标（具体某类产品该适用哪些标准，可参考最新版的《×××产品质量国家监督抽查实施细则》）。至于企业的管理标准、工作标准、生产工艺、配方、流程等可能含有企业技术秘密和商业秘密的内容可不公开。

（5）公开的标准编号和名称违反一致性原则。企业执行强制性标准、推荐性标准、团体标准的，公开的标准编号和名称与标准信息公共服务平台查询信息不一致；企业执行自行制定的企业标准的，公开的标准编号和名称与企业上传标准文本中的编号和名称不一致。

（6）公开的标准已被废止或事实上不存在。企业执行已废止的强制性标准、推荐性标准、团体标准或者企业标准。由于已废止的标准已失去有效性，因而企业将无效标准进行公开的行为本身即可视为公开行为无效，属于“企业未依照本法公开其执行的标准”的情形。同理，事实上不存在的标准也无有效性可言，企业将不存在的标准进行公开的行为本身也可视为公开行为无效，同样属于“企业未依照本法公开其执行的标准”的情形。实际操作中应该注意，如果企业随便找了一个事实上存在且有效的标准进行公开，而实际生产的产品并未真正执行该标准，则不宜用《标准化法》第三十八条进行处理。此类情形的处理应适用《标准化法》第三十六条、《产品质量法》第五十条等。

另外需要注意的是，在实际操作中，企业可能同时符合以上多种情形。例如，企业因为无标生产面临检查时，随便编造一个不存在的标准代号，则可能同时符合情形（1）和（6），检查机构会按照“想象竞合”的原则合并处理。

四、关于单个产品标注多个执行标准

《中华人民共和国标准化法实施条例》第二十四条规定，“企业生产执行国家标准、行业标准、地方标准或企业标准，应当在产品或其说明书、包装物上标注所执行标准的代号、编号、名称”。在该条中并未限定所标注标准的具体个数，可视情况处理：

（1）组合类产品，可以标注多个执行标准，如方便面等。

（2）单独一个物品的，不建议标注多个执行标准。当同一个产品有多个产品标准可选时，可优先选用上级标准，或者根据产品的主要特性来选择，同时还要注意产品的质量必须满足所选用的产品标准的判定指标要求。

（3）如果企业标注多个标准且均对应该产品，可以认为是增加了自身的承诺义务，而非侵权行为，按照“法无禁止皆可为”的原则，可以向其提出行政指导建议，不宜直接处罚。

（4）法律法规或强制性标准对某类产品的标识内容有明确规定的，从其规定。

【案例：企业标注执行标准存在瑕疵】

2015 年，刘凯在北京某商场购买枸杞蜜等产品。产品标签处注明：等级一级品，执行标准 GB 14963—2011。刘凯发现上述商品标注的执行标准 GB 14963—2011 中无一级品等级，向北京市朝阳区食品药品监督管理局进行了举报，随后诉至法院。北京市朝阳区人民法院于 2015 年 9 月作出民事判决，后原告提起上诉，北京市第三中级人民法院于2015年12月31日作出民事判决。法院生效裁判的理由包括，中华全国供销合作总社发布的GH/T 18796—2012《蜂蜜》属于行业标准，其关于蜂蜜等级的区分，系在国家标准未规定的基础上，在行业内提出了更严格的等级区分要求，符合《食品安全法》的相关规定以及提高食品安全标准的宗旨，也有利于消费者对食品等级作出判断，涉案产品仅标注了执行国家标准，未明确标注其选择适用的行业标准，属于标签瑕疵，因标签存在瑕疵，物美公司、物美惠新西街店应接受刘凯退货并退还相应货款。

注意：本案例发生在2018年修订的《食品安全法》发布前，其中有些涉及标准的论述现在已不再适用，但其中关于标签标注的说法值得借鉴。

五、企业产品不符合自我声明公开的处理

当企业生产的产品不符合其自我声明公开的标准时，视具体情节需要承担民事责任、行政责任甚至刑事责任，涉及的法律法规规章和规范性文件中的相关规定有：

（1）《产品质量法》第四十条规定，“售出的产品有下列情形之一的，销售者应当负责修理、更换、退货；给购买产品的消费者造成损失的，销售者应当赔偿损失”。其中第二款的规定是“不符合在产品或者其包装上注明采用的产品标准的”。本条规定了企业应该承担的民事责任，具体包括了修理、更换、退货和赔偿。

（2）《标准化法》第二十七条规定，“企业应当按照标准组织生产经营活动，其生产的产品、提供的服务应当符合企业公开标准的技术要求”。本条明确了企业不能“无标生产”，这里的标准可以是强制性标准、推荐性标准、团体标准或企业标准。

（3）《标准化法》第三十六条规定，“企业生产的产品、提供的服务不符合其公开标准的技术要求的，依法承担民事责任”。本条规定了企业应该承担的民事责任，范围包括“生产的产品”和“提供的服务”，与现行的《产品质量法》相比有所扩大。

（4）《产品质量法》第五十条规定，“在产品中掺杂、掺假，以假充真，以次充好，或者以不合格产品冒充合格产品的，责令停止生产、销

售，没收违法生产、销售的产品，并处违法生产、销售产品货值金额百分之五十以上三倍以下的罚款；有违法所得的，并处没收违法所得；情节严重的，吊销营业执照；构成犯罪的，依法追究刑事责任”。本条所指的不合格品，不仅包括“不符合保障人体健康、财产安全的国家标准、行业标准的产品”，还包括“不符合标明采用的国家推荐性标准、企业标准、地方标准等的产品”。本条规定了企业应该承担的行政责任和刑事责任。需要注意的是：本条中强调的“冒充”要求具备主观要件，即“明知故犯”。

（5）中共中央办公厅、国务院办公厅印发的《关于深化市场监管综合行政执法改革的指导意见》（中办发〔2018〕62号）要求，“严格执法标准，对达不到产品与服务标准自我声明内容的企业予以通报等相应处罚，并计入企业诚信档案”。本条规定了企业的行政责任，要予以通报等处罚，并计入企业诚信档案。

（6）各地根据实际情况出台的一些地方规定。例如，《上海市企业产品标准自我声明公开和监督管理办法》（沪市监规范〔2019〕15号）第十六条规定，“各级标准化行政主管部门或法律法规授权的机构应将企业产品标准自我声明公开纳入企业质量诚信管理体系。经核实企业未履行自我声明承诺或自我声明公开与实际不符的，纳入企业失信记录，并向社会公布”。《江苏省标准监督管理办法》（2019年3月1日起施行，江苏省人民政府令第124号）第四十条规定，“企业未按照其公开标准的技术要求组织生产、提供服务的，由县级以上地方人民政府标准化行政主管部门或者有关行政主管部门责令改正，并相应增加监督检查频次”。

六、企业标准自我声明公开与企业知识产权

企业标准自我声明公开制度不会影响企业的知识产权和商业秘密或加重企业负担。

第一，企业产品标准公开内容属于企业对产品的最终性状描述，一般包括产品的功能和性能描述，以及与技术指标相对应的检验方法，这些内容是企业对其产品消费者的质量承诺，不包括产品的生产工艺、配方和工艺流程等可能含有企业技术秘密和商业秘密的内容。企业标准一般包括企业产品和服务标准，工艺、工装、半成品和方法标准，生产经营活动中的

管理标准和工作标准，不是所有的企业标准都应当声明公开。企业应当声明公开的是企业标准中的产品和服务标准，可以不公开生产工艺、配方、流程等可能含有企业技术秘密和商业秘密的内容。

第二，企业对于产品标准公开内容有自主权，在符合国家法律法规的前提下，企业可以根据所处地区市场需求、行业竞争态势、企业自身市场策略来自主确定公开哪些具体内容，完全可以避免因开展企业标准自我声明公开可能造成企业秘密泄露的风险。

第三，国外普遍实施企业产品标准自我声明公开制度，如美国实施的“供方符合性声明”、欧盟实施的“符合性声明”、日本实施的“自我宣言”等。

第四，企业在平台上公开标准信息，不会增加企业负担。一是相比原来的备案制度节省大量时间。原来企业一般需要 2 周左右的时间才能完成备案，现在在平台上公开一个标准信息的时间不超过十分钟。二是企业不需要承担费用。三是企业可以随时随地公开标准信息，不必到有关部门办理。四是对执行国家标准、行业标准、地方标准、团体标准的，仅要求公开执行标准的名称和编号。

目前，从已经自我声明公开的企业反馈来看，公开的做法相较以前的备案，较大程度地减轻了企业负担，受到企业欢迎。

七、企业标准“双随机、一公开”

“双随机、一公开”对企业标准监督检查的政策依据及免责情形：

(1)《优化营商环境条例》(国令第 722 号) 要求，除直接涉及公共安全和人民群众生命健康等特殊行业、重点领域外，都要实行“双随机、一公开”监管。

(2)《中共中央 国务院关于营造更好发展环境支持民营企业改革发展的意见》(2019 年 12 月) 要求，深入推进部门联合“双随机、一公开”监管，推行信用监管和“互联网+监管”改革。

(3)《国务院关于在市场监管领域全面推行部门联合“双随机、一公开”监管的意见》(国发〔2019〕5 号) 要求，将“‘双随机、一公开’作为市场监管的基本手段和方式，除特殊重点领域外，原则上所有行政检查都应通过双随机抽查的方式进行，取代日常监管原有的巡查制和随意检查，形成常态化管理机制”。该《意见》明确了“尽职照单免责、失职照单问责”的责任原则，要求“对严格依据抽查事项清单和相关工作要求开展‘双随机、一公开’监管，市场主体出现问题的，应结合执法检查人员工作态度、工作程序方法、客观条件等进行综合分析，该免责的依法依规免予追究相关责任。各地区、各有关部门可以根据实际，细化追责免责相关办法，明确政策标准和评判界线，既严格问责追责，又有效保护基层执法检查人员担当作为、干事创业的积极性”。

（4）《国务院关于加强和规范事中事后监管的指导意见》（国发〔2019〕18号）要求，全面实施“双随机、一公开”监管。在市场监管领域全面实行随机抽取检查对象、随机选派执法检查人员、抽查情况及查处结果及时向社会公开，除特殊行业、重点领域外，原则上所有日常涉企行政检查都应通过“双随机、一公开”的方式进行。该《意见》明确要求“健全尽职免责、失职问责办法”，提出“加快完善各监管执法领域尽职免责办法，明确履职标准和评判界线，对严格依据法律法规履行监管职责、监管对象出现问题的，应结合动机态度、客观条件、程序方法、性质程度、后果影响以及挽回损失等情况进行综合分析，符合条件的要予以免责”。

（5）在第十三届全国人民代表大会第二次会议（2019年3月）上，李克强总理所做的国务院政府工作报告中要求，推进“双随机、一公开”跨部门联合监管，推行信用监管和“互联网＋监管”改革，优化市场监管等执法方式。随后《国务院关于落实〈政府工作报告〉重点工作部门分工的意见》国发〔2019〕8号）强调，市场监管总局牵头推进“双随机、一公开”跨部门联合监管。

（6）在国务院召开的全国深化“放管服”改革优化营商环境电视电话会议（2019年6月）上，李克强总理强调推进“双随机、一公开”监管和信用监管、重点监管等结合。随后，国务院办公厅印发《全国深化“放管服”改革优化营商环境电视电话会议重点任务分工方案》（2019年8月），要求“2019年底前市场监管部门完成双随机抽查全流程整合，实现双随机抽查覆盖企业比例达5％。2020年底前在市场监管领域实现相关部门‘双随机、一公开’监管全覆盖”。

（7）中共中央办公厅、国务院办公厅印发《关于深化市场监管综合行政执法改革的指导意见》（中办发〔2018〕62号），要求健全以“双随机、一公开”为基本手段、以重点监管为补充、以信用监管为基础的新型监管机制。

（8）市场监管总局印发《关于全面推进“双随机、一公开”监管工作的通知》（国市监信〔2019〕38号），将企业标准自我声明监督检查纳入总局“双随机、一公开”监管的抽查事项清单（第一版），这也是标准化工作首次列入“双随机、一公开”监管事项。该《通知》提出“要坚持‘尽职照单免责，失职照单问责’原则，各级市场监管部门执法检查人员凡严格依据抽查事项清单和相关工作制度开展‘双随机、一公开’监管，检查对象未被抽到或抽到时未查出问题，只要执法检查人员不存在滥用职权、徇私舞弊等情形的，免予追究相关责任”。《通知》还进一步明确了“免责情形”的具体范围，“各级市场监管部门及其执法检查人员在‘双随机、一公开’监管中存在下列情形之一、相关市场主体出现问题的，可以免除行政责任：按照法律法规规章规定和抽查工作计划安排，已履行抽查检查职责的；因现有专业技术手段限制不能发现所存在问题的；检查对象发生事故，性质上与执法检查人员的抽查检查不存在因果关系的；因被委托进行检查的专业机构出具虚假报告等，导致错误判定或者处理的；其他依法依规不应当追究责任的”。

（9）国家标准化管理委员会印发《2019年全国标准化工作要点》（国标委发〔2019〕5号）中要求，积极采用“双随机、一公开”方式，开展企业标准的事中事后监管，加大对违法违规企业标准的查处力度。

（10）《市场监管总局办公厅关于印发团体标准、企业标准随机抽查工作指引的通知》（市监标创函〔2019〕1104号）中的《企业标准随机抽查工作指引》，包括检查事项、检查内容和方法、检查依据和工作建议四部分。指引规定的检查事项包括强制性国家标准的符合性、标准的技术先进性和经济合理性、标准编号和名称的规范性、标准功能指标和性能指标的完整性四个方面；针对四方面抽查事项，指引分别给出了检查内容和检查方法、依据的《中华人民共和国标准化法》中的具体条款，同时指引还规定了“双随机、一公开”监管工作的基本流程、检查方式及要求等。《企业标准随机抽查工作指引》为开展企业标准“双随机、一公开”监管提供了框架指南，是地方政府开展企业标准“双随机、一公开”监管工作的基本遵循。

(11) 各地根据市场监管总局开展“双随机、一公开”监管工作的总体部署和指引的要求，结合各地实际，丰富细化检查内容，建立免责问责清单，编制检查要求等文件，陆续开展了包括企业标准等在内的检查工作并取得显著成效。例如，山东省“双随机、一公开”监管工作同时做到了省政府发文、常务副省长牵头、省政府建立免责问责清单、全省统一工作平台、省市县三级全覆盖；《上海市市场监管局随机抽查事项清单（第一版）》包括 27 类 79 项，在市场类标准监督检查中创新性地增加了商品条码有效性监督检查；山东省市场监管局在市场自主制定类标准的监管过程中编制了《企业和团体标准监督抽查工作流程》工作标准。

八、企业标准信息公共服务平台注册与信息更新

（一）注册

企业可以按照以下步骤操作，在企业标准信息公共服务平台开展注册工作。

第一步，进入平台首页（http://www.qybz.org.cn）。单击“企业登录入口”，选择企业对应的行政区划。单击“新用户注册”，填入企业在工商行政管理部门注册时填写的 5 项基本信息：统一社会信用代码、机构名称（企业名称）、法定代表人、法定代表人证件号（注：外籍人士及港澳台法人代表填写工商局注册时填写的证件号）、注册地址（住所），然后单击“验证”。

第二步，验证通过后，填入注册信息。必填信息：用户名（用户名默认是统一社会信用代码）、密码、确认密码、联系人姓名、所属市监局（根据营业执照登记的住所/经营场所选择所属市场监管局）。选填信息：联系人身份证号码、固话、邮箱、传真、营业执照（原件）照片。单击“下一步”。

第三步，填写需要绑定的手机号码（用于登录时接收动态验证码）。

单击“发送验证码”，输入动态验证码，单击“确定”，即可注册成功。

需要注意的是：验证企业5项基本信息时，若显示某项信息不一致，无法完成注册。

（二）信息更新

（1）使用注册后的用户名和密码登录企业标准信息公共服务平台，单击下方“企业基本信息更新服务”进行企业信息更新。

（2）填写8项信息：统一社会信用代码、机构名称（企业名称）、法定代表人、法定代表人证件号、住所（注册地址）、联系方式、联系人姓名、联系人身份证号。

（3）上传3张图片：营业执照（原件）照片、法人证件（有证件号码那面）照片、联系人证件（有证件号码那面）照片。

（4）选择所属市监局：根据营业执照登记的住所（经营场所）选择所属市场监管局，单击“提交”。

（5）提交成功后，由平台人工审核，审核会在3个工作日内完成。审核通过后，须再次进行新用户注册。

九、在企业标准信息公共服务平台上公开执行标准

《标准化法》第二十七条规定，“企业应当公开其执行的强制性标准、推荐性标准、团体标准或者企业标准的编号和名称；企业执行自行制定的企业标准的，还应当公开产品、服务的功能指标和产品的性能指标”。企业可以根据所执行标准的类型，参考选用以下方式在企业标准信息公共服务平台上进行填报，完成公开。

（一）企业执行国家标准

1. 操作

（1）企业用户登录成功后，单击“企业标准公开”。

（2）切换单击“国家标准”选项，单击“标准名称的选择”，进入查询界面。

（3）通过标准名称或标准编号（输入标准编号主体数字，如GB/T 1234—2019，只需要在标准编号输入框中输入1234），单击“查询”。

（4）根据查询出来的结果，选择需要公开的标准，勾选左侧正方形选框，选中相应标准，单击“确定”，标准名称和标准编号即可显示在国家标准公开界面的输入框中。

（5）添加完标准编号和标准名称后，需填写执行该标准的产品信息，单击“增加产品”，填写产品的基本信息，红色星号项为必填项：产品名称、产品型号、产品分类（产品分类需从下拉框中选择选项，不能直接输入），填写完成后，单击“下一步”。

（6）进入选填信息界面，非红色星号项为选填项：产品规格、产品条码、产品通用名，单击“确定”，产品信息即填写完成。

（7）如果有多个产品，请继续增加产品。

（8）标准编号、标准名称、产品信息都填写完成后，单击“提交”即完成国家标准的公开。

（9）标准公开成功后，即可在标准已公开列表中查看，标准公开状态显示为“现行有效”。

2. 注意事项

（1）国家标准不能手动录入，不需要上传标准文本。

（2）如果通过国家标准编号（例如输入 GB/T 1234—2019 标准编号主体数字 1234）没有查询到想要公开的国家标准，无法完成国家标准公开，可联系平台客服帮忙解决。

（二）企业执行行业标准、地方标准、团体标准

（1）企业用户登录成功后，单击“企业标准公开”。

（2）切换单击“行业标准/地方标准/团体标准”选项，单击“标准名称的选择”，进入查询界面。

（3）通过标准名称或标准编号（输入标准编号主体数字，如 SB/T 1234—2019，只需要在标准编号输入框中输入 1234），单击“查询”。

（4）根据查询出来的结果，选择需要公开的标准，勾选左侧正方形选框，选中相应标准，单击“确定”。

（5）标准名称和标准编号即可显示在行业标准/地方标准/团体标准公开界面的输入框中。

(6) 若查询不到所需要的行业标准/地方标准/团体标准，可以单击选择标准界面左上角手动输入选项，手动输入需要的行业标准/地方标准/团体标准的标准编号和标准名称，单击“确定”，即可添加成功。

通过手动输入的行业标准/地方标准/团体标准，还需要上传对应的PDF标准文本。

(7) 添加完标准编号和标准名称后，需填写执行该标准的产品信息。单击“增加产品”，填写产品的基本信息，红色星号项为必填项：产品名称、产品型号产品分类（产品分类需从下拉框中选择选项，不能直接输入），填写完成后，单击“下一步”。

(8) 进入选填信息界面，非红色星号项为选填项：产品规格、产品条码、产品通用名，单击“确定”，产品信息即填写完成。

(9) 如有多个产品，请继续增加产品。

(10) 标准编号、标准名称、产品信息都填写完成后，单击“提交”即可完成国家标准的公示。

(11) 标准公开成功后，即可在标准已公开列表中查看，标准公开状态显示为“现行有效”。

(三) 企业自行制定企业标准

1. 基本操作

(1) 企业用户登录成功后，单击“企业标准公开”。

(2) 切换单击“企业标准”，填写标准名称（企业标准的标准名称一般为产品名称）、标准编号企业自拟，可通过建议样例（Q/行政区划编码＋企业名称首字母＋企业内部编号—年代号）提示编写，年代号不需要在输入框中填写，年代号在后面下拉框选择。

(3) 填写完企业标准编号和企业标准名称后，需填写执行该标准的产品信息。单击“增加产品”，填写产品的基本信息，红色星号项为必填项：产品名称、产品型号产品分类（产品分类需从下拉框中选择选项，不能直接输入），填写完成后，单击“下一步”。

(4) 进入选填信息界面，非红色星号项为选填项：产品规格、产品条码、产品通用名，单击“确定”，产品信息即填写完成。

（5）如有多个产品，请继续增加产品。

2. 上传 PDF 标准文本

产品信息都填写完成后，还需要上传企业标准对应的 PDF 标准文本。执行如下操作：

（1）单击“浏览”选择文件后，单击“提交”。

（2）进入企业声明与承诺界面，阅读并勾选企业声明与承诺，单击“确定”。

（3）进入预览界面，预览时可以看到自动生成的二维码和水印，预览界面的水印时间是×××，公示成功后才会显示具体时间。

（4）预览无误后，若无需要修改信息，单击“继续提交”，标准即为公开成功。

（5）标准公开成功后，即可在标准已公开列表中查看，标准公开状态显示为现行有效。

（6）修订企业标准后可删除之前的文本，重新上传新的文本。

（7）可以改动标准名称、标准编号、产品信息等，修订完成后，勾选自我承诺声明，单击“提交”。

（8）预览无误后单击“继续提交”。

（9）再次单击“管理已公开标准”，查看修订状态，会产生一条状态为“现行有效”的标准，原来的标准状态显示为“企业自行废止”。

十、声明公开的企业标准查询

用户可以通过访问企业标准信息公共服务平台，查询已声明公开的企业标准。

（1）可通过首页上的搜索栏进行查询。

（2）输入标准名称、标准编号、企业名称、统一社会信用代码、地区名称并选择标准状态进行符合条件查询。标准编号输入需注意空格。

需要注意的是，企业标准信息公共服务平台上线以来，在为公众获取企业标准信息提供方便的同时，也出现了数据被恶意爬取等问题，造成平台访问缓慢，严重影响了企业正常开展标准声明公开和用户的正常访问查询。为保障平台的正常使用和公众常规查询的需求，企业可参照一般公共服务平台的处理模式，在满足公众购买商品后在平台进行精准查询需求的前提下，对互联网用户的查询结果展示进行数量限制，以保证系统稳定运行和提供正常服务。

十一、整改措施

企业应该怎样进行整改呢？

当企业发生《标准化法》第三十八条、第三十九条第二款、第四十二条等规定的情形时，会由标准化行政主管部门责令限期改正。企业在企业标准信息公共服务平台上需要执行以下操作：

（1）企业用户登录企业账号，在“消息”功能栏中查看是否有责令改正的通知。

（2）单击“消息”后，可查看责令改正的具体情况、要求，并下载相关文件。

（3）根据评价报告和改正通知书的要求，进行整改。

（一）企业信息需要整改

（1）如果更换企业名称、法人、注册地址等，登录企业账号，在用户管理中可以对企业的信息进行修改（如企业名称、法人、注册地址等）。

（2）企业信息修改成功后，还需要对已经公开的企业标准及对应标准文本进行修订，以更新企业信息。如果是国家标准、行业标准、地方标准、团体标准则不能修订，需要废止后重新公开。

（3）企业标准修订提交成功后，在企业标准公开列表中，会显示两条记录，一条是企业自行废止（显示原企业信息），另一条是现行有效状态（显示最新的企业信息）。

（二）标准信息需要整改

企业标准信息公共服务平台不支持国家标准、地方标准、行业标准、团体标准在线修订，如需修改，可以废止后，重新公开。

企业标准信息公共服务平台支持企业标准在线修订，执行操作如下：

（1）单击“企业标准公开列表”，勾选需要修订的标准，单击“修订”按钮。

（2）企业标准修订时可以修改：标准名称、标准编号主体和年代号。

（3）已添加的产品可以复制或删除，也可以单击“增加产品”进行新增。

（4）PDF 文件内容需要在本地电脑先修改好新的标准文本，然后重新上传新文件。

（5）企业标准修订提交后，修订之前的企业标准版本状态显示为“企业自行废止”。

（6）修订后的新版本状态显示为“现行有效”。

（三）产品信息需要整改

（1）单击“企业标准公开列表”。

（2）勾选需要整改的标准。

（3）单击“关联产品”，可对该标准关联的产品进行删除，重新添加产品信息。

第二节　企业标准领跑者制度

根据《市场监管总局等八部门关于实施企业标准“领跑者”制度的意见》（国市监标准〔2018〕84 号），企业标准“领跑者”是指产品或服务标准的核心指标处于领先水平的企业。一个企业要成为“领跑者”，一是标准的核心指标要处于领先水平，应严于国家标准和行业标准；二是要有执行该标准的产品和服务，所涉及的产品型号应为量产的定型产品，所涉及的服务应为广泛提供的服务。在企业标准“领跑者”榜单公示或发布时，除企业信息外，还应同时公布标准信息和产品（服务）型号，即一般所说的“领跑者”标准和“领跑者”产品（服务）。领跑者评估机制的核心就是合理确定领跑者标准的核心指标；“生产看领跑，消费选领跑”中的领跑即指符合领跑者标准的产品（服务）。

一、实施企业标准“领跑者”制度的政策依据

2016 年 8 月，质检总局、国家标准委、工业和信息化部印发《装备制

造业标准化和质量提升规划》（国质检标联〔2016〕396 号），明确提出“推行企业标准主要技术指标‘领跑者’制度试点，形成标准竞争机制”。

2016 年 8 月，李克强总理主持召开国务院常务会议，强调“建立企业标准领跑者制度，支持社会团体、企业发展优于国家和行业的标准”。

2016 年 9 月，国务院办公厅印发《消费品标准和质量提升规划（2016—2020 年）》（国办发〔2016〕68 号），要求“建立企业标准领跑者制度，引导消费者更多选择标准领跑者产品”。

2017 年 9 月，中共中央、国务院印发《关于开展质量提升行动的指导意见》（中发〔2017〕24 号），明确提出“实施企业标准领跑者制度”。

2018 年 7 月，《市场监管总局等八部门关于实施企业标准“领跑者”制度的意见》（国市监标准〔2018〕84 号）明确了企业标准“领跑者”制度的指导思想、基本原则、主要目标、主要任务和政策措施。

2018 年 9 月，中共中央、国务院印发《关于推动高质量发展的意见》（中发〔2018〕40 号），提出“推行企业标准领跑者制度”。

2019 年 2 月，国家标准化管理委员会印发《2019 年全国标准化工作要点》，工作要点第 21 条提出要“推出 2019 年度企业标准‘领跑者’”。

2019 年 4 月，经国务院同意，国家市场监督管理总局印发《贯彻实施〈深化标准化工作改革方案〉重点任务分工（2019—2020 年）》，文件指出，“加快实施企业标准‘领跑者’制度……强化标准引领，营造‘生产看领跑，消费选领跑’的氛围。”

2020 年 3 月，《2020 年全国标准化工作要点》提出，“开展 2020 年度企业标准‘领跑者’活动”。

需要注意的是，除消费品、装备制造业等工业领域外，服务业、农业等领域的行业主管部门也行动起来，支持开展企业标准“领跑者”活动。例如，2019 年 6 月，在 2019 年度金融领域企业标准“领跑者”启动会上，中国人民银行副行长范一飞表示，在金融领域开展企业标准“领跑者”活动，有助于深化金融供给侧结构性改革，增强金融服务实体经济的能力；2020 年 2 月，农业农村部制定并印发了《2020 年农产品质量安全工作要点》，提出“开展标准进村入户活动，推动新型经营主体按标生产，培育企业标准‘领跑者’”。

二、成为企业标准“领跑者”的优势

对企业来说，积极参与企业标准“领跑者”创建活动，成为企业标准领跑者，具有以下优势：

（1）有利于企业打造品牌，提高优秀产品和服务市场认知度与占有率。

（2）企业标准“领跑者”作为行业标杆，通过营造“生产看领跑、消费选领跑”的氛围，为普通企业质量和技术提升指明方向。

（3）有利于推动企业信用制度和市场信息公开机制建设，优化营商和市场竞争环境，减少劣币驱逐良币情况的发生。

（4）《“十三五”现代金融体系规划》要求，引导银行构建质量增信融资体系，将标准水平等要素纳入企业信用评价指标和贷款发放参考因素。

（5）各地围绕企业标准“领跑者”纷纷出台了各项优惠政策。截至2019年12月底，已有21个省市公布了针对领跑者的优惠政策，包括北京、江苏、山西、陕西等省市的政府优先采购、金融支持政策，济南、合肥、郑州、太原等地方的财政资金奖励政策等。

（6）在标准创新贡献奖和各级政府质量奖评选、品牌价值评价等工作中，企业标准“领跑者”评估结果正在逐步得到采信和应用，未来在税收优惠等财税政策方面也有较好的应用前景。

三、企业标准“领跑者”的特点

（一）指标更全面

与能效、水效、环保“领跑者”相比，企业标准“领跑者”评估更注重综合指标的比对。相较于单一指标，综合指标能更准确地反映产品整体质量水平的高低，避免出现企业为追求上榜而过分拔高某一单一指标，从而影响产品的整体性能，最终损害消费者的利益。此外，将若干单一指标进行加权计算后得到的综合指标存在计算方法主观随意性较大、缺乏科学性和稳定性的问题，单一指标的排名更加客观真实，在信息透明的情况下，消费者完全可以根据自己的偏好进行选择。所以，采用综合指标进行比对时，评价方案就尤显重要，必须要经过科学的论证。

（二）落脚点不同

能效、水效和环保“领跑者”都是对产品开展评估，企业标准“领跑者”的评估对象则是产品和服务所对应的执行标准。

（三）领域更广泛

能效、水效和环保“领跑者”主要涵盖工业产品，而企业标准“领跑者”活动不但在消费品领域、装备制造领域、生产性服务业（如金融服务）和生活性服务业（如汽车救援服务）领域已经被纳入，而且在农业领域也已经被农业农村部纳入 2020 年的相关工作中。

（四）市场来主导

能效、水效和环保“领跑者”制度都是政府主导的，工作名单由政府发布。企业标准“领跑者”工作，政府部门不直接参与，而是对“领跑者”评估结果进行采信和监督。企业标准“领跑者”年度重点领域由政府发布，评估形成的企业标准“领跑者”由第三方评估机构发布，并由工作机构汇总公开。

四、申请企业标准“领跑者”的流程

（一）开展标准自我声明公开

要成为企业标准“领跑者”，企业只需要做两件事：第一，应开展标准自我声明公开。企业需在企业标准信息公共服务平台上自我声明公开执行的企业标准，确保公开标准的合法合规性，以及标准的实际实施可行性。第二，不断加快企业技术升级，提高标准技术水平。需要注意的是，企业在平台上所公开标准的技术指标应高于国家标准和行业标准，才有可能成为“领跑者”标准；除在平台上公开标准外，企业不需要向任何机构提交成为企业标准“领跑者”的申请材料。

（二）提供证明资料

入围“领跑者”榜单的企业，在公示前，需向评估机构提供企业标准中所涉及的产品或服务的检测报告、质量承诺书、企业信用承诺书及其他证明材料。需要注意的是，如果企业提供虚假材料，一旦查出，不仅取消“领跑者”评选资格，其行为还将被记入企业信用记录。根据《市场监管总局等八部门关于实施企业标准“领跑者”制度的意见》（国市监标准〔2018〕84号）要求，“开展企业标准‘领跑者’评估，不得向企业收取费用”。

（三）评估机构审批发布

企业标准“领跑者”名单由评估机构发布，由工作机构汇总后，在企业标准领跑者统一信息平台（http://www.cpbz360.org）公开，其产生过程可以分为确定重点领域、确定评估方案和评估机构、发布企业标准排行榜、形成企业标准“领跑者”名单等几个步骤。具体的评选工作流程如图6-1所示。需要注意的是，企业标准“领跑者”称号并不是“一劳永逸”的。企业标准“领跑者”评估周期原则上为一年，获得“企业标准‘领跑者’称号”的企业，一年内可以使用该称号。如一年内，已获得称号的企业出现任何自愿退出、违法违规、产品或服务标准不再处于领先地位的情况，工作机构有权要求评估机构撤销其“领跑者”称号。

五、企业标准“领跑者”的评估步骤

评估机构一般按以下两个步骤开展评估工作：

（一）标准筛选

评估机构对企业标准信息公共服务平台上自我声明公开的企业标准做初步筛选，确保企业标准符合相关法律、法规和强制性标准，标准文本编写规范，指标水平不低于现有相关国家标准和行业标准的技术要求，并在市场上有对应的产品型号或服务类别，以确保类别准确、标准合法合规及标准的实际实施可行。

（二）企业标准排行榜和“领跑者”名单的确定

评估机构基于筛选后的合规产品或服务相关标准，依据已发布的评估方案，开展评估工作。根据方案中设定的科学合理的评估方法，形成动态企业标准排行榜，并基于综合排名，确定“领跑者”。评估机构需在方案中合理确定入围“领跑者”榜单的数量，在获得入围企业同意，并提供标准和产品、服务质量一致性符合的证明材料后，形成“领跑者”名单。

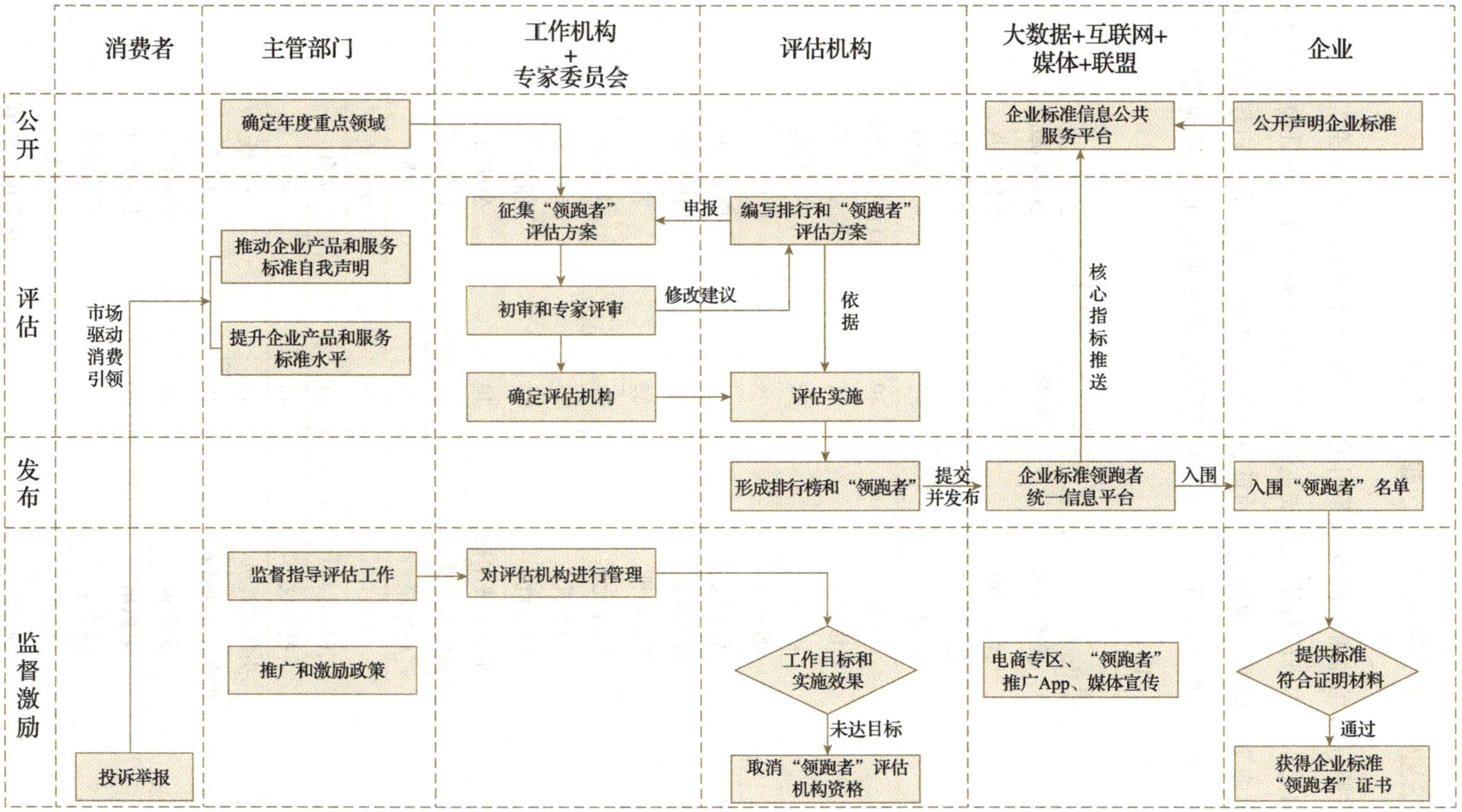

图6－1　企业标准“领跑者”评选工作流程图

六、企业标准“领跑者”的重点领域

按照《市场监管总局等八部门关于实施企业标准“领跑者”制度的意见》的要求，国务院标准化行政主管部门会同国务院有关部门确定并公布年度实施企业标准“领跑者”的重点领域。如2019年5月，市场监管总局以第27号公告的形式印发了《2019年度实施企业标准“领跑者”重点领域》，见表6-1。

表6-1　2019年度实施企业标准“领跑者”重点领域

序号	重点领域	序号	重点领域
1	智能门锁	27	软体家具
2	旅行箱包	28	儿童家具
3	背提包	29	木质地板
4	炊具	30	石膏板（墙板）
5	电热铛	31	陶瓷砖（板）
6	电饭锅	32	防水涂料
7	微波炉	33	防腐底漆
8	豆浆机	34	粉末涂料
9	燃气灶具	35	内墙涂料
10	吸油烟机	36	乳胶漆
11	空气净化器	37	调合漆
12	净水机	38	防水卷材
13	洗衣机	39	卫浴家具
14	储水式电热水器	40	坐便器
15	真空吸尘器	41	沐浴剂
16	电冰箱	42	皮鞋
17	空调	43	运动鞋
18	LED灯具	44	童鞋
19	投影仪	45	湿巾
20	头戴式耳机	46	卫生纸
21	音响（包括音箱）	47	衬衫
22	蚕丝被	48	针织内衣
23	电风扇	49	儿童服装
24	饮水机	50	羽绒服装
25	插座	51	毛巾
26	吸管	52	聚氨酯合成革

续表

序号	重点领域	序号	重点领域
53	卫生巾	77	工业机器人、机械手
54	陶瓷刀具	78	3D打印（增材制造）设备及其原材料和制品
55	室内加热器	79	清分机
56	复印机	80	自助终端（ATM）
57	复印纸	81	条码支付受理终端
58	眼镜片	82	销售点终端（POS）
59	眼镜架	83	铝合金建筑型材
60	暗铰链	84	电缆
61	断路器	85	球墨铸铁管
62	水表	86	硬聚氯乙烯（PVC-U）管
63	水（地）源热泵机组	87	聚丙烯（pp）管材
64	冷水机组	88	钼及钼合金
65	通风机（柜）	89	碳纤维
66	换热器	90	太阳能级多晶硅
67	数控剪板机	91	防水砂浆
68	金刚石圆锯片	92	钛合金丝材
69	数控模切机	93	稀土合金
70	数控车床	94	高温合金
71	多级离心泵	95	永磁材料
72	水果分级机	96	轴承钢
73	自动包装机械	97	养老服务
74	旋耕机	98	汽车维修和救援服务
75	叉车	99	网上银行服务
76	盾构机	100	银行营业网点服务

为保证评估工作的相对稳定性，原则上每年的企业标准“领跑者”重点领域会有一定的连续性。但这并不意味着上一年度的重点领域一定会在下一年度继续作为重点领域，当出现如下情况时，重点领域将做动态调整：

（1）移出重点领域范围。如果在下一年度评估中发现该领域工作基础不足或无法继续满足国家发展及消费者需求的类别将会被移出重点领域清单。

（2）重点领域微调。统筹考虑行业技术发展、消费者关注热点和实际需要需求等多种因素，重点领域范围可做相应调整。

七、企业标准“领跑者”标识

企业标准“领跑者”标识由企业标准“领跑者”联盟设计和发布。标识由图形、二维码和信息区三部分构成，如图 6－2 所示。

图 6－2　企业标准“领跑者”标识

（一）图形

图形是“领跑者”英文“Forerunner”的首字母“F”变形后的旗帜图形，表示该产品或服务所执行的企业标准达到了企业标准“领跑者”的水平。

图形颜色为红色、绿色、蓝色渐变组合而成，红色象征国家政策鼓励引导，绿色象征安全健康、环保舒适、高质高效，蓝色象征公平公正、严谨、秩序。

图形中的年份为该标准入选企业标准“领跑者”名单的年份（如 2019 年获得的企业标准“领跑者”，年份信息为 2019）。

（二）二维码

二维码由企业标准“领跑者”联盟平台（www.cpbz360.org）直接生

成，用户扫描二维码可以访问“领跑者”标准信息发布页面，获得标准及对应产品或服务的相关信息。

（三）信息区

企业在使用“领跑者”标识时，应在信息区明确标注所对应的产品名称、产品型号、执行标准和企业名称。

产品类企业标准“领跑者”，一个标识对应该产品的一个具体型号，不应出现一个标识有多个产品型号。

服务类的企业标准“领跑者”，产品名称可修改为服务名称，产品型号可省略。

八、企业标准“领跑者”信息获取渠道

公众可以通过企业标准领跑者统一信息平台获取企业标准“领跑者”相关政策法规及企业标准“领跑者”工作进展情况。同时，评估方案、评估机构、企业标准排行榜榜单、企业标准“领跑者”榜单等相关信息也会通过该平台公示发布。相关企业标准信息可在企业标准信息公共服务平台查询并获取。

对第三方机构和企业而言，可加入企业标准“领跑者”联盟来获取更多信息。该联盟经中国质量万里行促进会批复成立，由相关协会、学会、检测认证机构、研究机构以及企业等共同发起和组建，以充分发挥高水平标准引领作用，增加中高端产品和服务有效供给为宗旨，以培育具有创新能力的“领跑者”企业为主要任务，打造企业标准“领跑者”联盟平台和企业标准“领跑者”联盟传播工程。

07

第七章

典型案例

第一节 标准化战略助力医药物流企业可追溯管理示例

一、背景

随着我国现代医药产品分类管理、社会医疗保险制度以及医药分家等一系列医药物流发展政策的制定与实施，医药产品流通从以往制药企业到医院再到消费者这种单向、封闭的流通模式，转而进入开放的市场流通循环模式，对药品追溯的要求越来越高。对于医药物流企业来说，为了保证医药物流信息标准化，保证药品追溯的实施，应用医药物流信息标准可促进现代物流业的发展，提高医药物流自动化水平。

二、制定企业标准化战略定位

HD医药公司在领导的统一带领下，明确了公司的标准化使命、愿景、核心价值观、中长期发展方向及绩效目标，明确了各部门的工作任务，将标准化战略定位为以下几个方面：

（1）库存量过大与流动资金周转慢成为影响医药企业竞争力的重要因素。

（2）商业利润逐年降低，配送服务成为配送利润主要来源。

（3）医药物流信息标准应用很少在企业间实现信息共享。医院在药品进货、发药、配药、库存管理等环节较少应用标准化技术，需大力加强。

（4）通过供应链全程信息化建设，最大程度地发挥整合资源和供应链系统的作用。

（5）促进现代物流业的发展，提高医药物流自动化水平。

（6）对物流过程中各个环节的信息进行有效地管理、传递和交换，从而对药品进行跟踪与追溯。

三、标准化实施特点

（一）领导重视，扎实推进

HD医药公司领导重视标准化与试点工作，成立了由总经理任组长的标准化工作领导小组，下设标准化办公室，确定标准化兼职人员，制定试点工作方案，明确职责与工作进度，形成了目标一致、共同推进的工作机制。根据医药物流的特点，认真分析需求，以试点为抓手，全面推进物流标准化建设，促进物流管理的规范化、技术推广的可复制化。以试点为契机，运用“走出去、请进来”的方式加强标准化人员培训，不断统一全员的思想认识，增强落实试点工作的自觉性和主动性，确保了试点工作的扎实推进。

（二）紧贴需求，构建体系

运用标准化原理和方法，对多年来有益的经验和做法进行识别，从医药配送物流包装、托盘信息编码及标识、第三方现代物流信息平台建设出发，构建涵盖各项业务范围的标准体系，规范了仓库管理、第三方物流管理服务、货主接口、计算机设备控制等全部流程，目标明确、适宜性强、层次分明、满足需求。

（三）强化实施，持续改进

注重标准实施，细化作业考核内容，强化作业流程与管理人员等全岗位培训，从收货验收、上架、拣货、包装、配送等环节加强员工作业技能的提升，促进物流作业操作环节的不断规范，加大对标准实施情况的监督检查，突出需求导向，坚持持续改进，有效支撑了医药物流的全面建设。

（四）特色鲜明，成效显著

公司在推进标准化试点的同时，主导和参与多项国家标准制定，将信息化和标准化作业实现科学、优质、高效服务的经验与业内分享。通过标准化试点，提高了员工整体业务素养，使客户满意度得到不断提高，企业形象得到提升，业内和社会认可度持续增长，品牌效应明显，形成的标准化模式在业内具有较强的可复制性。

四、标准化效益

2016—2019 年，公司各部门共制定 329 个作为企业标准的规范性文件，在嵌入部门操作流程及保证工作效益的前提下，进行各项业务环节的流程优化。在此期间共进行了 20 多次项目优化，建立了一项主营系统、一项手机 App 系统，主要包括 TMS 系统和 HD 公司供应链管理（杭州）有限公司 App，项目主要涉及冷链温控设备、消防安全、绩效考核、超耐磨地坪、冷库紧急报警、设施设备方案等方面，与公司制定的保障、提供标准体系相挂钩，符合公司标准化实施与执行的方针。

（一）标准化经济效益

公司 2016—2019 年主营业务收入复合增长率为 13.34%，三方业务复合增长率为 36.44%。

（二）标准化社会效益

（1）高标准助力高质量发展。自标准体系项目实施以来，在浙江省范围内，一直保持着较好的实施效果。2017—2018 年共运输高风险类药品（疫苗、特药）39 826 万次、119 179 件，没有出现一次事故。

（2）标准化助力公司承担杭州市慢性病药品配送服务、各疾控的疫苗储运服务、省市级储备商品、急送配送等社会公益性工作。

（3）2016—2019 年，共荣获 22 个各界奖项，包括全国药品流通创新示范企业、2018 浙江商贸创新项目、企业信用评价 AAA 级信用企业、现代服务业先进企业等。

（4）坚实的基础标准化工作助力公司在 2017 年 8 月通过 ISO 9001 质量管理体系和 OHSAS 18001 职业健康安全管理体系认证。

五、积极参与外部标准化工作

2018 年，公司参与了《自动作业仓储配送包装箱信息标识通用规范》《医药物流配送条码应用规范》等国家标准的起草工作。通过参与国家标准起草，加强了与同行业专家的技术交流和沟通，巩固了公司对物流信息化的技术掌控，同时树立了良好的公司形象。

六、标准化经验

公司大力加强标准化和科技创新的深度融合，标准辅助技术实施，技术助力标准创新。

（1）制定了公司标准化战略，确定公司的使命、愿景、核心价值观、中长期发展方向及绩效目标，明确了各部门的工作任务。

（2）完善了公司整个运作所需的规章制度，明确了各部门的工作职责，建立了绩效管理和考核方案。

（3）在工作场所明示了标识、标牌，建立了安全责任制。

（4）对公司整体的软硬件管理系统进行了升级，对生产设备进行更新升级，改善工作环境。

（5）综合运用 PDCA 循环、流程再造等改进和分析的方法对卓越绩效的运行进行测量、分析。

第二节　大型装备制造业企业标准体系表示例

一、概述

这个示例提供了国内某大型装备制造业企业的标准体系，该企业涉及复杂产品研制、试验和生产的全过程，具有多个下属研究所和制造厂。该企业标准体系围绕科研生产及管理活动主线搭建，旨在通过构建一套覆盖全面、完整配套、先进适用的企业统一标准体系，加强标准化的支撑、服务和引领作用，规范企业科研生产管理，支撑企业综合能力的全面提升。

二、标准体系的范围和建设原则

企业标准体系以支撑科研生产及管理活动为目标，旨在进一步推动企业标准化战略转型，加强标准化的支撑、服务和引领作用，规范科研生产管理，服务上下游单位，提升企业“软实力”。根据企业标准体系目标，将标准体系表中的标准范围界定为企业科研生产及管理过程中涉及的国家标准、行业标准、上级企业标准、本企业标准等，以及其他具有指导、规范作用的设计手册、技术文件模板、指南等。

企业标准体系建设原则有以下几点。

（一）先进合理原则

标准体系的编制应注重系统策划，充分发挥各单位的专业特长和技术优势，确保体系表的内容充分反映最新的技术与管理成果，体现未来发展需求，标准分类与设置要科学合理。

（二）协调匹配原则

围绕需求合理规划标准项目，确保纳入体系的各级标准项目协调匹配，确保标准体系对上级、下级体系协调匹配，符合科研生产的实际需要和未来发展趋势，确保标准的先进性、可行性和适用性，同时要适应开展国际、国内合作的需求，对配套单位起到牵引辐射作用。

（三）开放兼容原则

标准体系的编制应最大限度地纳入现有的、适用的、符合科研生产需求的标准，同时可将科研生产过程中具有指导、规范作用的设计手册、技术文件模板、指南，纳入、建成去单位印记、去项目标记、开放兼容的标准体系表。

（四）动态管理原则

标准体系要不断完善，及时修订。要覆盖范围动态调整，文件类型动态扩展，标准项目动态更新，确保标准体系的有效适用。

三、标准体系结构图及说明

（一）结构图

企业标准体系共分为四层，结构形式综合采用了功能结构、属性结构和序列结构。下面以第一层结构为例，如图 7-1 所示。其按照功能结构形式进行划分，设计类、试验类、生产制造类、产品类属于产品实现标准，基础类、项目管理类、质量管理与安全类、服务保障类、信息化类属于基础服务保障标准。按照属性结构形式划分，基础类、设计类、试验类、生产制造类、产品类基本属于技术标准，项目管理类、质量管理与安全类、服务保障类基本属于管理标准（信息化类包含技术标准和管理标准）。在第二层到第四层的层次结构中，主要从专业和产品角度，从整体到部分进行逐层分解、展开。

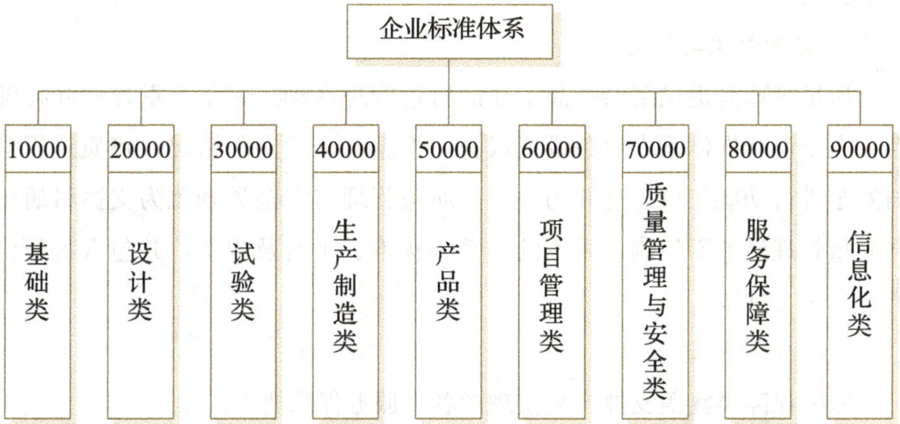

图 7-1　企业标准体系第一层结构图

（二）子体系内容说明

基础类、设计类、试验类等九个子体系是企业标准体系的第一层。

1. 基础类

基础类涵盖企业科研生产通用标准和技术基础标准。

2. 设计类

设计类重点围绕研制过程中设计内容进行分类，全面涵盖研制过程中所涉及的各专业设计内容，并对同类专业进行合并。

3. 试验类

试验类重点围绕研制过程中的试验内容进行分类，全面涵盖研制过程中涉及的大型试验项目，并对同类试验项目进行合并。

4. 生产制造类

生产制造类涵盖产品生产制造全过程标准，充分体现以总装集成、金属结构、非金属结构、伺服系统、工艺装备设计制造等为代表的核心能力在行业内的引领作用。

5. 产品类

产品类涵盖产品选用、验收和交付的相关规范，以适应企业产品体系建设需要。

6. 项目管理类

项目管理类涵盖项目管理相关要素标准。根据企业管理特点，质量管理单独列出。

7. 质量管理与安全类

质量管理是提供复杂产品企业的特色管理活动。鉴于其重要性和特殊性，在企业标准体系中单独设置成类。根据该企业实际情况，将质量管理与安全进行功能归口，合并为一类。质量管理与安全类涵盖为支撑科研生产质量管理活动而编制或采用的一系列标准、手册及规范，并包含科研生产安全参考标准。

8. 服务保障类

服务保障类涵盖支撑产品实现的各项服务保障要求。

9. 信息化类

信息化是该企业正在重点推进的工作，为了支撑信息化工作的顺利开展，将信息化单独设置成类。信息化类重点围绕科研生产和管理过程中涉及信息化平台、信息化系统与工具软件的建设、应用、运行管理等相关的标准和规范。

该企业标准体系的第二层到第四层主要采用了序列结构和功能结构。如图 7－2 所示，以基础类为例，第二层以专业和产品为主进行层次结构划分为十三类，如术语符号标准、技术制图标准、产品尺寸及几何技术规范、数系与数据标准、通用方法标准、标准件等；同时兼顾了功能部门归口，如情报管理标准、档案管理标准、知识产权管理标准、知识管理标准、计量标准均属于功能部门归口。基础类的第三层级包括十一个分类，该层主要按照标准件产品类别进行层次结构划分，如紧固件、保护件、密封件等。

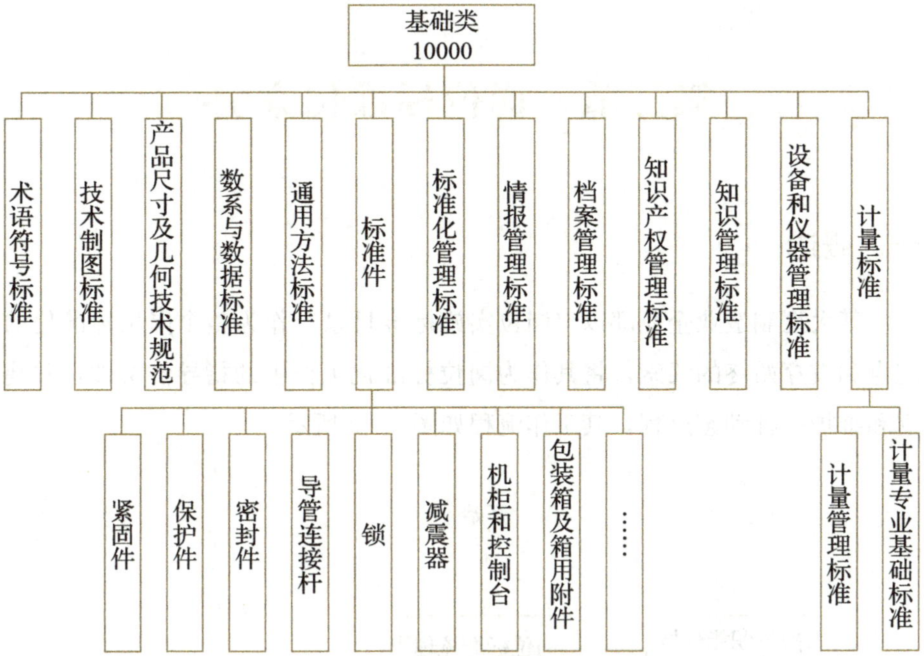

图 7－2　企业标准体系基础类结构图

四、标准明细表示例

下面以基础类子体系为例，标准明细表示例见表 7－1。为便于展示，在所构建的企业标准体系基础上对标准项目进行了裁剪。

表 7－1　标准明细表示例

序号	体系表编号	标准名称	标准编号	拟制定级别	备注
	10000	**基础类**			
	10000.010000	**术语符号标准**			
1	1000.010000.B1	机械振动、冲击与状态监测　词汇	GB/T 2298—2010		
2	1000.010000.B2	常用工具代码	Q/Y 279—2009		
	10000.020000	**技术制图标准**			
3	10000.020000.B1	机械制图　图样画法　视图	GB/T 4458.1—2002		
4	10000.020000.B2	航天电子产品装配图简化画法	QJ 978A—2005		
5	10000.020000.B3	CHS 制图通用要求	Q/Y 349—2010		

第三节　岗位标准化案例

一、概述

某大型制造业企业部以《岗位实施标准目录》作为整个岗位标准化的起点和贯穿始终的线索，将其作为岗位标准化工作中的指导性文件，并建立和维护一种动态过程，其工作流程如图 7－3 所示。

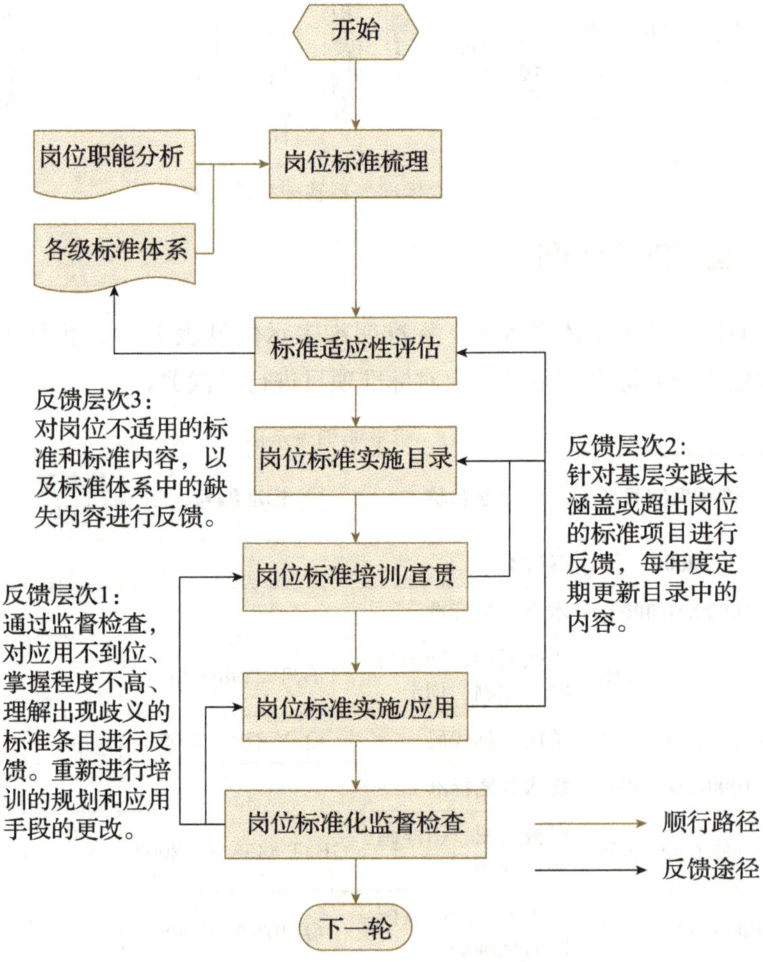

图 7－3　岗位标准化工作流程

《岗位实施标准目录》由质量部门牵头组织、专人维护，配合目录的年度修订，并制订相应的计划。在目录成形之后，针对目录中的各层次标准进行培训和宣贯。岗位标准化的重中之重是标准实施应用，也就是标准落地的最后一步。通过多种实施方法和工具将标准在岗位中灵活应用，是最具有创新性和技术性的内容。

质量部门针对以上环节采取监督检查的手段，并针对实施过程和考核过程中遇到的问题，及时进行反馈。第一层是针对应用工具和培训方式的问题进行反馈，第二层是针对《岗位实施标准目录》中不适用的条目进行反馈修改，第三层是针对标准本身提出修订需求，从而实现从基层到顶层的更新。

二、“选”——岗位标准的梳理

岗位标准的梳理方法借鉴系统工程理论的霍尔三维结构模型，对应霍尔三维结构模型中的“时间维”“知识维”“逻辑维”三个坐标轴，分别按照不同岗位的“岗位工作流程”“岗位专业技术”“岗位间接口”三个维度梳理、构建标准集成体，如图 7 - 4 所示。这种梳理方法具有结构化的特点，使标准在具体岗位中得到应用的过程完全得到复现，不会缺漏。

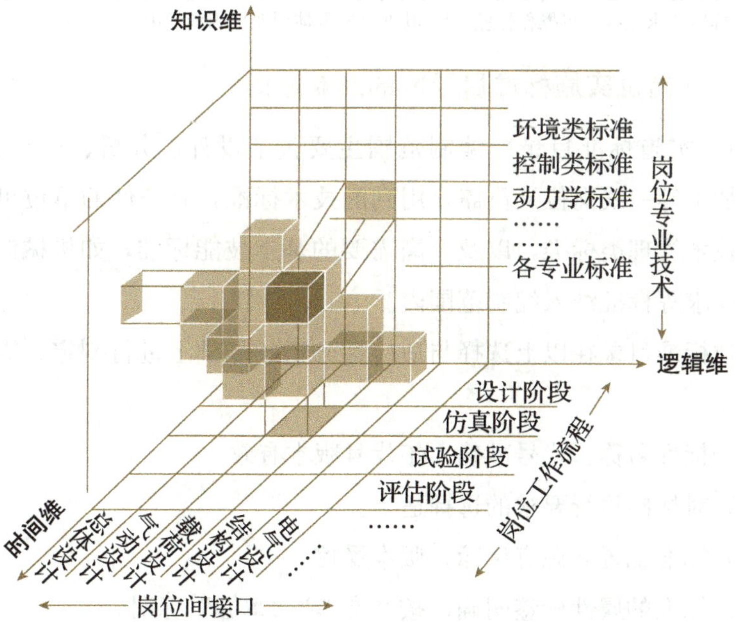

图 7 - 4 岗位标准的梳理方法示例

三、“制”——《岗位实施标准目录》

岗位标准的梳理和适应性分析为《岗位实施标准目录》的建立提供了输入。另外，在《岗位实施标准目录》的每一次更新当中，都应对调整的效应标准重新实施适用性分析，见表 7－2。

表 7－2　岗位标准适应性分析（示例）

序号	标准编号	标准名称	实施方式①	实施程度②	实施效果③	适用性结论④	部分适用或不适用的原因或理由⑤
1.	GB 146.1—1983	标准轨距铁路机车车辆限界	b	b	a	a	
2.	GB 146.2—1983	标准轨距铁路建筑限界	b	b	a	a	
3.	……						

注：①实施方式应填写：a—直接实施（在合同、图样、技术文件中直接执行标准的规定）；b—间接实施（通过合同、图样、技术文件引用标准号并规定标准实施的具体要求）；c—直接实施和间接实施两种方式兼而有之。

②实施程度应填写：a—全部实施；b—剪裁后实施；c—未实施。

③实施效果应填写：a—效果良好；b—一般；c—较差。

④适用性结论应填写：a—适用；b—部分适用；c—不适用。

⑤部分适用或不适用的原因或理由应填写：a—部分内容（技术指标）不符合当前的技术现状；b—与相关标准的技术内容重复；c—与现行的法规、文件、标准有矛盾；d—标准实施条件不具备；e—标准要求笼统，可操作性差；f—其他（应具体说明原因和理由）。

（一）《岗位实施标准目录》的编制原则

《岗位实施标准目录》编制范围主要包括设计、分析、计算、试验、工艺、加工等一线岗位人员需要用到的技术标准，有条件的单位可以将管理类、技术管理类标准，以及上岗需要的基本技能标准，如机械制图、文件编写要求等标准纳入编制范围内。

岗位标准目录在以上选择与适应性分析的基础上进行制定，需符合以下要求：

（1）标准名称、代号准确，年代号版本有效。

（2）对标准执行要求的选择适当。

（3）标准配置来源有保障，版本受控。

（4）标准的属性标签明确，按“参考”“掌握”标明。

（5）注明标准适应性确定的时期，是否需要重新审定。

(二)《岗位实施标准目录》的编制格式

《岗位实施标准目录》中，除序号、标准名称、标准编号外，应对每个标准按照岗位需求的不同，规定其执行要求，将执行要求分为“掌握”和“参考”两种类型。“掌握”指应知应会，本岗位必须执行的相关标准；“参考”指本岗位需要参考执行的相关标准，示例见表 7－3。这样做，明确了岗位人员对标准的执行程度，有利于从制度的高度来规范岗位人员执行标准，同时便于针对岗位人员进行标准的培训和考核。

表 7－3　××产品设计师岗位的实施标准目录（示例）

××产品设计师岗位				
序号	**标准名称**	**标准编号**	**实施类型**	**审定日期**
1	北半球标准大气（－2～80 公里）	GJB 365.1—1987	掌握	201511
2	……	……	……	

每个部门按不同岗位进行编写，形成该部门分册。各部门分册汇总形成该单位岗位标准目录实施总册。单位标准化部门应规范《岗位实施标准目录》各分册的编号方法，便于《岗位实施标准目录》的归档管理与应用，如图 7－5 所示。

附件　××单位岗位实施标准目录分册的编号方法

××研究设计室××岗位实施标准目录××科室分册的编号方法为：

单位编号“××”、岗位代号“××”、科室编号“××”、年代号“××”。

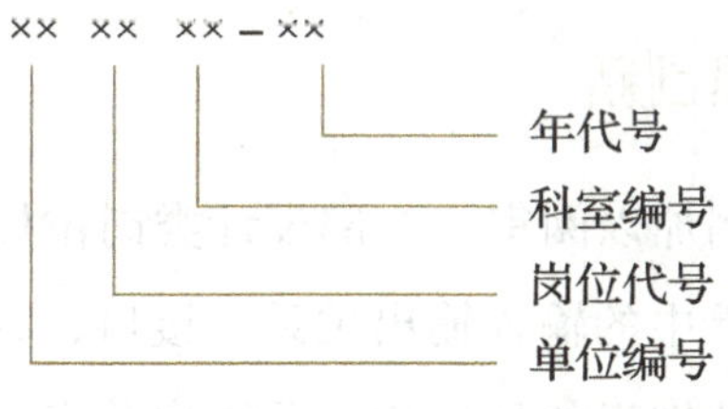

图 7－5　《岗位实施标准目录》分册编号规定

(三)《岗位实施标准目录》的动态管理

企业需对《岗位实施标准目录》进行动态管理，使之满足岗位发展需求，保证目录中各级标准现行有效，如图 7－6 所示。企业可根据具体情况，按年度或其他周期，对《岗位实施标准目录》进行修订和更新。下面以按年度为周期进行动态管理的案例进行说明。

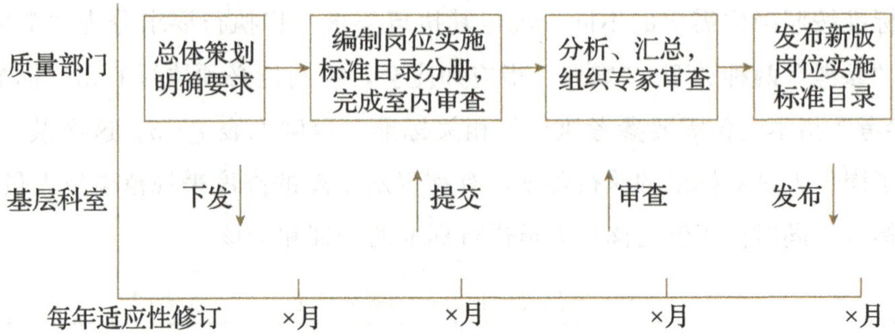

图 7-6　新版岗位实施标准目录的发布流程

（1）每年年初，标准化管理部门根据标准的更新、机构的调整、岗位的变化开展标准实施目录工作的系统策划，提出明确要求，并于第一季度上旬下发。

（2）各部门根据要求，组织员工代表梳理标准运行中的意见，编制（修订）本部门负责的目录分册，完成室内审查，于第一季度下旬提交标准化部门。

（3）标准化部门对各部门目录分册进行分析、汇总，组织相关专家进行审查，形成本年度目录正式版本，第二季度上旬下达各研究设计室。

（4）各部门开展岗位实施标准目录实施工作，并将实施过程中的问题和建议及时汇报质量保证处。

四、“用”——标准实施和工具创新

下面以一部“设计类”岗位为例加以阐审。一部设计类岗位标准化主要以设计模版为载体，嵌入总体设计中的输入输出关系、接口、方法、标准等核心成果和技术秘密，实现隐性知识的显性化、系统化共享。将标准内容在设计文件中全面贯彻，实现设计标准的全面落地。

（一）设计模版编制指南

在开展大规模设计模版编写之前，应首先制定《设计模版编制指南》。规定设计模版编制的职责、编制原则、编制要求、审批要求。

1. 职责

各单位分管质量/标准化的主要领导负责设计模版编制工作的领导、决策。

副总质量师负责设计模版编制工作的指导、监督，并负责设计模版的审批。

质量保证处的职责：负责组织建立设计模版体系；负责设计模版编制工作的策划并组织实施；负责组织设计模版的审查和发布；负责制定设计模版编制工作规章制度和要求。

研究设计室的职责：参与设计模版体系的建立；负责相关专业设计模版编写和室级审查工作。

技术保障室负责设计模版的标审。

2. 编制原则

（1）设计模版内容要全面、通用、确定。

（2）设计模版应体现相关的专业技术标准要求。

（3）设计模版可使用性强。

（4）设计模版格式应符合相关标准的要求。

3. 编制要求

在设计文件模版的正文之前增加“设计模版编写说明”，明确该模版的适用范围、引用标准等基本情况；每一章的第一部分增加本章的“编写说明”，说明本章需要编写的设计内容、条目等，指导设计师开展设计文件的编写；编写的设计文件在 30 页以上的需增加目次。

在正文文字中，用红色文字表示说明性文字，解释设计思路方法等；蓝色文字表示示例或可选的内容项，各型号可根据实际情况参考使用或进行适当选择裁减；黑色文字表示固定性文字，属于强制规定应有的内容。

设计模版一般应提炼总结共性的技术要求，并采用黑色文字表达，减少蓝色文字可选内容。

4. 审批要求

主审由副总质量师或相当资质人员担任，审查组成员由具有三年以上工作经验且为工程师及以上职称的人员组成；设计模版审批流程包括编写、校对、审核、标审、批准。设计模版编写人为工程师及以上设计人员，校对人为工程组组长或副组长，审核人为研究室主管室主任或主任设计师，标审人为专职标准化师，批准人为副总质量师。

设计模版的编制方法按照《设计模版编制指南》进行，如图 7－7 至图 7－9 所示。

软盘编号	设计模版编写说明
CAD	本模版的制定参考了岗位实施标准目录中××总体设计岗位的以下相关标准： QJ ××—×××× Q/Dy ××—×××× Q/Dy ××—×××× 本模板适用于××系统设计任务书文件编制，××系统设计任务书可以参照使用。 模版中黑色字体部分的内容为各型号通用的内容，原则上在编制设计文件时不应改变。蓝色字体部分的内容为型号可选用的内容，可以根据型号自身特点选择和增减。红色字体为说明性文字，提示设计看在编制设计文件时需要编写的内容，编写的正式文件中不含这部分文字，请使用看在正式文件中自行删除。 特别说明，在蓝色字体的标题下含有黑色字体内容，表示整个蓝色标题下的内容可作整体选择，但若选择了该标题，则其下包含的黑色字体内容原则上不应改变。

图 7－7　设计模版编写说明

软盘编号	目次说明
CAD	按照标准规定，技术文件打印页在30页（不包括整页数据页）以上时应编目次，建议采用文档自动生产目次的方法，目次包含的内容及其顺序如下： a）章。 b）正文中的第一层次条（可选要素）。 c）参考文献（若有应是正文中的章标题）。 d）附录。 用本模版编写设计文件时，本目次说明内容不引用到设计文件中，请使用者自行删除本目次说明。 目次 前言 …… 4 1 ××系统设计指标 …… 4 2 ××系统设计要求 …… 5 3 ××计算结果 …… 7 4 ××系统设计依据 …… 10 5 参考文献 …… 17

图 7－8　设计模版目次

软盘编号

CAD

前言

××-××-××××用于××××任务，××系统采用××方案。本文给出××系统设计要求与设计数据，供××系统设计使用。

（首先明确任务书的使用范围、阶段、目的等内容。）

××采用××方案，××系统采用×××××××××××××××。

（给出××相关的总体方案及状态、任务主要特点、主要的器件和工作模式等。）

1 ××系统设计指标

（给出××系统需要的参数、各控制精度要求，对于××等可根据具体任务对项目进行调整或增减。）

1.1 参数要求

××参数的要求为：××××。

半长轴：................................××km。

偏心率：................................××。

近地点高度：........................××km。

图 7-9 设计模版内容

（二）设计模版应用和信息化

在一部软件系统中建立文档选择模版，按照人员的岗位和专业权限，配置某型号的所有相关模版，其均可在下拉菜单中显示。设计人员可直接点击相关设计模版编制设计文件。

（三）建立设计模版体系

一部从各型号文件的统计和计划/文档管理系统工作量分析，一个型号在一个研制阶段需编写的设计文件（不含图样、质量报告和“三单”）有几百份之多。因此针对现有型号或产品，一部按自身型号或产品的系列分类，成系统地构建设计模版体系，逐步分批进行设计模版编制，以构建设计模版体系框架。此外，一部通过印发《设计模版集》（如图 7－10 所示）作为设计员案头常备的学习素材，以帮助他们快速查阅相关设计文档的编写要点。

图 7－10 设计模版集

五、“控”——实施监督和闭环反馈

（一）标准化组织和队伍建设

为有效推动岗位标准化建设工作，一部形成了一套“自上而下”的全员标准化队伍，坚持技术线和管理线“双线并举”的原则。以技术线渗透基层一线科技人员对标准的使用、制定和修改，以管理线抓手开展标准化日常管理、监督检查等。同时技术人员和管理人员共同策划，进行标准实施工具（手段）的创新。标准化队伍除质量主管部门以外（质量处等），还包括标准化技术委员会、标准审查专家组、基层标准化小组等。整个标准化队伍各司其职，岗位标准化工作分工与职责如图 7－11 所示。

（二）岗位标准化制度建立与完善

发布一部《标准化工作管理办法》，明确标准化工作是一项重要的综合性技术基础工作，是型号研制的重要组成部分，对指导和规范型号研制、提升质量保证能力、增强市场竞争力、支撑技术创新发挥作用。强调标准化工作应认真贯彻“需求牵引、系统策划、指导型号、科学发展”的工作方针。详细规范企业（部所）标准化管理、标准体系建设、标准宣贯与培训、标准实施与监督检查、标准信息服务、标准化课题研究等标准化工作的管理流程、责任分工和主要内容。

（三）对标准实施的培训和考核

将面向岗位实施标准培训作为标准建设工作重要环节，通过对岗位人员的培训，有效推进标准在技术岗位的应用，使各岗位工作实现进一步规范，设计水平得到进一步提高，岗位标准在型号研制中的指导作用进一步发挥。

（1）建立部所、科室、班组三级培训机制。

（2）与新上岗培训相结合，使岗位标准化思想从新人做起。

（3）与“岗位定期交流学习”相结合，使岗位标准培训常态化。

在岗位标准化实施过程中，每年都组织实施现场监督检查，编写监督检查报告，将监督实施情况作为岗位标准化工作的基本任务之一。

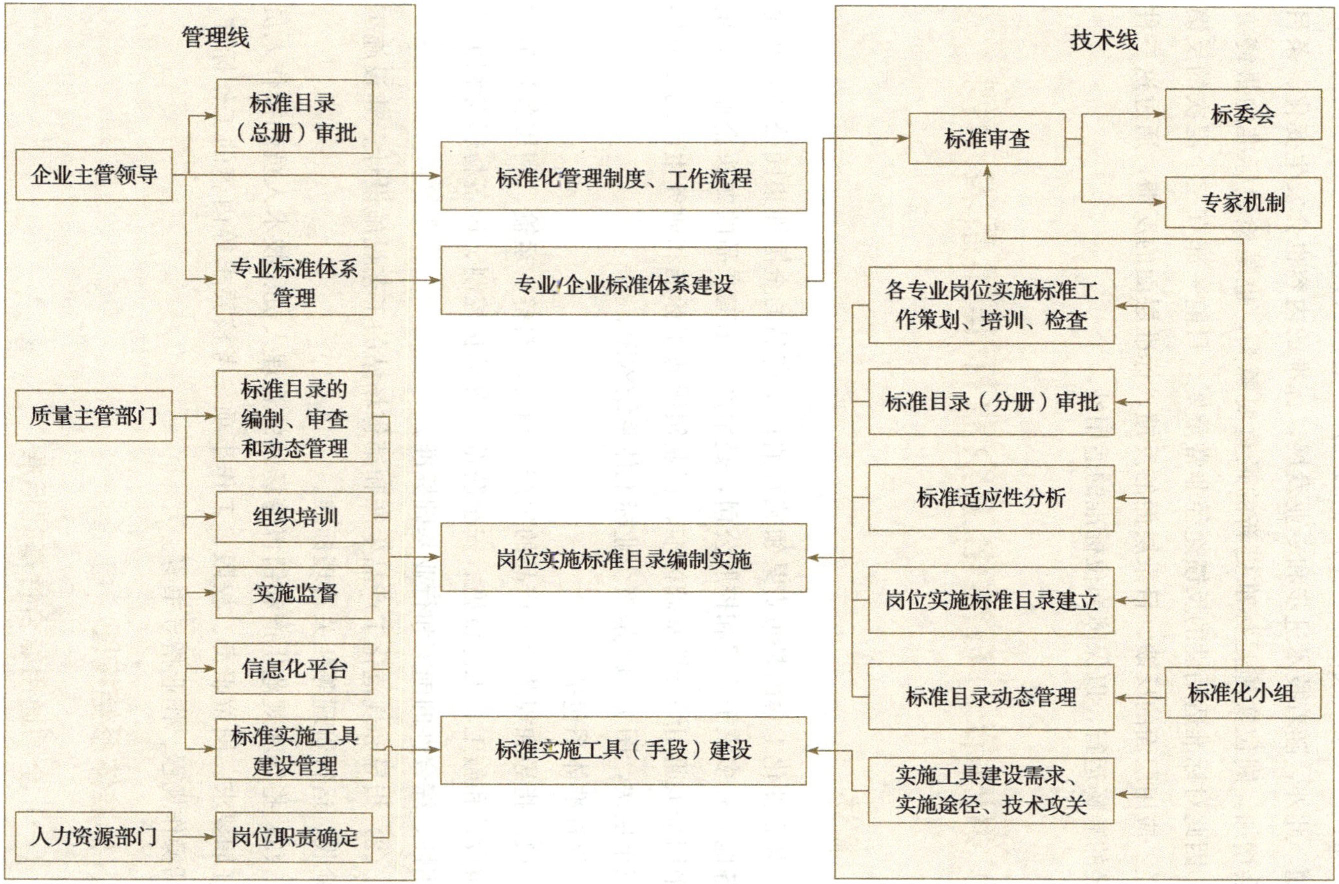

图7－11　岗位标准化工作分工与职责

（四）对岗位标准适用性的反馈

随着标准在一线设计、生产中的应用，必然会暴露出一系列的适用性问题。此外，随着技术进步和专业发展，标准的内容也会发生变化、条目也会增加。岗位实施是标准更新的最重要源头，也是检验标准的最终方式，因此对标准适用性的反馈途径非常重要。目前一部有三个层次的反馈途径：应用层面的反馈、目录层面的反馈、标准层面的反馈，通过这三种途径的顺畅运行，以保障岗位标准的适用性。

第四节　石油化工企业标准体系表示例

一、概述

某石油化工集团是负责某领域石油化工产品的全国性集团公司，在全国各地拥有多家子公司和控股公司，是生产某化工产品的龙头企业。该企业采用全国通用综合性基础标准、行业领域通用标准和业务生产的专业标准三个层次，图 7－12 是该企业标准体系结构图。

该标准体系包括：

（1）指导和规范化工产品的生产、销售、储备、运输、利用各环节的建筑设计和施工、工艺设施、安全防范、自动化控制、设备材料等相关的通用性、综合性的国家和行业基础标准。

（2）指导和规范化工产品生产和销售场站的工艺设施设计、建设施工和验收、运行管理等相关管理标准。

（3）指导和规范生产和销售等场站的管理人员、技术人员和操作人员的任职要求、岗位职责、权限、工作事项、考核要求等内容的工作标准，包括操作规程、作业指导书等。

二、标准体系结构图

（一）全国通用综合性基础标准

1. 定义和范围

适用于工厂、销售站、储备、运输、利用等各子体系的共性的、通用

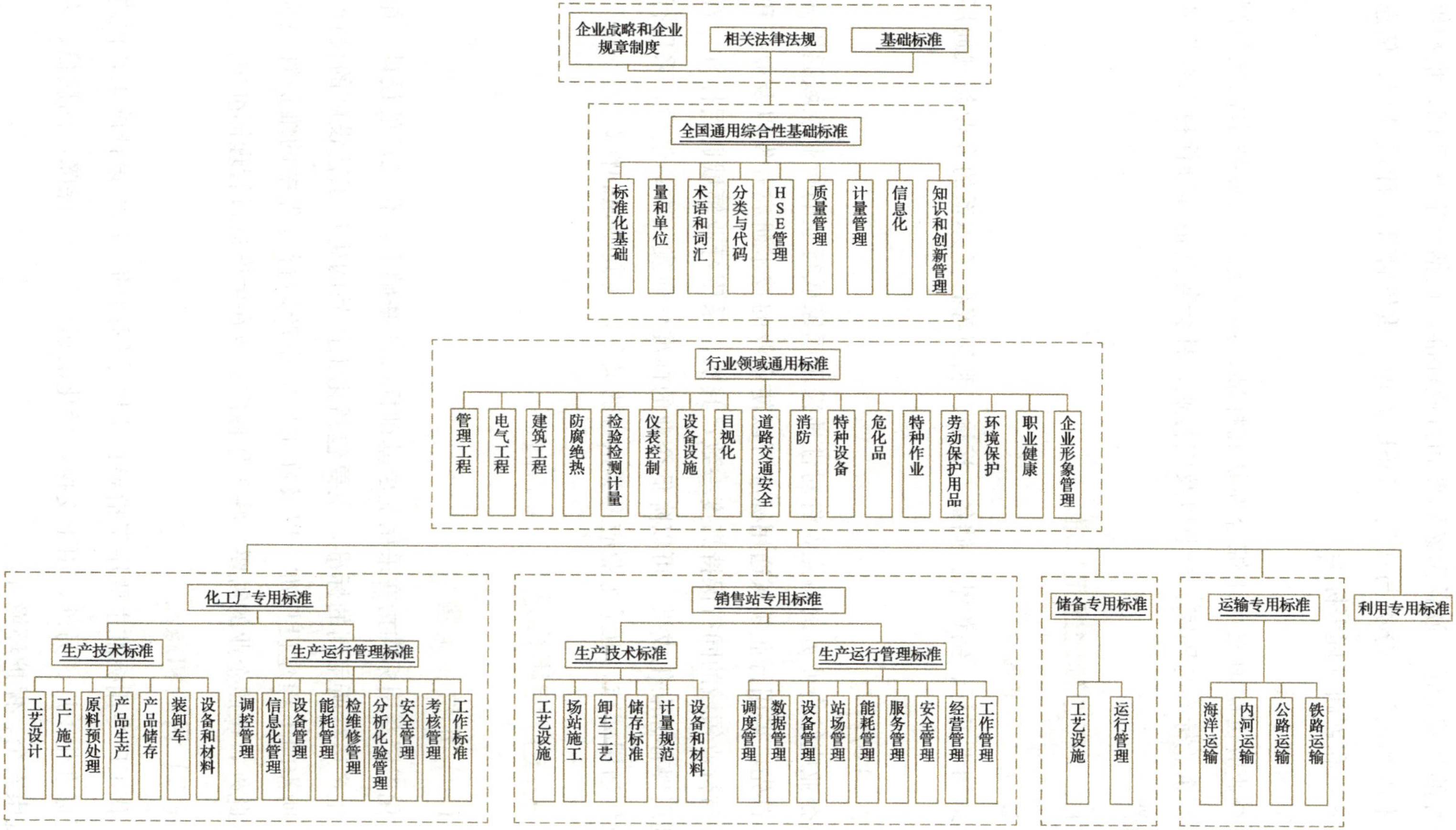

图7－12　某石油化工企业标准体系结构图

综合性的基础标准，涵盖国家标准和行业标准，包括标准化基础、量和单位、术语和词汇、分类与代码、HSE管理、质量管理、计量管理、信息化、知识和创新管理等标准。

2. 目的和意义

企业应贯彻国家通用综合性基础标准，用于指导企业技术标准的制定，使企业标准与国家、行业以及同行业、社会等其他标准保持兼容性和一致性。

（二）行业领域通用标准

1. 定义和范围

适用于工厂、销售站、储备、运输、利用等各子体系的专业领域通用标准。

2. 目的和意义

企业应结合业务的特点，针对性地采用国家或行业的行业领域通用标准。首先，采用行业领域通用标准可以使企业的技术研究开发以及业务和产品与行业领域的同行保持高度一致；其次，采用行业领域通用标准，直接利用现有标准化成果，可以降低企业的标准化研发成本；最后，采用行业领域通用标准，也是企业应遵照执行的义务，尤其是强制性标准。

三、化工厂专用标准

（一）定位和范围

化工厂专用标准指在采用上层基础标准的基础上，化工厂的设计、施工、生产运行所用到的标准，主要包括化工产品的生产工艺设施的设计、施工所需的工程建设标准，以及在工厂的生产运行过程中的维护管理标准。此外，按照企业的需要，将工作标准也放在生产运行管理标准中。

（二）目的和意义

化工厂专用标准主要用于指导在全国范围内的工厂的设计施工，促进实现标准化工厂。另外，用于支撑科学化的运行管理，保障产品质量、人身健康安全、保护环境等。

四、销售站专用

（一）定位和范围

销售站专用标准指在采用上层基础标准的基础上，销售站的设计、施工、生产运行所用到的标准，主要包括化工产品的销售加装工艺设施的设计、施工所需的工程建设标准，以及在销售站生产运行过程中的维护管理标准。此外，按照企业的管理需要，将工作标准也放在生产运行管理标准中。

（二）目的和意义

其用于指导在全国范围内销售站的设计施工，促进实现标准化销售站。另外，用于支撑科学化的运行管理，保障产品质量、人身健康安全、保护环境等。

五、运输专用标准

（一）定义和范围

运输专用标准是指通过特种包装形式，在海洋、内河、公路和铁路运输过程中所应遵循的技术标准、管理标准和操作规程。

（二）目的和意义

运输专用标准主要用于指导企业及各级下属单位的场站内部道路及海洋、内河、公路、铁路等运输管理。

六、利用专用标准

（一）定义和范围

利用专用标准是指化工产品作为一种产品，从化工厂生产出来交付给用户之后，用户在对产品进行利用的过程中应遵守的技术要求。

（二）目的和意义

利用专用标准主要用于指导用户对该化工产品领域开展安全、高效的开发利用，促进市场健康发展。

第五节　服务性企业标准体系表示例

一、某生态旅游区标准体系概述

某生态旅游区标准体系表在国内外法律法规、基础标准和企业目标的指导下建立，其标准体系表是按一定形式排列起来的图表，包括标准体系结构图、标准明细表、标准统计表和标准体系表编制说明，下面介绍一下前两项。

二、生态旅游区标准体系结构图

该生态旅游区参照 GB/T 24421 的要求，构建了标准体系结构图，如图 7－13 所示，分为三个子体系。

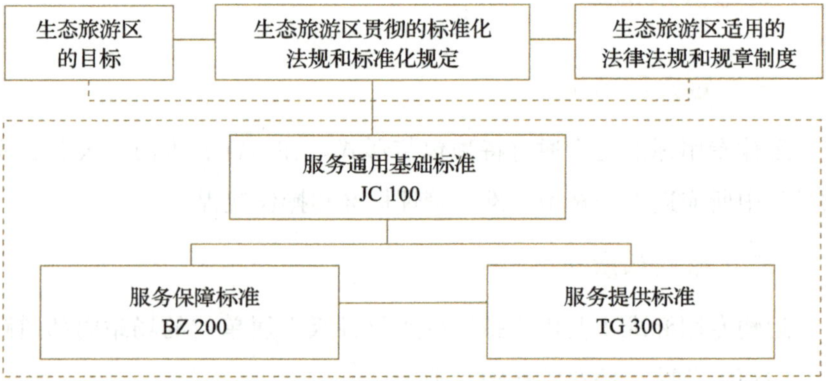

注1：虚线方框外部虚线表示最上排三个方框中的内容对生态旅游区标准体系的指导关系。
注2：虚线方框内表示完整的景区服务标准体系结构图，实线连线表示相关关系。

图 7－13　生态旅游区标准体系结构图

（1）服务通用基础标准子体系，如图 7－14 所示。

图 7－14　服务通用基础标准子体系

（2）服务保障标准子体系，如图 7－15 所示。

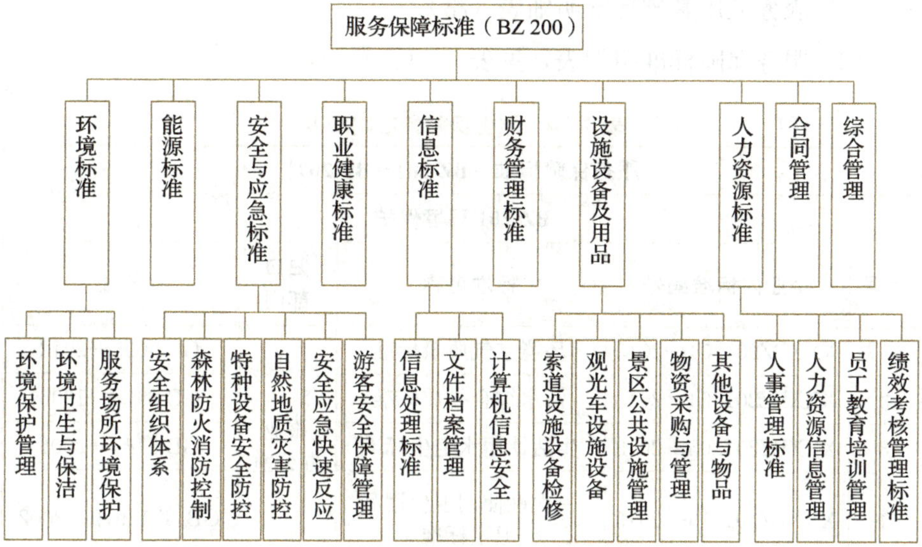

图 7－15 服务保障标准子体系

（3）服务提供标准子体系，如图 7－16 所示。

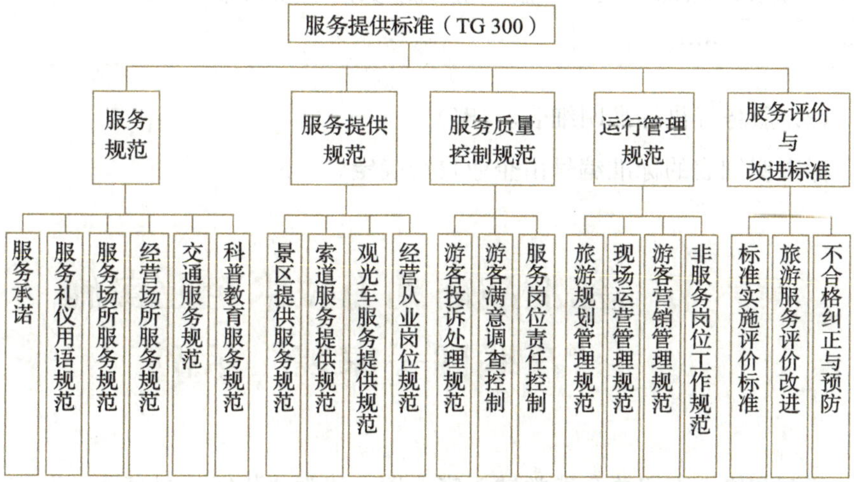

图 7－16 服务提供标准子体系

三、生态旅游区标准明细表

标准明细表中包括生态旅游区应用的国家标准、行业标准、地方标准、团体标准等，以及根据生态旅游区实际需要补充的企业标准。标准明细表包括以下内容：

（1）服务通用基础标准明细表（略）。

（2）服务保障标准明细表，见表 7－4。

表 7－4 服务保障标准明细表

服务保障标准（BZ 201～BZ 209）				
BZ 201 环境保护				
序号	企业内标准编号	标准名称	归口部门	备注
1	XXXBZ201.01—2013	环境空气质量标准	旅业办公室	GB 3095—2012
2	XXXBZ201.04—2013	污水综合排放标准		GB 8978—1996
3	XXXBZ201.05—2013	生活饮用水卫生标准		GB 5749—2006
4	XXXBZ201.15—2013	一次性使用卫生用品卫生标准		GB/T 15979—2002
…	……	……		
9	XXXBZ201.37—2013	树木处理管理规定	工程部	
10	XXXBZ201.38—2013	服务场所环境要求	保洁部	
…	……	……		

（3）服务提供标准明细表。（略）

标准明细表的标准编号由企业自行确定。

第六节　标准战略助力技术企业实施“互联网＋家装”示例

说起装修，人们总会感觉缺乏安全感，认为“装修公司套路多”。在过去，私人装修房子通常缺乏相关操作标准，消费者无法衡量装修公司提供的服务是否符合要求，导致不少消费者在装修过程中吃“哑巴亏”。

面对消费者的需求，越来越多的装修公司开始利用互联网技术为服务升级。其中，来自成都高新区某高新技术公司（简称 NH 公司）开发了一款家装 App 平台（简称“家装 App”），利用电子商务家装信息描述标准和装修工程质量保证体系，用标准化和科技手段提高服务质量，破解传统家装行业的痛点。

NH公司主导制定了电子商务家装信息描述标准，支撑了互联网家装App平台的构建。通过建立装修过程体系标准，建立了互联网+家装行业的质量保证体系。该家装App没有采取与传统家装行业合作的方式，而是打造了一个全新的家装服务平台：将设计、施工、材料、监理等服务集合起来，为消费者提供不同环节的分类服务。其通过建立装修工程质量保证体系，把整个工期分为不同节点，并列举了12项工程控制标准。例如，在墙体装修环节，部分装修公司为了加快工程进度省去了一些隐蔽工序。这些省去的工序虽然不会影响外观，但是在后期使用过程中很容易出现墙体开裂、掉落等问题。而在该平台的装修标准中，针对墙体装修就制定了轻质隔墙、砂浆、铁丝网、界面剂、石膏、尼龙网到腻子、底漆、面漆等9道工序的要求。这样消费者就可以清晰地了解每一道工序，并参照标准来衡量施工人员的工作是否到位。服务平台把所有人员的技能和服务转化为商品，消费者可以根据自身需求来选择相应的商品。其可以任意选择不同风格、价位，所用的材料也会在里面注明，完全透明。通过平台化管理，家装App建立了材料集体采购模式，这样能够减少一些中间环节，降低材料的单价。除了不同价格的装修产品外，消费者在家装App上还可以看到从隐蔽工程、泥木工程、油漆乳胶工程到成品安装等装修各阶段的施工操作标准表。

第七节 融入信息系统的企业标准化示例

一、概述

A公司是央企全资子公司，涉及煤炭、化工生产，产品销往全国各地，部分出口欧洲、美洲、亚洲、非洲等国际市场。该公司倡导建立“服务型、学习型、智能型”的企业团队，追求“品质领先、服务至上”的经营理念，力争通过实施创新驱动发展战略和人才强企战略，不断提升技术研发能力和技术服务能力，为顾客提供优质的产品和服务。该公司注重管理，已先后通过了质量管理体系、环境管理体系、职业健康安全管理体系、能源管理体系等国际认证。目前从“从严管理”向“精细管理”“精益管理”过渡，努力建设成为科技型、生产服务型和先进绿色的世界一流企业。

二、企业标准化情况

该公司基于集团公司的要求和自身管理的需要，开展了标准体系建设，考虑到生产企业的特点和员工的习惯，公司整体采用传统的属性结构模式构建标准结构图，如图 7-17 所示。

公司标准体系框架划分为两个层次，第一层由“公司标准化方针、目标”“适用的法律、法规、规范性文件”“相关方需求和期望”构成。第二层为企业标准体系，由基础标准、技术标准、管理标准（规章制度）和工作标准四个标准子体系构成。其中基础标准是指同时适用化工、煤炭等板块业务，且满足工程建设期和生产运行期的国家标准、行业标准等通用的标准。技术标准体系参照 GB/T 13017—2018、GB/T 15497—2017 的要求和化工、煤矿、能源、信息、安全、环保、工程等行业标准化管理规划，共分 8 个大类、24 个中类和若干个小类。管理标准体系依据集团公司制度分类模式，并参照 GB/T 15498—2017 的要求和公司开展的质量、环境、安全等管理体系的要求，共分为 12 个中类和若干个小类。工作标准体系依据 GB/T 13017—2018、GB/T 15497—2017 的要求，结合实际进行编制，包括决策层工作标准、管理人员工作标准、操作人员工作标准三个子体系。

三、标准条款内容融入信息系统

A 公司在标准体系建设之初就深刻认识到：单纯靠人来维护如此庞大的标准数据库一方面工作量极大，另一方面容易出现差错；一旦标准数据做不到及时维护和更新，整个标准化成果将前功尽弃，标准也将会被束之高阁。因此，A 公司在标准体系顶层设计阶段就同步开展信息化建设，着力解决以下问题。

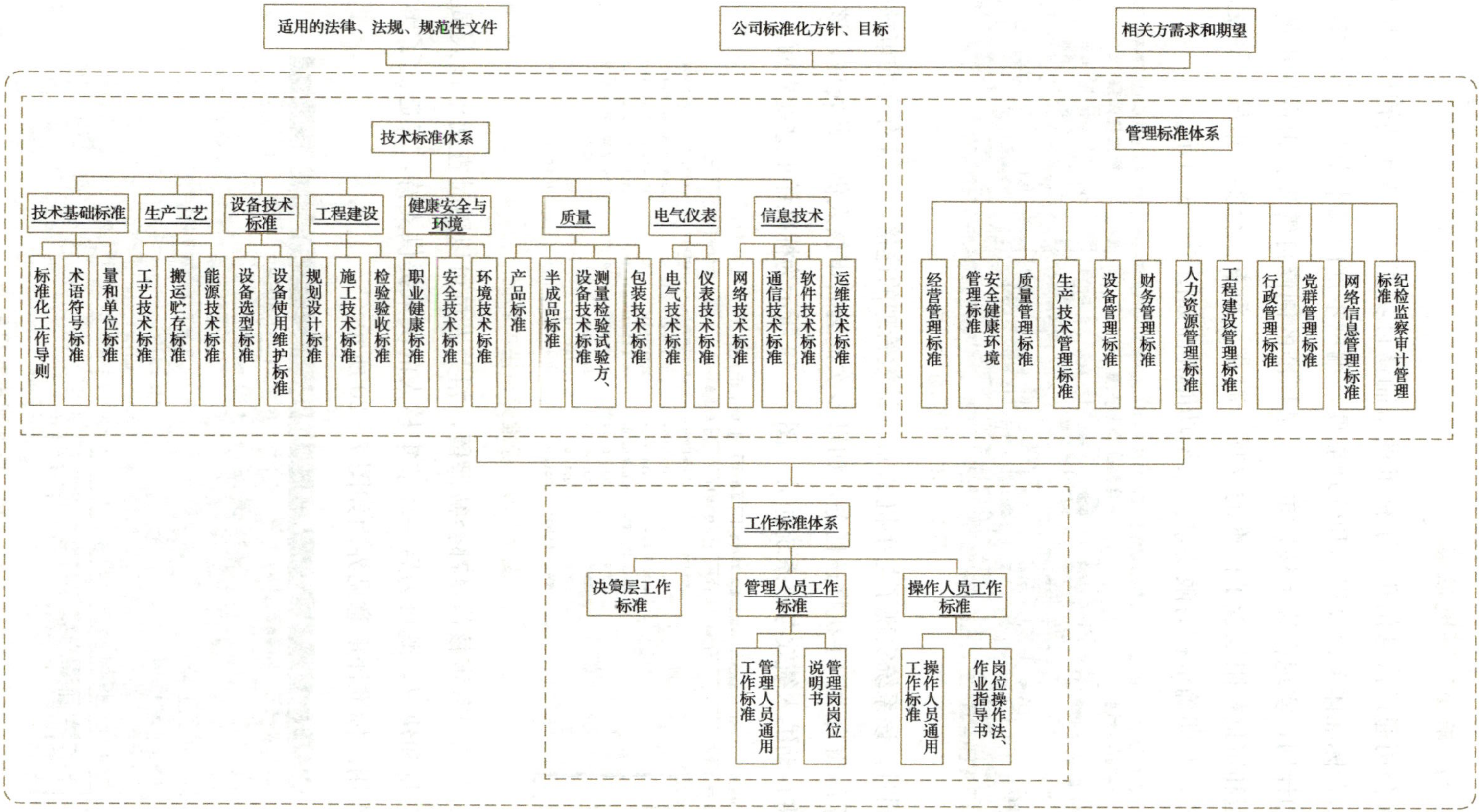

图7－17 A公司标准体系结构总图（省略基础标准）

（一）保证标准的质量

A 公司通过信息化开发了标准的编制修订功能。一是计划管理：用户可以结合标准体系建设规划和管理需要，编制本部门或本单位的年度计划和追加计划，实现在线审核发布。二是标准的制修订管理：根据标准的不同类型和审批权限设置了标准的立项、起草、预审、会签、审核、签发六个环节，并明确审核时限要求。系统功能界面如图 7－18 所示。

图 7－18　系统功能界面

同时，该系统实现了与手机 App 和绩效管理的连接，一旦有标准审核任务，系统将自动向手机推送任务，如果多次提醒后审核人仍不做处理，该项工作将自动纳入绩效考核系统扣分。图 7－19 所示为标准评审进度界面。

当前位置 > 文件制修订状态监控查询 > 审核进度查询　周期类型 评审周期（年）　年份 2013年
主控部门 全部　制修订类型 全部　计划类型 全部　进行状态 全部　计划完成时间 全部

文件名称	进行状态	提交审核的时间	应提交审核时间	超期提交天数	计划会签完成时	会签通过时间
	等待公司领导审批	2014-04-08	2014-02-21	32	2014-02-28	2014-04-08
	等待公司领导审批	2014-04-08	2014-02-21	32	2014-02-28	2014-04-08
	等待公司领导审批	2014-04-10	2014-02-21	34	2014-02-28	2014-04-11
	已发布	2014-01-24	2014-02-21	0	2014-02-28	2014-03-07
	已发布	2014-01-24	2014-02-21	0	2014-02-28	2014-03-14
	已发布	2014-03-14	2014-02-21	15	2014-02-28	2014-03-27
	等待公司领导审批	2014-04-24	2014-02-21	44	2014-02-28	2014-04-30

图 7－19　标准评审进度界面

所有的过程审核信息都会被保留，相关人员可以随时查阅审核人员发布的意见和建议，既可为后一环节审核人的决策提供支持，又起到了舆论监督作用。标准评审意见界面如图 7－20 所示。

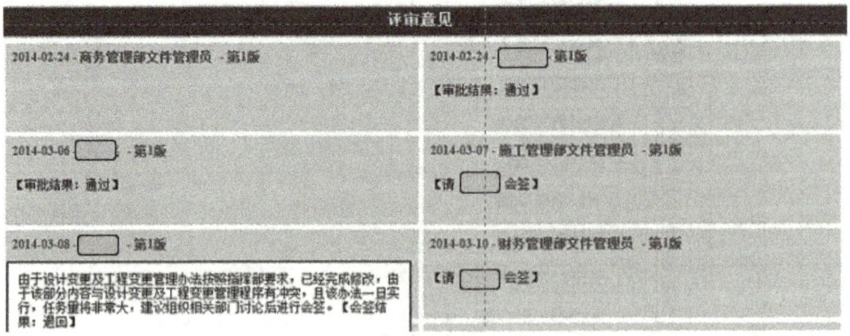

图 7－20　标准评审意见界面

（二）方便标准的查询

如何让用户在“茫茫”标准中快速、准确地查询到自己想要的标准，通过信息化可以解决这个问题。

（1）系统支持标准模糊查询和精确查询，用户可以输入标准的名称、代号、编制部门等信息进行检索。

（2）系统实现了按业务、管理体系要素等多维度导航查询，用户也可以按照标准层级、类型和发布部门等进行查询。图 7－21 所示为多维度导航界面。

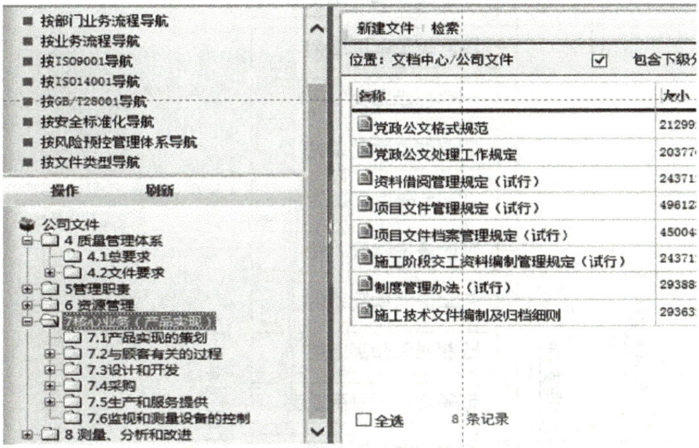

图 7－21　多维度导航界面

借助于信息系统的支持，标准体系可以很方便地实现如图 7－22 所示的按价值链维度划分的管理标准体系结构图、如图 7－23 所示的按 ISO 9001 质量管理体系维度划分的管理标准体系结构图和如图 7－24 所示的按功能部门归口划分的管理标准体系结构图等多种结构图的展示。

（3）系统支持关联标准的查询。如图 7－25 所示，例如，在查询某标准时涉及另一标准，直接单击系统会自动链接打开关联的标准。

（4）支持个性化制定。各部门、各单位、各岗位均可以根据自己的习惯建立属于自己的标准数据库。企业可先建立标准的分类、分级，再将现在标准数据“拖拉”进去即可，如图 7－26 所示。

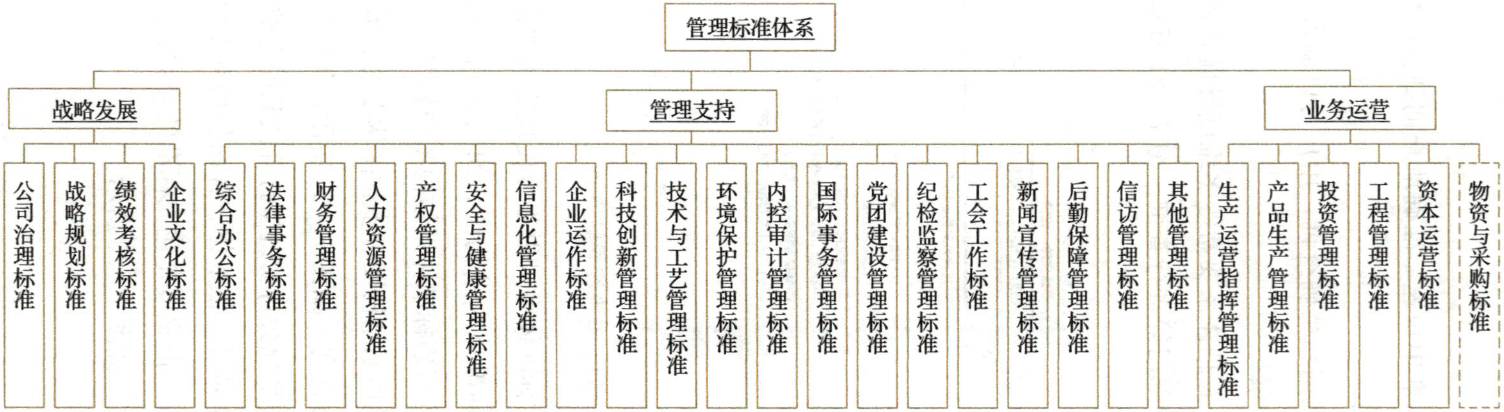

注：其中虚线框（物资与采购标准）直接引用集团公司的管理规章。

图7－22 按价值链维度划分的管理标准体系结构图

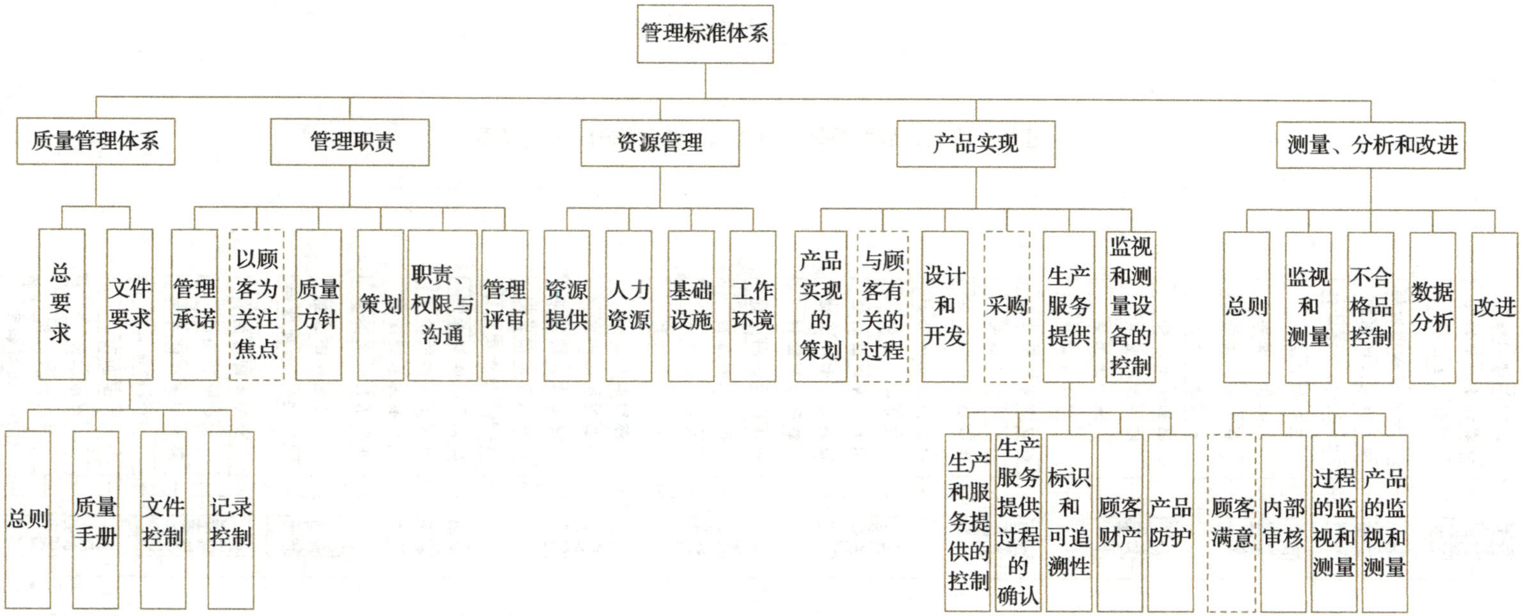

注1：该结构图只涵盖了与质量相关的管理标准，不是所有管理标准。
注2：虚线框部分表示与公司业务无关，只是为了确保质量管理体系标准要素无遗漏。

图7－23　按ISO 9001质量管理体系维度划分的管理标准体系结构图

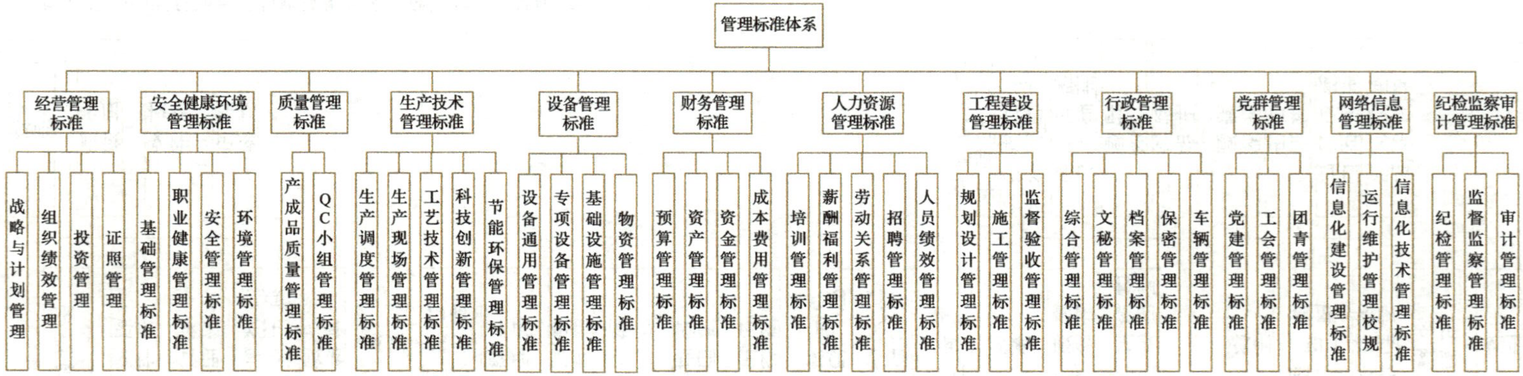

图7－24 按功能部门归口划分的管理标准体系结构图

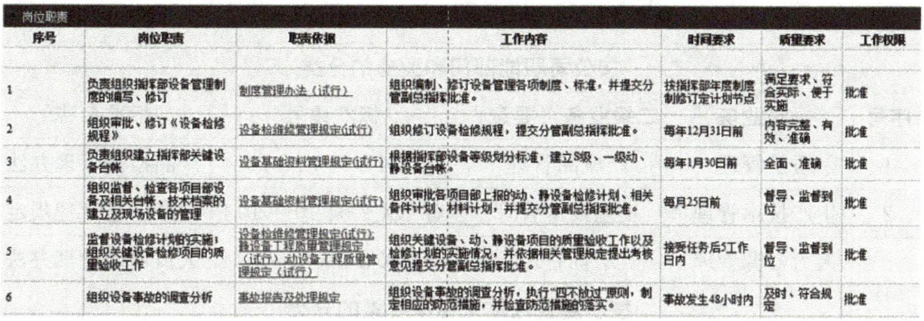

岗位职责

序号	岗位职责	职责依据	工作内容	时间要求	质量要求	工作权限
1	负责组织指挥部设备管理制度的编写、修订	制度管理办法（试行）	组织编制、修订设备管理各项制度、标准，并提交分管副总指挥批准。	按指挥部年度制度制修订定计划节点	满足要求、符合实际、便于实施	批准
2	组织审批、修订《设备检修规程》	设备检维修管理规定(试行)	组织修订设备检修规程，提交分管副总指挥批准。	每年12月31日前	内容完整、有效、准确	批准
3	负责组织建立指挥部关键设备台帐	设备基础资料管理规定(试行)	根据指挥部设备等级划分标准，建立S级、一级动、静设备台帐。	每年1月30日前	全面、准确	批准
4	组织监督、检查各项目部设备及相关台帐、技术档案的建立及现场设备的管理	设备基础资料管理规定(试行)	组织审批各项目部上报的动、静设备检修计划、相关备件计划、材料计划，并提交分管副总指挥批准。	每月25日前	督导、监督到位	批准
5	监督设备检修计划的实施；组织关键设备检修项目的质量验收工作	设备检维修管理规定(试行)；静设备工程质量管理规定（试行）动设备工程质量管理规定（试行）	组织关键设备、动、静设备项目的质量验收工作以及检修计划的实施情况，并依据相关管理规定提出考核意见提交分管副总指挥批准。	接受任务后5工作日内	督导、监督到位	批准
6	组织设备事故的调查分析	事故报告及处理规定	组织设备事故的调查分析，执行"四不放过"原则，制定相应的防范措施，并检查防范措施的落实。	事故发生48小时内	及时、符合规定	批准

图 7－25　工作标准关联查询界面

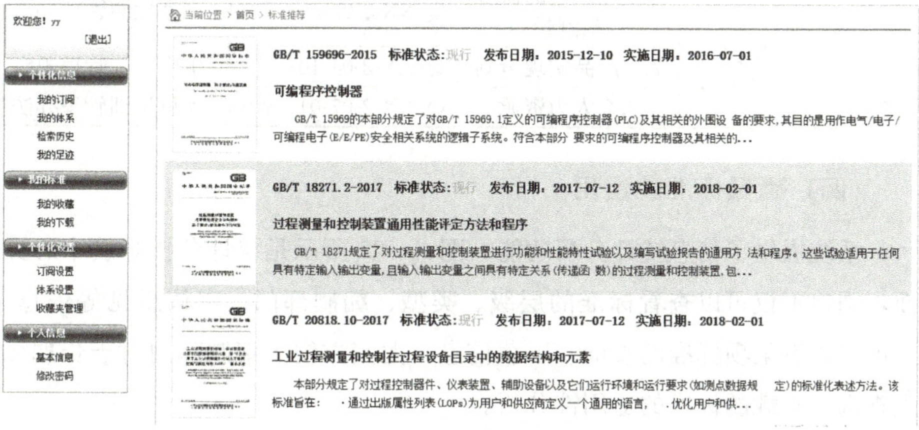

图 7－26　个人中心界面

（三）标准明细表示例

表 7－5 分别为按集团公司规章制度业务、公司职能部门和业务、质量管理体系标准要素等不同维度对产品生产管理、技术与工艺管理、人力资源管理等标准的多维度进行了示例。企业通过信息平台的辅助，可满足不同用户、不同场景的标准化使用需求。

表 7－5　从不同维度对管理标准体系分类示例

按集团公司规章制度业务的分类				
序号	一级业务	二级业务（要素）	标准编号	标准名称
1	业务运营	产品生产管理	Q/XX-2-03-01—2014	产品检测管理办法
2	管理支持	技术与工艺管理	Q/XX-2-04-10—2014	生产工艺管理规定
3	管理支持	人力资源管理	Q/XX-2-07-01—2014	人员培训管理办法

续表

按公司职能部门和业务的分类				
序号	**一级业务**	**二级业务（要素）**	**标准编号**	**标准名称**
1	质量管理	产成品管理	Q/XX-2-03-01—2014	产品检测管理办法
2	生产技术管理	工艺技术管理	Q/XX-2-04-10—2014	生产工艺管理规定
3	人力资源管理	培训管理	Q/XX-2-07-01—2014	人员培训管理办法
按质量管理体系标准要素的分类				
序号	**一级业务**	**二级业务（要素）**	**标准编号**	**标准名称**
1		8.2.4 产品的监视和测量	Q/XX-2-03-01—2014	产品检测管理办法
2		7.1 产品实现策划	Q/XX-2-04-10—2014	生产工艺管理规定
3		6.2 人力资源	Q/XX-2-07-01—2014	人员培训管理办法

（四）确保标准的使用

系统提供了信息统计分析功能，图 7－27 所示是统计分析导航中心界面，用户不仅可以查看标准的层级、类型、编制部门、审核意见等信息，还可以查看某项标准的查询、下载信息，尤其方便了编制部门对于长期无人查询、下载的标准的适用性分析。

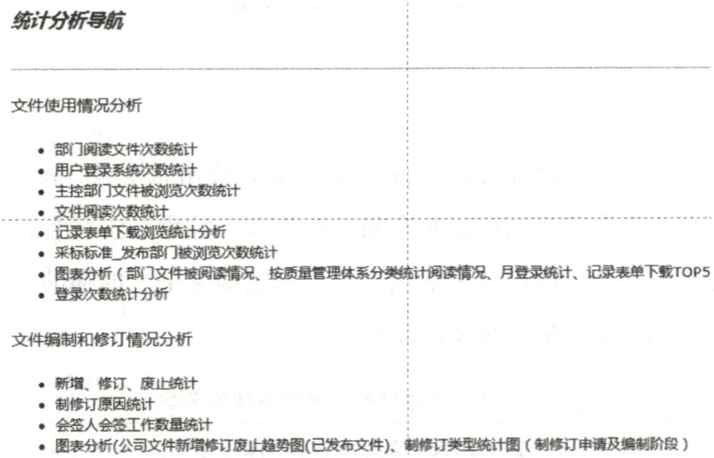

图 7－27　统计分析导航中心界面

同时，用户均可以对标准发表评价，提出改进意见和建议，便于标准制定部门后续修订时参考。

四、未来信息化融合探索

标准化—流程化—信息化是发展的必然趋势，A 公司计划未来在以下方面进行探索：

（1）基于企业管理标准体系结构图（图 7-28 所示）深入开展业务流程的梳理和分析，将标准嵌入流程的具体节点。用户在进入某个流程的具体环节时，可以随时查询相关工作要求，知道使用哪些记录表单、如何填报审批或注意哪些事项；还可以查询到这个流程关联的管理标准、技术标准，真正做到知其然、知其所以然。

（2）实现信息系统集成管理。以业务流程为核心，将标准系统、OA 系统、ERP 系统等进行集成，打通信息孤岛，形成一套体系、一套标准，避免管理“两张皮”的现象，以提高管理效能。

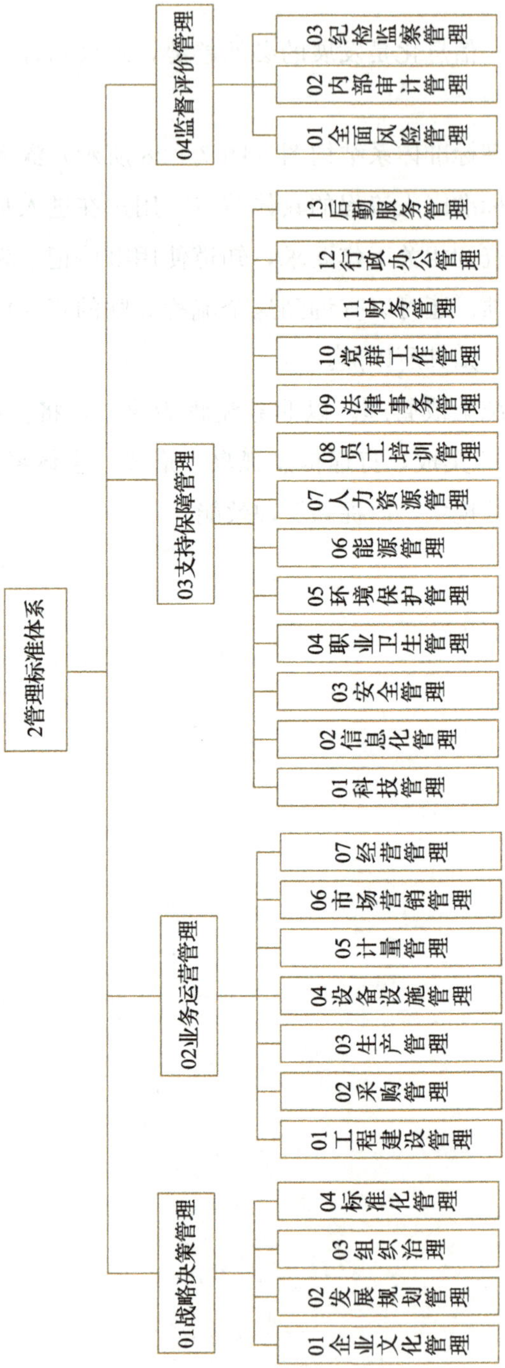

图7－28　企业管理标准体系结构图

附录A　我国标准化的相关法律法规

企业在开展标准化工作时，可能需要查阅的标准化相关法律法规主要包括如下（但不限于）：

一、与标准化直接相关的法律法规

——《中华人民共和国标准化法》

——《国家标准管理办法》

——《行业标准管理办法》

——《地方标准管理办法》

——《企业标准化管理办法》

——《采用国际标准管理办法》

——《团体标准管理规定》

——《全国专业标准化技术委员会管理办法》

——《采用国际标准产品标志管理办法（试行）》

——《采用国际标准产品标志管理办法（试行）实施细则》

——《参加国际标准化组织（ISO）和国际电工委员会（IEC）国际标准化活动管理办法》

——《国家标准涉及专利的管理规定（暂行）》

二、与企业标准化工作紧密相关的法律法规

——《中华人民共和国产品质量法》

——《中华人民共和国计量法》

——《中华人民共和国国家安全法》

——《中华人民共和国环境保护法》

——《中华人民共和国专利法》

——《中华人民共和国节约能源法》

——《中华人民共和国消防法》
——《中华人民共和国大气污染防治法》
——《中华人民共和国安全生产法》
——《中华人民共和国水法》
——《中华人民共和国水污染防治法》
——《中华人民共和国职业病防治法》
——《中华人民共和国清洁生产促进法》
——《中华人民共和国矿产资源法》
——《中华人民共和国电力法》
——《中华人民共和国建筑法》
——《中华人民共和国石油天然气管道保护法》
——《中华人民共和国标准化法实施条例》
——《中华人民共和国计量法实施细则》
——《中华人民共和国海关行业标准管理办法（试行）》
——《危险化学品安全管理条例》
——《工程建设国家标准管理办法》
——《能源领域行业标准化管理办法（试行）》
——《国家环境保护标准制修订工作管理办法》
——《新闻出版行业标准化管理办法》
——《电力行业标准化管理办法》
——《机械工业标准化管理办法》
——《气象标准化管理规定》
——《汽车行业标准化管理办法》
——《农业标准化管理办法》
——《保险标准化工作管理办法》
——《邮政业标准化管理办法》
——《危险废物经营许可证管理办法》
——《国土资源标准化管理办法》
——《旅游业国家标准和行业标准制修订工作管理办法》
——《全国旅游标准化工作管理办法》

——《水利标准化工作管理办法》

——《危险化学品建设项目安全监督管理办法》

——《建设项目竣工环境保护验收管理办法》

——《产品标识标注规定》

——《公路安全保护条例》

——《原油、天然气长输管道与铁路相互关系的若干规定》

附录 B　我国标准化资源简介

B.1　我国标准化机构（部分）

B.1.1　国家标准化管理委员会

中文名称： 国家标准化管理委员会

英文名称： Standardization Administration of the People's Republic of China

英文缩写： SAC

联系地址： 北京市海淀区马甸东路 9 号

E-MAIL： webmaster@sac.gov.cn

网　　站： http://www.sac.gov.cn/

标准资源：

——全国标准信息公共服务平台（http://std.samr.gov.cn）

——国家标准计划查询

——国家标准目录查询

——国家标准全文公开

——标准化技术委员会目录查询

——标准化技术委员会委员查询

——国家标准样品查询

——国家标准外文版查询

——技术委员会组织管理系统

机构简介：

国家市场监督管理总局对外保留国家标准化管理委员会牌子。国家标准化管理委员会主管的全国标准信息公共服务平台涵盖国家标准、行业标准、地方标准、团体标准、企业标准、国际标准、国外标准及全国专业标准化技术委员会等信息，免费向全社会公开查询。

主要职责：

（1）下达国家标准计划，批准发布国家标准，审议并发布标准化政策、管理制度、规划、公告等重要文件。

（2）开展强制性国家标准对外通报。

（3）协调、指导和监督行业、地方、团体、企业标准工作。

（4）代表国家参加国际标准化组织、国际电工委员会和其他国际或区域性标准化组织。

（5）承担有关国际合作协议签署工作。

（6）承担国务院标准化协调机制日常工作。

B. 1. 2 中国国家认证认可监督管理委员会

中文名称：中国国家认证认可监督管理委员会

英文名称：Certification and Accreditation Administration of the P. R. C

英文缩写：CNCA

联系地址：北京市海淀区马甸东路 9 号

网　　站：http://www. cnca. gov. cn/

标准资源：

——全国认证认可信息公共服务平台（http://cx. cnca. cn）

机构简介：

原国家认监委的相关业务职能由认证监督管理司和认可与检验检测监督管理司承担。

主要职责：

认证监督管理司：拟订实施认证和合格评定监督管理制度。规划指导认证行业发展并协助查处认证违法行为。组织参与认证和合格评定国际或区域性组织活动。

认可与检验检测监督管理司：拟订实施认可与检验检测监督管理制度。组织协调检验检测资源整合和改革工作，规划指导检验检测行业发展并协助查处认可与检验检测违法行为。组织参与认可与检验检测国际或区域性组织活动。

B.1.3 中国标准化研究院

中文名称：中国标准化研究院

英文名称：China National Institute of Standardization

英文缩写：CNIS

联系地址：北京市海淀区知春路4号

网　　站：http://www.cnis.ac.cn/

标准资源：

——国家标准文献共享服务平台

——标准文献、技术法规、期刊、专著的查询、翻译和订购、标准培训等

机构简介：

中国标准化研究院（初名国家科委标准化综合研究所）始建于1963年，隶属于国家市场监督管理总局，是从事标准化研究的国家级社会公益类科研机构，主要针对我国国民经济和社会发展中全局性、战略性和综合性的标准化问题进行研究。

主要职责：

（1）开展标准化发展战略、基础理论、原理方法和标准体系研究。

（2）承担节能减排、质量管理、国际贸易便利化、视觉健康与安全防护、现代服务、公共安全、公共管理与政务信息化、信息分类编码、人类工效、食品感官分析等领域标准化研究及相关标准的制定和修订工作。

（3）承担相关领域的全国专业标准化技术委员会、分技术委员会秘书处工作。

（4）承担相关标准科学实验、测试等研发及科研成果的推广与应用工作。

（5）组织开展能效标识、顾客满意度测评工作，承担地理标志产品保护研究及技术支持工作。

（6）负责标准文献资源建设与社会化服务工作，承担国家标准文献共享服务平台运行和标准化基础科学数据资源建设与应用工作。

（7）支撑国家市场监督管理总局以及国家标准化管理委员会的相关管理职能，包括我国缺陷产品召回管理、国家标准评估、全国工业产品、食品生产许可证审查等。

B.1.4 中国标准化协会

中文名称：中国标准化协会

英文名称：China Association for Standardization

英文缩写：CAS

联系地址：北京海淀区增光路 33 号

网　　站：http://www.china-cas.org/

机构简介：

中国标准化协会（简称中国标协），1978 年经国家民政主管部门批准成立，是由全国从事标准化工作的组织和个人自愿参与构成的全国性法人社会团体。中国标协是中国科学技术协会重要成员单位之一，接受国家市场监督管理总局和国家标准化管理委员会的领导和业务指导。中国标准化协会负责国家标准的制定和修订工作、标准化培训、科学宣传、技术交流、编辑出版、在线网站、咨询服务、国际交流与合作等业务。组织制定中国标准化协会标准，并承担全国雷电防护标准化技术委员会、全国原产地域产品标准化工作组、全国洁净室及相关受控环境标准化技术委员会、全国标协检验技术委员会、中国标准化协会传统工艺技术委员会等工作。

主要职责：

（1）开展标准化、质量认证等领域的学术理论研讨，组织国内外标准化专家进行学术交流。

（2）承担标准化领域的管理工作、技术工作和各种活动。

（3）开展标准化领域的方针、政策、法律、法规及有关技术问题的研究和社会调查，向有关政府部门提供建议。

（4）承担或参与标准化科学研究、科技项目论证、标准化科技成果的鉴定等工作。

（5）开展质量、环境、职业安全及产品等认证工作。

（6）普及标准化知识，培训标准化人员。

(7) 开发标准化信息资源，组织标准化咨询服务。

(8) 授权发布国家标准公告及有关标准化信息，编辑、出版、发行标准化书刊和资料。

(9) 推荐或奖励标准化优秀论文和优秀科普作品，表彰优秀标准化工作者。

(10) 举办与标准化有关的经济技术实体，依法开展经营活动。

B.1.5 中国电子技术标准化研究院

中文名称： 中国电子技术标准化研究院

英文名称： China Electronics Standardization Institute

英文缩写： CESI

联系地址： 北京东城区安定门东大街1号（安定门院区）

北京市亦庄经济技术开发区同济南路8号（亦庄院区）

网　　站： http://www.cesi.cn/

机构简介：

中国电子技术标准化研究院（工业和信息化部电子工业标准化研究院，工业和信息化部电子第四研究院，简称“电子标准院”“电子四院”），创建于1963年，是工业和信息化部直属事业单位，是国家从事电子信息技术领域标准化的基础性、公益性、综合性研究机构。

电子标准院以电子信息技术标准化工作为核心，通过开展标准科研、检测、计量、认证、信息服务等业务，面向政府提供政策研究、行业管理和战略决策的专业支撑，面向社会提供标准化技术服务。电子标准院承担有55个IEC、ISO/IEC/JTC1的TC/SC国内技术归口和17个全国标准化技术委员会秘书处的工作。

主要职责：

(1) 研究工业领域标准化发展战略，提出相关规划和政策建议。

(2) 组织建立和完善电子信息技术领域标准体系，开展共性、基础性标准的研究制定和推广应用工作。

(3) 承担电子产品的试验检测、质量控制和技术评价、质量监督检测和质量争议鉴定等相关工作；负责电子工业最高计量标准的建立、维护和量值传递工作。

（4）开展管理体系认证、产品认证等相关活动。

（5）建立和维护工业领域标准信息资源网络，开展信息咨询、技术咨询和培训活动。

B.1.6 中国信息通信研究院

中文名称： 中国信息通信研究院

英文名称： China Institute of Information and Communication

英文缩写： CAICT

联系地址： 北京市海淀区花园北路52号

网　　站： http://www.caict.ac.cn/

标准资源：

——信息通信及信息化与工业化融合领域标准化工作平台

机构简介：

中国信息通信研究院（简称“中国信通院”）始建于1957年，是工业和信息化部直属科研事业单位。其设立有信息与通信技术服务业、互联网、无线与移动、信息网络、信息与通信技术制造业、两化融合、网络与信息安全、法律与监管八大软科学研究领域。同时，是中国通信标准化协会的核心成员，承担众多行业标准的规划和技术体系设计，牵头组织协调完成国内通信行业标准2 000余项。在国际标准化方面，协调国内企业参与ITU、3GPP、IETF、IEEE等国际标准组织的活动，将我国自主研究成果输出到国际标准，主导了多项标准的制定。其下设的技术与标准研究所主要负责相关标准化工作。

主要职责：

（1）支撑信息通信及信息化与工业化融合领域一系列国家重大战略与政策的制定与实施。

（2）开展信息通信及信息化与工业化融合领域各类规划的研究与支撑。

（3）引领推进信息通信及信息化与工业化融合领域国际国内标准研究。

(4) 开展委托测试、管理体系认证、通信产品认证、通信计量校准、国内认证检测、国际认证检测、评估与验证服务及代维企业资质评定等。

(5) 对外开展政策咨询、技术与标准咨询、产业与规划咨询、工程咨询、知识产权与专利咨询与培训业务。

(6) 负责电信设备进网申请的受理和检测工作管理及印制、发放、鉴定电信设备朝见许可证和标志等工作。

B.1.7 中机生产力促进中心

中文名称： 中机生产力促进中心

英文名称： China Productivity Center for Machinery

英文缩写： CPCM

联系地址： 北京市海淀区首体南路 2 号

网　　站： http://www.pcmi.com.cn/

标准资源：

——标准网

机构简介：

中机生产力促进中心成立于 1992 年，是国务院国资委直接监管的中央大型科技企业集团——机械科学研究总院的全资企业。中机生产力促进中心下设有测试技术与装备研究所、制造工程研究所、装备制造业发展研究中心和核设备安全与可靠性中心等研究部门，分别结合各自研究领域为政府部门和企业提供战略咨询、技术咨询与技术服务、标准研究与制定、管理体系与产品认证、产品质量监督与检测、新技术新产品研发与推广应用，以及机电产品进出口贸易等方面的服务。其共承担了 3 个国际标准化技术委员会秘书处，16 个全国标准化技术委员会秘书处，4 个全国标准化技术委员会分委会秘书处，4 个行业标准化技术委员会秘书处，11 个学会及协会等组织。

主要职责：

(1) 开展战略决策、企业信息化服务、核电技术、先进制造技术等方面的技术咨询服务。

(2) 以 3 个国际标准化技术委员会秘书处、16 个全国标准化技术委员会秘书处为基础，开展标准的研究、标准制修订、标准信息咨询等一条龙服务。

（3）开展 ISO9000、ISO/TS16949、ISO14000、OHSAS18000、一体化的管理体系认证业务；开展产品认证与管理体系认证相结合的综合认证服务；以及上述相关领域的认证培训工作。

（4）承担产品质量国家监督抽查、行业产品统检、产品质量认证检测、进出口产品商检、仲裁检测、新产品开发和采用国际先进标准鉴定验收检测、客户委托检测。

（5）提供科研产品和来料、来图、来样加工及来件装配等进出口代理业务。

B.1.8 北京机械工业自动化研究所

中文名称： 北京机械工业自动化研究所

英文名称： Beijing Research Institute of Automation for Machinery Industry

英文缩写： RIAMB

联系地址： 北京市西城区德胜门外教场口一号

网　　站： http://www.riamb.ac.cn/

机构简介：

北京机械工业自动化研究所（简称北自所）创建于1954年，是原机械工业部直属的综合性科研机构，1999年转制，现为国务院国资委监管的大型科技企业。北自所建有8个工程事业部，拥有“制造业自动化国家工程研究中心”“国家液压元件质量监督检验中心”“国家‘863’计划智能机器人产业化基地”等国家级的科研、开发基地，并兴建以“智能专机设备”和“高附加值工业产品”为主题的两个产业园区；有“全国工业自动化系统与集成标委会”“全国液压与气动标委会”等15个全国性行业组织，负责自动化领域的国际标准、国家标准和行业标准的研究制定工作；编辑发行两本中文核心期刊：《制造业自动化》和《液压与气动》。

主要职责：

（1）负责制造业领域自动化、信息化、集成化技术的创新、研究、开发和应用。

（2）开展智能物流与仓储、工业自动化、工业机器人、金属板材加工、自动装配与实验、流动传动与控制、工业加速器、专用集成电路、锂电池拉膜生产等研究工作。

（3）负责工业过程测量控制和自动化、液压气动等方面的标准研制。

B.1.9 机械工业仪器仪表综合技术经济研究所

中文名称： 机械工业仪器仪表综合技术经济研究所

英文名称： Instrumentation Technology and Economy Institute

英文缩写： ITEI

联系地址： 北京市西城区广安门外大街甲 397 号

网　　站： www. itei. cn

机构简介：

机械工业仪器仪表综合技术经济研究所是国务院国有资产监督管理委员会举办的事业单位，成立于 1980 年。其标准与检测中心承担全国工业过程测量控制和自动化标准化技术委员会、全国智能建筑及居住区数字化标准化技术委员会、全国实验室仪器及设备标准化技术委员会的秘书处工作。承担工业信息化底层技术传感器及智能化仪器仪表、测量控制与自动化领域综合性科研职能任务，面向社会提供公益服务，为政府产业政策制定、规划计划编制、实施行业管理提供支撑。

主要职责：

（1）传感与工业通信技术研究开发。

（2）仪器仪表产品、控制网络及自动化系统安全和性能检验测试。

（3）测量控制设备及系统的安全保障技术研究。

（4）仪器仪表与自动化领域标准化技术研究与标准制定。

（5）国家传感器及智能化仪器仪表专项、文物保护装备产业化及应用专项技术支撑。

（6）计算机信息系统开发与建设。

（7）装备制造业技术经济发展战略研究、市场分析预测等软科学研究和咨询。

（8）《中国仪器仪表》和《仪器仪表标准化与计量》杂志出版。

（9）开展测量控制和自动化、实验室仪器、电气设备安全、智能楼宇、文物保护装备等领域的国际、国内标准化工作。

B.1.10 石油工业标准化研究所

中文名称： 石油工业标准化研究所

英文名称： Standardization Research Institute of Petroleum Industry

英文缩写： PSC

联系地址： 北京市海淀区学院路20号

网　　站： http://www.petrostd.com/

标准资源：

——石油工业标准化业务管理平台

机构简介：

石油工业标准化研究所是我国石油工业标准化技术研究机构，也是中国石油天然气集团公司直属的质量标准化技术支持机构，是石油工业标准化研究管理的技术归口单位，是石油工业国家标准、行业标准、中石油集团公司、股份公司企业标准制定、修订和研究工作的部门。

主要职责：

（1）承担石油工业国家标准、行业标准体系研究及中油集团公司、股份公司企业标准体系发展战略和标准化管理。

（2）负责石油工业国家标准、行业标准及中国石油企业标准制定、修订、复核报批和备案等技术归口工作。

（3）承担ISO/TC 67国内技术归口工作，负责组织相关领域国际标准草案的投票。

（4）负责石油工业标准化信息和咨询服务等管理工作。

（5）编辑出版并发行《石油工业标准化通讯》。承担石油天然气行业标准的档案管理和技术咨询服务。

（6）承担石油工业标准化技术委员会、中油集团公司、股份公司标准化网站的维护和运行。

（7）受中油集团公司、股份公司质量安全环保部委托，负责股份公司产品质量监督抽查计划草案的编制和抽查结果的汇总统计。

（8）承担油田化学剂产品质量监督抽查和质量认可等质量管理工作。

（9）受国家认可委委托，组织开展实验室计量认证工作。

B.1.11　中国船舶工业集团公司第708研究所

中文名称： 中国船舶工业集团公司第708研究所（中国船舶及海洋工程设计研究院）

英文名称： Marine Design and Research Institute of China

英文缩写： MARIC

联系地址： 上海市西藏南路1688号

网　　站： http://maric.cssc.net.cn/

机构简介：

中国船舶工业集团公司第708研究所（中国船舶及海洋工程设计研究院）创建于1950年，是船舶设计技术国家工程研究中心的依托单位，是国际拖曳水池会议（ITTC）、国际船舶结构会议（ISSC）的成员单位，承担全国海洋船标准化技术委员会（SAC/TC 12）和全国小艇标准化技术委员会（SAC/TC 241），负责全国海洋船和艇长小于或等于24m的游艇和采用类似设备等领域的标准化工作。

主要职责：

（1）研发多型具有世界先进水平的各类船舶、海洋工程装备和船用装备。

（2）研发设计民用运输船舶和特种船舶。

（3）研究船舶喷水推进技术。

（4）开展全国海洋船、艇长小于或等于24m的游艇和采用类似设备等领域的标准化工作。

B.1.12　中国机械工业联合会

中文名称： 中国机械工业联合会

英文名称： China Machinery Industry Federation

英文缩写： CMIF

联系地址： 北京市西城区三里河路46号

网　　站： http://cmif.mei.net.cn/

机构简介：

中国机械工业联合会是由机械工业全国性协会、地区性协会、企事业单位、科研院所和大中专院校等自愿组成的综合性行业协会组织。

主要职责：

（1）调查研究机械行业经济运行、企业发展等方面的情况，向政府反映行业企业的意见和要求，为政府部门制定行业技术经济政策、贸易政策和行业结构调整等提供建议和咨询服务。

（2）分析和发布与行业相关的技术与经济信息，进行市场预测预报，组织制定行业规划，为政府、企业、会员和社会中介组织等提供行业发展指导及行业信息服务。

（3）组织制定、修订机械工业国家和行业标准、技术规范，并组织宣传贯彻。

（4）参与行业质量认证和监督管理工作，为企业的质量工作提供诊断、咨询服务。

（5）推进行业科技进步，开展行业科技交流，促进两化融合，组织行业科技成果评奖并推荐国家级科技进步奖。

（6）组织开展国内外技术经济协作与交流，与国际对口行业组织进行交往。

（7）组织开展行业培训、行业先进评选和行业考察活动等。

B.1.13 中国物流与采购联合会

中文名称：中国物流与采购联合会

英文名称：China Federalion of Logstics & Purchasing

英文缩写：CFLP

联系地址：北京月坛北街26号恒华国际中心1503

网　　站：http://www.chinawuliu.com.cn/

标准资源：

——月刊《物流标准化动态》

机构简介：

中国物流与采购联合会是中国第一家物流与采购行业综合性社团组

织，承担全国物流标准化技术委员会（SAC/TC 269）的秘书处工作。联合会是由国务院批准设立、受国家经贸委业务指导、民政部社团登记管理的具有社团法人资格的全国性行业组织，由全国性或省、自治区、直辖市、副省级城市物流和生产资料流通专业社团，各种经济成分的生产资料流通企业、物流企业、批发市场以及相关的科研、教学单位自愿联合组成的全国性行业组织。联合会的主要任务是推动中国物流业的发展，推动政府与企业采购事业的发展，推动生产资料流通领域的改革与发展，完成政府委托交办事项。政府授予联合会外事、科技、行业统计和标准制修订等项职能。其下设有中国物流与采购联合会标准化工作部，具体负责物流基础、物流技术、物流管理和物流服务等领域的标准化工作。

主要职责：

（1）实施行业调查和统计，提出行业发展规划、产业政策及经济立法建议。

（2）开展市场调查，分析市场形势，提供信息咨询服务。

（3）参与商品流通与物流方面国家标准和行业标准的制定和修订。

（4）推动物流教育，培训专业人员。

（5）促进对外合作与交流。

（6）组织展览和交易活动，开展行业科技信息工作。

（7）编辑出版发行会刊、年鉴、资料和其他出版物。

B.1.14　北京市标准化研究院

中文名称：北京市标准化研究院

英文名称：Beijing Institute of Standardization

英文缩写：BIS

联系地址：北京市东城区和平里东街 20 号

网　　站：http://www.cnbis.org/

标准资源：

——首都标准网

机构简介：

北京市标准化研究院是北京市标准化综合研究机构，是北京市市场监督管理局专门从事标准化研究与标准信息服务的直属事业单位，加挂北京市条码质量监督检验站牌子，承担中国物品编码中心北京分中心的工作职责。标准院下设办公室、科技管理办公室、标准研究中心、标准文献馆、条码管理中心、物品编码应用技术中心等部门。

主要职责：

（1）承担北京市标准化及标准体系建设的研究工作。

（2）承担国内外标准文献与信息的搜集、加工和维护工作，以及国际技术标准、法规的研究咨询工作。

（3）承担北京市标准化专家库的建立和日常管理，以及国内外标准化交流与合作工作。

（4）为制定和修订地方标准提供技术支撑。

（5）负责北京市商品条码的登记、管理和服务，以及物品编码工作的研究、应用推动工作。

B. 1. 15 上海市质量和标准化研究院

中文名称：上海市质量和标准化研究院

英文名称：Shanghai Institute of Quality and Standardization

英文缩写：SIS

联系地址：上海市长乐路 1227 号

网　　站：http://www. cnsis. info/

标准资源：

——上海质量发展和标准信息公共服务平台

机构简介：

上海市质量和标准化研究院始建于 1984 年，是集质量与标准化科研、服务和应用于一体的公益性科研机构，直属上海市市场监督管理局。SIS 承担了全国会展业、物流服务和项目管理等领域的标准化技术委员会和分委员会秘书处工作。中国物品编码中心上海分中心也设在 SIS，由其负责管理上海市商品条码工作。

主要职责：

（1）开展质量管理、公共服务、服务业标准化、综合标准化、节能减排等领域的研究与应用，承担物流、会展、项目管理、信息化、公共服务、社会管理等领域的各级标准制定任务。

（2）提供标准信息查询、标准图书销售和国外原版标准代购等公共服务，同时，借助信息化手段，开展文献馆藏建设与服务研发，提供标准文献数据库、标准信息系统等定制产品。

（3）负责商品条码系统成员注册续展、条码质量检验、条码印刷资格认定、自动识别技术应用解决方案、咨询培训。

（4）负责各类管理体系内外审核员培训；标准化工程师培训；标准化职业能力培训；企业管理策划咨询与培训；企业“八技服务”；最新标准宣贯以及国内外标准翻译等。

B. 1. 16　深圳市标准技术研究院

中文名称：深圳市标准技术研究院

英文名称：Shenzhen Institute of Standards and Technology

英文缩写：SIST

联系地址：深圳市福田区滨河大道 3002 号

网　　站：http://www.sist.org.cn/

标准资源：

——深圳市标准信息平台

机构简介：

深圳市标准技术研究院直属于深圳市市场监督管理局，是深圳市唯一专业从事标准化科研、服务和应用的公益类科研事业机构，加挂有国际标准化组织发展中国家事务委员会（ISO/DEVCO）国内技术对口单位、国家欧洲标准研究中心、全国组织机构代码管理中心深圳分中心、中国物品编码中心深圳分中心等国家级技术机构牌子。

主要职责：

（1）负责标准信息及相关资源的收集、研究、开发、应用，负责标准的研究与制定，开展标准化技术咨询与服务；承担国际、国内标准化技术组织的相关工作。

（2）负责公共图形符号、标识标志标准化的研究和应用。

(3) 开展技术性贸易措施（TBT）及其应对措施的研究、咨询和服务；开展 WTO 通报评议工作。

(4) 负责组织机构代码的赋码、管理和应用，组织机构数字证书的发放和应用，对组织机构登记信息进行宏观经济分析。

(5) 负责管理物品编码和产品电子代码（EPC），开展标识产品标准符合性检验。

(6) 开展物联网技术研究以及相关标准、专利、检测、认证、应用推广等公共技术服务。

(7) 研究制定知识产权领域相关标准，开展标准与知识产权结合、知识产权应急与预警等研究及技术服务。

(8) 开展电子商务全产业链的标准、监管、信用、安全、技术等相关研究和应用服务。

(9) 负责市场监管相关信息资源的开发与应用，开展舆情监测分析服务、企业信用评级服务以及品牌评价服务。

(10) 开展食品安全、质量信用的研究与服务；开展基于编码技术的防伪技术、产品追溯的研究、应用和服务。

(11) 开展产品质量、知识产权及工程质量技术项目鉴定评估；开展政府采购公证验货。

B. 1. 17 山东省标准化研究院

中文名称： 山东省标准化研究院

英文名称： Shandong Institute of Standardization

英文缩写： SDIS

联系地址： 山东省济南市历下区历山路 146-6 号

网　　站： http://www.sdis.org.cn/

标准资源：

——标准信息网（山东省标准馆）

机构简介：

山东省标准化研究院隶属于山东省市场监督管理局，始建于 1980 年，是目前山东省唯一专业从事标准化研究与服务的省级社会公益类科研单位，同时加挂“WTO/TBT 山东咨询工作站”的牌子，主要从事标准信息资源、物品编码技术、统一社会信用代码管理；社会管理与公共服务、现代服务业、农业、工业、WTO/TBT、物流、信息安全、智慧城市、安全管理与产品追溯、质量品牌、社会信用等领域的标准化研究和技术服务。

主要职责：

（1）负责国内外标准信息的收集、整理、研究和传播，开展各类标准化研究与咨询服务。

（2）负责开展公共服务、农业、循环经济、节能减排等领域的标准化通用理论、标准制修订、标准体系建设与应用等的研究。

（3）负责组织机构代码业务管理、赋码对象研究、统一赋码与应用、组织机构行业应用研究、法人单位基础信息库、组织机构实名制、组织机构质量信用与征信研究、组织机构代码数据质量研究等领域工作。

（4）负责推广国际通用的、开放的、跨行业的全球统一标识系统和供应链管理标准。

（5）负责 RFID、物联网相关技术的产品和系统开发。

（6）提供我国及山东省电子政务、电子商务、大数据、云计算、三网融合、物联网等信息技术各领域关键标准制定工作及信息技术标准化咨询服务。

（7）提供信息安全技术标准化研究、ISO 27000&ISO 20000 咨询与培训、信息安全风险评估、信息安全保障从业人员资质培训等。

（8）企业质量诚信体系建设、宏观质量管理研究、质量信用评价、品牌价值测算、质量风险评估、征信管理研究、卓越绩效管理模式等研究。

（9）开展数码防伪技术、激光全息防伪技术、二维码技术、隐形图像防伪技术、RFID 技术、防伪包装技术等各种防伪技术及应用分析。

B.1.18　广州市标准化研究院

中文名称：广州市标准化研究院

英文名称：Guangzhou Institute of Standardization

英文缩写：GZIS

联系地址：广州市越秀区八旗二马路 38 号

网　　站：http://www.gzis.org.cn/

机构简介：

广州市标准化研究院是广州市市场监督管理局直属技术机构，始建于1985年，为企业提供国内外标准文献资料，承担标准制修订、技术论证、咨询和翻译服务。主要承担国家标准馆广州分馆、中国WTO/TBT广州通报咨询中心、中国物品编码中心广州分中心、广东省物联网标准化技术委员会、广东省电子商务标准化技术委员会、广州市组织机构代码管理中心等工作。

主要职责：

(1) 承担国家技术标准创新基地（广州）建设工作。

(2) 承担广东省电子商务标准化技术委员会、广东省物联网标准化技术委员会秘书处工作。

(3) 提供标准制定和修订、公共信息标志设计、"标良"创建、标准宣贯和培训等咨询服务。

(4) 开展高端新型电子信息、电子商务、信用评价、节能低碳、社会管理和公共服务、信息化等领域的标准研究工作。

(5) 负责广州地区国际技术性贸易措施相关技术工作；负责广州市产品质量安全风险监测与预警评估工作。

(6) 拥有信息工程质量检测实验室、条码检测实验室（CANS L3807/CANS L6847），产品标识（标签）检查机构（CANS IB0143）、计量认证的资质能力，并提供相关检验检测服务。

(7) 负责广州地区商品条码的日常管理工作；提供社会信用代码服务。

B.1.19 浙江省标准化研究院

中文名称：浙江省标准化研究院

英文名称：Zhenjiang Institute of Standardization

英文缩写：ZIS

联系地址：杭州市天目山路222号2号楼

网　　站：http://www.zis.org.cn/

标准资源：

——之江标准信息平台

机构简介：

浙江省标准化研究院是浙江省市场监督管理局下属公益二类事业单位，挂金砖国家标准化（浙江）研究中心、浙江省物品编码中心牌子，是浙江省综合性标准化研究与服务机构。其承担建设国家标准委和浙江省人民政府省部共建的金砖国家标准化研究中心，是浙江省开展国家标准化综合改革试点的主要支撑单位；获批浙江省委宣传部重点培育的“之江标准化智库”，是浙江省政府确定的“长三角一体化区域标准化研究中心”，是浙江省“一带一路”智库合作联盟成员单位。其附设浙江省品牌建设联合会等各类省级协会（平台）12 个，下属全资子公司 2 个。

主要职责：

（1）收集、翻译、管理、分析研究国内外技术法规、标准、合格评定程序等信息资料工作，承担相关馆藏建设工作。

（2）负责 WTO/TBT 信息的通报与咨询、预警信息发布、国外技术性贸易措施通报的评议与研究工作。

（3）负责标准化技术支撑工作，开展标准制定、项目评估论证、绩效评价等技术服务工作。

（4）负责金砖国家标准化技术交流平台建设工作，开展金砖国家标准化研究及技术交流合作。

（5）负责省标准化智库、长三角一体化区域标准化研究中心、中国物品编码中心浙江分中心的建设和运行，开展省“一带一路”智库标准化研究。

（6）负责商品条码、物品编码、产品电子代码与标识的业务管理和实施工作。

（7）负责统一社会信用代码资源管理及其数据库建设维护等工作，开展赋码后的校核、重错码核查工作。

（8）负责标准、质量、国外技术性贸易措施、物品编码及自动识别技术等领域技术研究、咨询服务、培训和应用推广等工作。

（9）负责商品条码、物品编码印刷品、自动识别技术产品的检验业务。

同时，承担中国物品编码中心电子商务与现代物流创新服务基地建设、浙江省射频及物流信息系统质量检验中心管理与运营和浙江省品牌建设联合会秘书处等工作。

B.2 全国标准化技术委员会列表

表B-1所示为国家标准化管理委员会批准的全国标准化技术委员会的相关情况，包含TC编号、TC名称、专业范围。

B-1 全国标准化技术委员会列表

TC编号	TC名称	专业范围
TC1	电压电流等级和频率	电压电流等级和频率
TC2	微电机	控制电机、驱动微电机、特种电机、电源电机
TC3	液压气动	液压、气动
TC4	信息与文献	信息和文献
TC5	涂料和颜料	涂料和颜料
TC6	集装箱	集装箱
TC7	人类工效学	人类工效学
TC8	电工电子产品环境条件与环境试验	电工电子产品环境条件与环境试验
TC9	防爆电气设备	防爆电气设备
TC10	医用电器	医用电器设备
TC12	海洋船	海洋船
TC15	塑料	塑料及树脂
TC16	量和单位	量和单位
TC17	声学	声学
TC18	真空技术	真空技术
TC19	轮胎轮辋	轮胎轮辋、气门嘴
TC20	能源基础与管理	节能以及能源方面的通用性、综合性的基础和管理等专业领域

续表

TC 编号	TC 名称	专业范围
TC21	统计方法应用	统计方法应用等专业领域
TC22	金属切削机床	金属切削机床、附件、功能部件等专业领域
TC23	电声学	负责全国电声学领域中助听器、声级计、测量传声器、听力计、测量用人耳和人头模拟器和其他电声测量仪器等专业领域的标准化工作
TC24	电工电子可靠性与维修性	负责全国电子产品可靠性、维修性及维修保障性等专业领域的标准化工作
TC25	电气安全	负责电气安全标准化领域的工作
TC26	旋转电机	负责全国旋转电机等专业领域的标准化工作
TC27	电气信息结构、文件编制和图形符号	负责全国电气信息结构、文件编制和图形符号等专业领域的标准化工作
TC28	信息技术	负责全国信息采集、表示、处理、传输、交换、表述、管理、组织、存储和检索的系统和工具的规范、设计和研制等专业领域的标准化工作
TC30	核仪器仪表	负责全国核仪器仪表等专业领域的标准化工作
TC31	气瓶	负责全国无缝气瓶、焊接气瓶、液化石油气瓶、溶解乙炔气瓶、气瓶附件等产品标准、气瓶设计、术语及气瓶检验等专业领域的标准化工作
TC33	模具	负责全国冲模、塑料模、压铸模（不包括木模）、锻模、橡胶模、玻璃模等专业领域的标准化工作
TC34	电工电子设备结构综合	负责全国电工、电子及仪表方面结构，包括总体设计导则、结构尺寸系列、色彩造型、人体工程导则、模拟符号，以及各种开关柜、控制柜、屏、台等产品及通用件、零部件等专业领域的标准化工作
TC35	橡胶与橡胶制品	负责全国橡胶与橡胶制品等专业领域的标准化工作
TC36	带电作业	负责全国带电作业技术及带电作业设备、工作等专业领域的标准化工作
TC37	农作物种子	负责全国农作物种子专业领域的标准化工作
TC38	微束分析	负责全国电子探针、扫描电镜、电子显微镜、离子探针等一类微束原位的分析领域本身的标准化工作，也包括所涉及的重要的相关学科，如高新材料、微电子材料与加工及生命生物科学中以微束分析为主要研究工具的有关的标准化工作，如纳米材料、亚微米材料、薄膜材料等分析测定及相关的材料标准等专业领域的标准化工作

续表

TC 编号	TC 名称	专业范围
TC39	纤维增强塑料	负责全国纤维增强塑料（复合材料）包括结构复合材料、功能复合材料、先进高性能复合材料等专业领域的标准化工作
TC41	木材	负责全国木材等专业领域（包括木材基础、原木、锯材、结构用木材等）的标准化工作
TC42	煤炭	负责全国煤炭分类、分级、术语、测试方法、检验规则，工业用煤炭产品技术条件等专业领域的标准化工作
TC43	导航设备	负责全国空中、海上和地面系统及设备等专业领域的标准化工作
TC44	变压器	负责全国变压器等专业领域的标准化工作
TC45	电力电容器	全国电力电容器及其应用等专业领域标准化工作，以及 IEC/TC33 的对口技术工作
TC46	家用电器	负责全国家用和类似用途电器安全、性能、安装和维修等专业领域的标准化工作
TC47	印制电路	负责全国印制电路，表面安装，互联技术等专业领域的标准化工作
TC48	塑料制品	负责全国塑料制品等专业领域的标准化工作
TC49	包装	负责全国包装专业的基础标准、方法标准、包装容器和包装材料的综合标准等专业领域的标准化工作
TC50	风力机械	负责全国风力机械（包括风力发电、风力提水等机械）等专业领域的标准化工作
TC51	绝缘材料	负责全国电工绝缘材料等专业领域的标准化工作
TC52	齿轮	负责全国齿轮的参数、公差及齿轮传动的设计计算，质量检测和齿轮用工艺技术等专业领域的标准化工作
TC53	机械振动、冲击与状态监测	负责全国振动与冲击的测量试验与数据处理方法，测量试验仪器与设备的特性描述、评定和校准；机器、运载工具与结构的振动与冲击性能测量与评定，振动与冲击的降低和控制；人体承受的机械振动与冲击等专业领域的标准化工作
TC54	铸造	负责全国铸造合金、铸造、工艺、铸造用原辅材料、检测方法、铸件质量分级等专业领域的标准化工作
TC55	焊接	负责全国焊接、钎焊、节割通用工艺技术、试验方法、质量检测以及焊接材料，工艺制备、焊接与切割安全卫生等专业领域的标准化工作

续表

TC编号	TC名称	专业范围
TC56	无损检测	负责全国无损检测通用技术方法、检测工艺及工艺装备等专业领域的标准化工作
TC57	金属与非金属覆盖层	负责全国电镀、化学转化膜、热喷涂、涂装、防锈、腐蚀试验、搪瓷、热浸涂及离子沉积等专业领域的标准化工作
TC58	核能	负责全国核能包括核能名词术语、辐射防护、反应堆技术、放射性同位素和核燃料技术等专业领域的标准化工作
TC59	图形符号	负责全国公用性图形符号和图形符号的基础性综合标准化工作
TC60	电力电子系统和设备（原名：电力电子学）	负责全国电力电子技术等专业领域的标准化工作
TC61	林业机械	负责全国林业机械（包括绿篱修剪设备及工具，不包括草坪机械）等专业领域的标准化工作
TC62	术语与语言内容资源	负责全国术语标准化工作
TC63	化学	负责全国化学品等专业领域的标准化工作
TC64	食品工业	负责全国食品工业等专业领域的标准化工作
TC65	高压开关设备	负责全国高压开关设备和控制设备等专业领域的标准化工作
TC66	人造板机械	负责全国刨花板、中纤板、胶合板生产线和机械设备；人造板表面装饰生产设备；制材生产线机械设备；板式家具生产线设备；细木工板生产设备；人造板生产用刀具设备；竹胶合板生产线及竹材加工设备；层压材生产设备；地板（含实木、强化、复合地板）生产线设备；新型人造板设备等专业领域的标准化工作
TC67	电器附件	负责全国电器附件等专业领域的标准化工作
TC68	电动工具	负责全国手持式、可移式电动工具和园林工具；电动工具附件及相关标准等专业领域的标准化工作
TC69	铅酸蓄电池	负责全国铅酸蓄电池等专业领域的标准化工作
TC70	电焊机	负责全国电焊设备、电焊机等专业领域的标准化工作
TC71	橡胶塑料机械	负责全国橡胶炼胶、硫化、压延、挤出、成型等设备和塑料炼塑、压延、挤出、注射、喷塑、压力、真空、中空泡沫成型、编织设备机械等专业领域的标准化工作

续表

TC编号	TC名称	专业范围
TC72	搪玻璃设备	负责全国搪玻璃设备及零部件等专业领域的标准化工作
TC74	锻压	负责全国热锻、冷锻、冲压等成形工艺技术及工艺装备（模具除外）、工艺机械化配套技术及锻压安全、环保卫生等专业领域的标准化工作
TC75	热处理	负责全国热处理基础通用，试验方法，质量控制，工艺材料，化学热处理及其热处理工艺技术等专业领域的标准化工作
TC76	饲料工业	负责全国饲料标准化工作
TC77	碱性蓄电池	负责全国碱性蓄电池等专业领域的标准化工作
TC78	半导体器件	
TC79	无线电干扰	负责全国无线电干扰等专业领域的标准化工作
TC80	绝缘子	负责全国绝缘子等专业领域的标准化工作
TC81	避雷器	负责全国避雷器等专业领域的标准化工作
TC82	电力系统管理及其信息交换	负责全国电力系统管理及其信息交换等专业领域的标准化工作
TC83	电子业务	负责全国EDI，开放式EDI，基于纸质的文件格式，行政、商业、运输业、工业领域业务工作电子化涉及的数据元与代码、数据结构化技术、电子文档格式（交换结构）、业务过程、数据维护与管理、消息服务、关键支撑技术等专业领域的标准化工作
TC84	木工机床与刀具	负责全国木工机床、木工机用刀具等专业领域的标准化工作
TC85	紧固件	负责全国紧固件的尺寸、公差、机械性能、工作特性、试验方法和验收程序，螺栓，螺柱等十二类产品（不包括航空器、航天器及滚动轴承等专用紧固件）等专业领域的标准化工作
TC86	文献影像技术	负责全国文件的输入、输出质量、记录、存储和使用文件影像的实现、检验和质量控制方法、文件影像工作流程应用、制作和使用信息所需设备涉及的应用要求和质量标准、相关的术语等专业领域的标准化工作
TC88	矿山机械	负责全国采掘、穿孔、提升设备、矿用挖掘机、凿井机械、装药机械、矿用装载机、破碎粉磨设备、筛分设备、洗选设备及其他矿山专用设备等专业领域的标准化工作

续表

TC 编号	TC 名称	专业范围
TC89	磁性元件与铁氧体材料	负责全国磁性元件（包括铁氧体磁心、卷绕铁心、叠片铁心、线圈、电感器、电子变压器、微波铁氧体器件、永磁元器件等）与铁氧体材料（包括软磁、永磁、旋磁、矩磁、压磁等）等专业领域的标准化工作
TC90	太阳光伏能源系统	负责全国太阳光伏能源系统等专业领域的标准化工作
TC91	刀具	负责全国刀具等专业领域的标准化工作
TC92	分离机械	负责全国各种用途的离心机、分离机、过滤机等专业领域的标准化工作
TC93	国土资源	负责全国地质矿产和土地资源工作领域的标准化工作
TC94	外科器械	负责全国外科器械等专业领域的标准化工作
TC95	医用注射器（针）	负责全国医用注射器（针）等专业领域的标准化工作
TC96	石油钻采设备和工具	负责陆地和海洋石油天然气（包含非常规油气）勘探开发（物探、钻井、采油采气和油气储运等工程）用设备、工具及其材料等专业领域的标准化工作
TC97	衡器	负责全国衡器等专业领域的标准化工作
TC98	滚动轴承	负责全国滚动轴承与支承（十大类及各类民品专用轴承），直线运动滚动支承，关节轴承，各类组合轴承、支承和轴承单元及轴承专用仪器与设备（自行生产专用）等专业领域的标准化工作
TC99	口腔材料和器械设备	负责全国口腔材料和器械设备等专业领域的标准化工作
TC100	安全防范报警系统	负责全国安全防范报警系统、产品等专业领域的标准化工作
TC101	轻工机械	负责全国轻工机械等专业领域的标准化工作
TC102	感光材料	负责全国感光材料等专业领域的标准化工作
TC103	光学和光子学	负责全国光学和光子学等专业领域的标准化工作
TC104	电工仪器仪表	负责全国电工仪器仪表领域国家标准的制修订工作
TC105	肥料和土壤调理剂	负责全国肥料和土壤调理剂等专业领域的标准化工作

续表

TC 编号	TC 名称	专业范围
TC106	医用输液器具	负责全国医用输液器具、输血器具、采血器具等专业领域的标准化工作
TC107	照相机械	负责全国照相机械等专业领域的标准化工作
TC108	螺纹	负责全国普通螺纹、管螺纹、梯形螺纹及量规、管件螺纹等专业领域的标准化工作
TC109	机器轴与附件	负责全国轴伸、键与键槽、花键、联轴器、离合器、制动器、涨套及其他无键联结件等专业领域的标准化工作
TC110	外科植入物和矫形器械	负责全国外科植入物和矫形器械等专业领域的标准化工作
TC111	商业机械	负责全国饮食服务、食品加工、果品加工、小型饮料加工、粮油加工、商业零售、屠宰和肉类加工、茶叶畜产品加工、农副土特产品加工、杂品加工、废旧物资回收加工、酿造调味品加工等机械及其他商业专用机械产品等专业领域的标准化工作
TC112	个体防护装备	负责全国开展生产过程中劳动者使用的个体防护装备，人群集体防护装备以及装备附带装置等专业领域的标准化工作
TC113	消防	负责全国消防等专业领域的标准化工作
TC114	汽车	负责全国载货汽车、越野汽车、自卸汽车、牵引汽车、专用汽车、客车、轿车及汽车列车（包括半挂车和全挂车）、摩托车和电动汽车的名词术语、产品分类、技术要求、试验方法等专业领域的标准化工作
TC115	林木种子	负责全国林木种子种苗的标准化工作
TC116	麻醉和呼吸设备	负责全国麻醉和呼吸设备、吸引设备等专业领域的标准化工作
TC118	标准样品	负责全国国家标准样品的研复制工作
TC119	制冷	负责全国制冷通用基础标准、商用冷冻设备等专业领域的标准化工作
TC120	颜色	负责全国有关颜色等专业领域的标准化工作
TC121	工业电热设备	负责全国工业电热设备等专业领域的标准化工作
TC122	试验机	负责全国金属材料试验机、非金属材料试验机、工艺试验机、测力（扭矩）机、平衡机与振动台、无损检测仪器、试验机功能附件和与试验机专业相关的试验设备与仪器等专业领域的标准化工作

续表

TC 编号	TC 名称	专业范围
TC124	工业过程测量控制和自动化	负责全国工业过程测量和控制（即工业自动化仪表）等专业领域的标准化工作
TC125	教育装备（原名：教学仪器）	负责全国教学中使用的实物和模像直观教学器具等专业领域的标准化工作
TC126	服装洗涤机械	负责全国服装洗涤机械等专业领域的标准化工作
TC127	油墨	负责全国油墨等专业领域的标准化工作
TC129	船舶舾装	负责全国海洋船舶的船用装置、舱面属具、舱室设备、系泊设备和救生设备等专业领域的标准化工作
TC130	内河船	负责全国内河船的船型、船体、轮机、舾装，以及内河用的工程船、测量等专业领域的标准化工作
TC131	劳动定额定员	负责全国各行业及地方劳动定额定员专业领域的标准化工作
TC132	量具量仪	负责全国各类通用量具、电子数显量具、电子量仪、各类齿轮测量仪、螺纹丝杠检查仪、圆度仪、三坐标测量仪、表面粗糙度仪等专业领域的标准化工作
TC133	农药	负责全国农药等专业领域的标准化工作
TC134	染料	负责全国染料、中间体、印染助剂及其相关产品等专业领域的标准化工作
TC136	医用临床检验实验室和体外诊断系统	负责全国临床实验室质量管理、参考系统、体外诊断产品等专业领域的标准化工作
TC137	船用机械	船用柴油机、汽轮机、燃气轮机、热气机及其附件和轴系；船用管系及附件、船舶辅机（船用风机、泵、压缩机、制冷设备、空调机、分离机等）、甲板机械（锚机、舵机、绞车、起重设备等）、锅炉及压力容器（船用主、辅锅炉、热交换器等）、船用液压气动元件（包括液压、气动系统、泵、马达、各类控制阀、缸、蓄能器、管接头及其附件）、船舶防污染设备、船舶消防设备、各类隔振元件及装置的标准化研究及咨询、服务
TC139	磨料磨具	负责全国普通磨料、普通磨具、超硬磨料磨具及制品、涂附磨具和碳化硅特种制品等专业领域的标准化工作
TC140	拖拉机	负责全国农业和林业拖拉机等专业领域的标准化工作
TC141	造纸工业	负责全国造纸工业等专业领域的标准化工作

续表

TC 编号	TC 名称	专业范围
TC143	暖通空调及净化设备	负责全国建筑物内使用的采暖、通风、空调、净化设备（不包括：带制冷机的空调机、通用的风机、环保用的消烟除尘设备以及交通运输和其他特殊场合使用的暖通空调设备）等专业领域的标准化工作
TC144	烟草	负责全国烟草标准化工作
TC145	压缩机	负责全国容积式压缩机（不含制冷用压缩机）标准化，包括主机辅机、零部件、压缩机用材料及其他与压缩机直接相关（如压缩空气等）的专业领域的标准化工作
TC146	技术产品文件	负责全国与制造业有关的技术产品文件，包括设计文件、工艺文件、管理方面的文件以及手工文件和计算机的产品文件等专业领域的标准化工作
TC147	复印机械	负责全国静电复印机、激光印字机、激光复印机有关复印器材及多功能组合系统以及光电誊影机、传真复印机、重氮复印机、办公用静电制版、胶印机及有关器材等专业领域的标准化工作
TC148	残疾人康复和专用设备	负责全国残疾人康复和专用设备等专业领域的标准化工作
TC149	烟花爆竹	负责全国烟花爆竹等专业领域的标准化工作
TC150	地毯	负责全国地毯等专业领域的标准化工作
TC151	质量管理和质量保证	负责全国质量管理和质量保证等专业领域的标准化工作
TC152	缝制机械	负责全国缝纫机等专业领域的标准化工作
TC153	电子测量仪器	负责全国电子测量仪器、系统（硬件和软件）及附件，电子医疗仪器，电子应用仪器和教学仪器等专业领域的标准化工作
TC154	量度继电器和保护设备	负责全国量度继电器和保护设备等专业领域的标准化工作
TC155	自行车	负责全国自行车、电动自行车、汽油机助力自行车等专业领域的标准化工作
TC156	水产	负责全国水产标准化工作
TC157	渔船	渔船
TC158	医用体外循环设备	负责全国医用体外循环设备等专业领域的标准化工作

续表

TC 编号	TC 名称	专业范围
TC159	自动化系统与集成	面向产品设计、采购、制造和运输、支持、维护、销售过程及相关服务的自动化系统与集成领域的标准化工作。包括信息系统、工业及特定非工业环境中的固定和移动机器人技术、自动化技术、控制软件技术及系统集成技术
TC160	钟表	负责全国钟表、计时器、定时器等专业领域的标准化工作
TC161	特种加工机床	负责全国特种加工机床等专业领域的标准化工作
TC162	非金属化工设备	负责全国石墨、陶瓷、塑料、橡胶衬里及玻璃制造的化工设备与零部件等专业领域的标准化工作
TC163	高电压试验技术和绝缘配合	负责全国高电压试验技术和绝缘配合等专业领域的标准化工作
TC164	链传动	负责全国各类动力传动链和链轮、输送链和链轮、工程用特种链和链轮等的基础标准、质量标准、试验方法（不包括自行车链条和轮子）等专业领域的标准化工作
TC165	电子设备用阻容元件	负责全国电阻器、电位器、固定电容器、可变电容器、真空电容器、电阻网络、电容网络、无源敏感元件等专业领域的标准化工作
TC166	电子设备用机电元件	负责全国电子设备低频连接器及开关等专业领域的标准化工作
TC167	电真空器件	负责全国真空电子器件等专业领域的标准化工作
TC168	颗粒表征与分检及筛网（原名：筛网筛分和颗粒分检方法）	用于固体或液体状态下颗粒分检的设备和方法（含筛网筛分）的标准化工作。具体包括：颗粒（含粉体）相关的表征、加工及分检的方法，以及相关的样品制备、样品（工艺用）及设备的标准化工作；筛分方法及设备标准化工作；筛网及其制品的尺寸、公差、机械性能、试验方法、验收程序和设备等的标准化工作。（原为“负责全国筛网、筛分和其他颗粒分检方法等专业领域标准化工作”）
TC169	计划生育器械	负责全国节育环、计划生育器具等专业领域的标准化工作
TC170	印刷	负责全国印刷技术等专业领域的标准化工作
TC172	汽轮机	负责全国汽轮机和汽轮机辅机等专业领域的标准化工作
TC173	凿岩机械与气动工具	负责全国凿岩机械与气动工具等专业领域的标准化工作

续表

TC 编号	TC 名称	专业范围
TC174	五金制品	负责全国五金制品等专业领域的标准化工作
TC175	水轮机	负责全国水轮机和水轮机辅机等专业领域的标准化工作
TC176	原电池	负责全国原电池等专业领域的标准化工作
TC177	内燃机	负责全国通用的内燃机及其附件、各专业用内燃机的共性统一要求的内容等专业领域的标准化工作
TC178	玻璃仪器	负责全国玻璃仪器等专业领域的标准化工作
TC179	刑事技术	负责全国毒物分析、法医检验、文件检验、痕迹检验、物证照相、录像、物理检验、指纹检验、刑事信息、警犬等专业领域的标准化工作
TC180	金融	负责全国银行、证券、保险等专业领域的标准化工作
TC181	动物卫生	负责全国动物疫病防控、动物产品卫生、动物卫生监督、动物疾病临床诊疗（伴侣动物除外）、动物福利、兽医机构效能评估等动物卫生领域的技术标准化工作
TC182	频率控制和选择用压电器件	负责全国频率控制和选择用压电谐振器、滤波器、振荡器、鉴频器；石英晶体材料，声表面波材料及器件，介电材料及器件等专业领域的标准化工作
TC183	钢	负责全国钢产品及其配套的试验方法等专业领域的标准化工作
TC184	水泥	负责全国通用水泥、专用水泥和特种水泥等产品标准、水泥可偿还测试方法和仪器、水泥生产工艺热工标定控制标准、工业废渣在水泥厂中应用等专业领域的标准化工作
TC185	胶粘剂	负责全国胶粘剂等专业领域的标准化工作
TC186	铸造机械	负责全国铸造机械产品及相关功能部件，产品性能检测方法等专业领域的标准化工作
TC187	风机	负责全国透平式风机、通风机、鼓风机、压缩机和罗茨鼓风机等工业风机方面专业领域的标准化工作
TC188	阀门	负责全国通用、特殊用途的各种材质的高中低压阀门、阀门驱动装置、过压保护安全装置等专业领域的标准化工作
TC189	低压电器	涉及低压开关设备和控制设备，如：低压断路器；开关、隔离器、隔离开关与熔断器组合电器；接触器、起动器、过载继电器；控制电路电器；多功能电器；自动转换开关电器、控制和保护电器；接线端子排；模数化组合电器等的标准化工作

续表

TC编号	TC名称	专业范围
TC190	电子设备用高频电缆及连接器	负责全国射频电缆、射频连接器、波导及同轴元件等专业领域的标准化工作
TC191	绝热材料	负责全国绝热材料的测试方法、计算方法、产品标准和技术规范等专业领域的标准化工作
TC192	印刷机械	负责全国印前、印中、印后辅助加工以及与此相关的机械设备等专业领域的标准化工作
TC193	耐火材料	负责全国耐火原料及耐火材料产品技术条件，耐火材料理化性能试验方法，耐火材料术语、分类、耐火砖形状尺寸、产品抽样及验收规则、产品包装运输和储存等专业领域的标准化工作
TC194	工业陶瓷	负责全国工业陶瓷、结构陶瓷、特种陶瓷、红外陶瓷等专业领域的标准化工作
TC195	轻质与装饰装修建筑材料	负责全国石膏建筑材料及相关产品、建筑用非木制人造板材、建筑防水材料、建筑密封材料（密封膏、胶等）等专业领域的标准化工作
TC196	电梯	负责全国电梯、自动扶梯和自动人行道的术语、参数、技术要求、试验方法、安全要求、安装验收、操作维修以及有关零部件等专业领域的标准化工作
TC197	水泥制品	负责全国水泥制品领域等专业领域的标准化工作，包括：水泥混凝土管、水泥电杆、管桩、轨枕、纤维增强水泥瓦、板、管及混凝土农房构件、GRC、混凝土外加剂、氯氧镁水泥制品等
TC198	人造板	负责全国人造板标准化工作
TC199	水文	负责全国水文标准化工作
TC200	消毒技术与设备	负责全国消毒技术与设备等专业领域的标准化工作
TC201	农业机械	负责全国农业机械（包括耕作机械、种植机械、植保机械、收获机械、场上作业机械、农副产品加工机械、排灌机械、畜牧机械、饲料加工机械、养殖机械和割草机械，不包括草坪机械）等专业领域的标准化工作
TC202	架空线路	负责全国电力线路、施工、运行等专业领域的标准化工作
TC203	半导体设备和材料	半导体设备和材料
TC205	建筑物电气装置	负责全国建筑物电气装置等专业领域的标准化工作
TC206	气体	负责全国气体等专业领域的标准化工作
TC207	环境管理	负责全国环境管理等专业领域的标准化工作

续表

TC编号	TC名称	专业范围
TC208	机械安全	负责全国机械安全基础标准（A类）、通用标准（B类）和专用机械安全标准（C类）等专业领域的标准化工作
TC209	纺织品	负责全国纺织品等专业领域的标准化工作
TC210	旅游	负责全国旅游标准化工作
TC211	泵	负责全国泵等专业领域的标准化工作
TC212	家用自动控制器	负责全国家用电器自动控制器等专业领域的标准化工作
TC213	电线电缆	负责全国电线电缆等专业领域的标准化工作
TC214	饮食服务业	负责全国饭店（不包括旅游饭店）、餐饮、美容美发、洗衣、沐浴、照相、修理、印章刻字等专业领域的标准化工作
TC215	纺织机械与附件	负责全国纺织机械与附件等专业领域的标准化工作
TC217	有或无电气继电器	负责全国有或无电气继电器-电磁继电器、固体继电器、混合继电器、时间继电器、真空继电器、恒温继电器、斩波器、干簧继电器、水银湿簧继电器等专业领域的标准化工作
TC218	防伪	负责全国防伪等专业领域的标准化工作
TC219	服装	负责全国机织类服装等专业领域的标准化工作
TC220	锻压机械	负责全国锻压机械等专业领域的标准化工作
TC221	医疗器械质量管理和通用要求	负责全国医疗器械质量管理和通用要求等专业领域的标准化工作
TC222	互感器	负责全国互感器等专业领域的标准化工作
TC223	交通工程设施（公路）	负责全国公路交通工程设施等专业领域的标准化工作
TC224	照明电器	负责全国照明电器等专业领域的标准化工作
TC225	地震	负责全国地震专用仪器仪表、地震监测技术和方法、地震信息处理和代码、地震技术术语、符号、代号和制图方法、地震安全性评价、地震应急技术要求等专业领域的标准化工作
TC226	高压电气安全	1kV及以上高压系统和电气设施（包括电气安装和用电）安全，人身安全，电网强电安全（设备材料及测试仪器）的标准化工作
TC227	起重机械	负责全国各类起重机、轻小型起重设备、起重吊钩、圆环链及附件等专业领域的标准化工作

续表

TC 编号	TC 名称	专业范围
TC228	电工合金	负责全国电工合金等专业领域的标准化工作
TC229	稀土	负责全国稀土矿、稀土冶炼产品、加工产品和应用产品等专业领域的标准化工作
TC230	地理信息	负责全国直接或间接与地球上位置有关的目标或现象信息，即地理信息专业领域的标准化工作
TC231	工业机械电气系统	负责全国工业机械电气系统等专业领域的标准化工作
TC232	电工术语	负责全国电工术语等专业领域的标准化工作
TC233	地名	负责全国地名等专业领域的标准化工作
TC234	低速汽车	负责全国农用运输车、农用运输车零部件及其配套产品等专业领域的标准化工作
TC235	弹簧	负责全国弹簧领域的标准化工作
TC236	滑动轴承	负责全国滑动轴承名词术语及符号、设计及计算方法、材料及润滑剂、表面处理、检测、试验失效分析及可靠性、质量分析及保证等专业领域的标准化工作
TC237	管路附件	负责全国管法兰、垫片及其连接件；管螺纹及螺纹测量；管件及管接头；管道支吊架；管道过滤器、混合器、蓄能器等；管道补偿器、波形膨胀节、金属软管及其连接；其他管道附件等专业领域的标准化工作
TC238	冷冻空调设备	负责全国制冷空调等专业领域的标准化工作
TC239	广播电影电视	负责全国广播电视专业技术、节目制作与播出工艺、节目覆盖网、技术系统特性与测量、专用计算机应用、维护管理、专用产品、国际电信联盟无线电通信中声音广播业务和电视广播业务等专业领域的标准化工作
TC240	产品几何技术规范	负责全国产品几何技术规范（GPS）等专业领域标准化工作，即宏观和表面结构等检验原则、测量器具和校准要求，尺寸几何测量的不确定度
TC241	小艇	负责全国艇长小于或等于 24m 的游艇和采用类似设备的其他小艇的设备和结构等专业领域的标准化工作
TC242	音频、视频及多媒体系统与设备	负责全国音视频及多媒体技术专业领域的标准化工作
TC243	有色金属	负责全国有色金属矿、冶炼产品、加工产品及其辅助材料等专业领域的标准化工作
TC244	天然气	天然气及天然气代用品等

续表

TC 编号	TC 名称	专业范围
TC245	玻璃纤维	玻璃纤维、增强纤维等
TC246	电磁兼容	电磁兼容等
TC247	汽车维修	汽车维修等
TC248	医疗器械生物学评价	医疗器械生物学评价等
TC249	建筑卫生陶瓷	建筑卫生陶瓷等
TC250	索道与游乐设施	索道、游艺机及游乐设施的设计、制造、安装、检验与运营管理等
TC251	危险化学品管理	危险化学品的包装、贮存、运输和经销等
TC252	皮革工业	皮、毛及其制品等
TC253	玩具	玩具等
TC254	商业自动化	不同业态商业企业管理、商业自动化系统应用规范类、网络营销管理、电子商务 ASP 服务规范类、商业自动化工程管理及商用电子设备应用功能类等
TC255	建筑用玻璃	建筑用玻璃等
TC256	首饰	首饰等
TC257	香料香精化妆品	香料香精化妆品等
TC258	雷电防护	雷电防护等
TC259	燃气轮机	燃气轮机及其辅机、燃气/蒸汽联合循环装置等
TC260	信息安全	国内信息安全
TC261	认证认可	认证认可
TC262	锅炉压力容器	压力容器及受压元件、板壳、换热设备、$50m^3$ 以上球形储罐和玻璃钢压力容器的设计制造，检验与验收标准、规范规程、型谱等专业领域的标准化工作，以及电站锅炉、工业锅炉、余热锅炉、水处理设备及其辅助设备等
TC263	竹藤	与竹、藤有关的专业领域的标准化工作
TC264	服务	服务方面的基础国家标准的制修订工作（包括服务术语、服务标准化指南、服务分类等）；新兴服务领域中的专业服务国家标准的制修订工作（包括律师服务、广告服务、咨询服务、市场研究与调查服务、保安服务、会议服务等）；社会公共服务国家标准的制修订工作（健康护理服务、社区服务、物业管理服务、教育培训服务等）以及与保护消费者有关的国家标准的制修订工作

续表

TC编号	TC名称	专业范围
TC265	超导	超导技术
TC266	低压成套开关设备和控制设备	低压成套开关设备和控制设备
TC267	物流信息管理	物流信息基础、物流信息系统、物流信息安全、物流信息应用等
TC268	智能运输系统	智能运输系统
TC269	物流	物流基础、物流技术、物流管理和物流服务等领域的标准化工作
TC270	粮油	粮油
TC271	植物检疫	植物检疫
TC272	表面活性剂和洗涤用品	表面活性剂和洗涤用品
TC273	环境监测方法	水、土壤和空气环境等领域的监测方法，但不包括气象学、噪声和电磁辐射等领域的监测方法
TC274	畜牧业	一、畜、禽、蜂及特种经济动物品种与种质资源、饲养与管理、养殖环境；二、动物产品质量、分级、加工、安全（包括物理性、化学性、生物性安全因素）；三、畜牧养殖设施（不包括畜牧机械）、兽医器械；四、草种、草产品、草原建设和生态保护
TC275	环保产业（原名：环保产品）	一、环保设备，主要包括水污染防治设备、大气污染防治设备、噪声污染防治设备、固体废弃物处理设备、污染监测设备等；二、资源循环利用（不包括电子电器产品资源循环利用），主要包括废渣、废水（液）、废气、余热余压的循环利用等；三、环保服务，主要包括环境污染治理的运营、管理和评价等
TC277	植物新品种测试	大田作物、林业植物、果树和花卉、蔬菜等植物新品种测试及新技术在植物新品种测试中的应用等
TC278	牵引电气设备与系统	牵引电气设备与系统
TC279	纳米技术	纳米技术领域的基础性国家标准（包括纳米尺度测量、纳米尺度加工、纳米尺度材料、纳米尺度器件、纳米尺度生物医药等方面的术语、方法和安全性要求等），不包括产品标准
TC280	石油产品和润滑剂	石油产品和润滑剂（包括：燃料油、润滑剂、石油蜡类、石油沥青、合成油脂）及石油产品静态计量和轻烃计量、润滑油换油指标等

续表

TC 编号	TC 名称	专业范围
TC281	实验动物	实验动物
TC282	花卉	花卉
TC283	海洋	在我国海岸带、海岛、内海、领海、毗邻区、大陆架、专属经济区及其他管辖海域从事海域使用管理、海洋环境保护、海洋行政执法、海洋科学调查、海洋经济活动、海洋公益服务、海洋科技开发等专业技术活动的单位和个人。具体包括：海洋基础类、海洋方法类、海洋管理类、海洋产品类等领域的标准化工作
TC284	光辐射安全和激光设备	激光基础技术、激光器件和材料、激光设备、激光应用及相关领域
TC285	墙体屋面及道路用建筑材料	墙体屋面材料（包括砌墙砖、砌块、建筑墙板、屋面瓦等）和道路用建筑材料（包括路面砖、植草砖、路缘石、广场砖、触感引道路面砖等）等
TC286	标准化原理与方法	标准化原理和方法等
TC287	物品编码	商品、产品、服务、资产、物资等物品的分类编码、标识编码和属性编码，物品品种编码，单件物品编码的国家标准的制修订工作；全国物品编码的管理与服务及物品编码相关载体技术等方面的国家标准的制修订工作
TC288	安全生产	矿山安全、粉尘防爆、涂装作业安全、化学品安全、烟花爆竹安全、工矿商贸安全（不包括已有安全生产主管部门的行业）以及有关综合性的安全生产等领域国家标准的制修订工作，不包括相关领域产品的国家标准的制修订工作
TC289	文物保护	不可移动文物、可移动文物、文物调查与考古发掘、文物保护、博物馆及其信息化和信息建设领域国家标准的制修订工作
TC290	城市轨道交通	城市轨道交通领域国家标准的制修订工作，具体领域包括地铁、轻轨、有轨电车及其他新型城市有轨客运交通系统的车辆、供电系统、通信系统、信号系统、通风和空调系统、给排水和消防系统、防灾监控报警系统（FAS）、设备自动监控系统(BAS)、自动售检票系统（AFC）、屏蔽门（安全门）系统以及维修、检测、救援设备等
TC291	体育用品	体育用品的基础、管理、通用国家标准的制修订工作，以及目前除轻工、石油化工、纺织等行业所归口管理以外的体育用品领域的产品标准的制修订工作，同时，负责体育用品标准化的组织、协调

续表

TC 编号	TC 名称	专业范围
TC292	人力资源服务	人才及人力资源服务
TC294	废弃化学品处置	废弃化学品处置技术和方法，不包括处置管理
TC295	盐业	制盐，不包括食用盐卫生标准
TC296	电力监管	电力监管相关领域，包括电力市场、接入服务、供电服务、电力安全、普遍服务、电力工程项目建设节约土地资源和节能等
TC297	电工电子产品与系统的环境	电工电子产品与系统的环境保护及可回收利用
TC298	珠宝玉石	珠宝玉石，包括首饰中用的珠宝玉石的鉴定
TC299	紫外线消毒	紫外线消毒设备
TC300	电工电子产品着火危险试验	电工设备的局部着火危险对总的着火危险的影响，电工设备及其零部件（包括元件）和电气绝缘材料受到着火及非正常热的影响后的危险性等方面的导则及试验方法
TC301	电气绝缘材料与绝缘系统评定	电气绝缘材料与电气绝缘系统的评定以及相关测试方法
TC302	家用纺织品	家用纺织品
TC303	云锦产品	云锦产品
TC304	发制品	毛发制品
TC305	制鞋	鞋类，不包括胶鞋
TC306	潜水器	潜水器及相关设备的设计、建造与使用，深海空间站的设计与建造
TC307	减灾救灾	减灾救灾、灾害救助等领域，不涉及各专业部门已开展的工作领域
TC309	氢能	氢能
TC310	风险管理	风险管理的术语、方法、指南等相关基础，风险识别、风险分析、风险评估等风险管理技术，以及公司治理、业务持续管理、合同、人力资源管理、外购管理、公共政策制定等典型活动的风险管理
TC311	家用卫生杀虫用品	盘式蚊香、电热蚊香片、杀虫气雾剂、卫生香
TC312	空间科学及其应用	空间科学术语、符号和代号，工程管理、接口、空间科学及其应用、实验工程技术与管理
TC313	食品质量控制与管理（原名：食品安全管理技术）	食品质量控制领域的基础性、综合性、通用性标准化工作
TC314	城市临时性社会救助	社会救助机构管理、规范、技术服务

续表

TC编号	TC名称	专业范围
TC315	社会福利服务	社会福利机构服务质量、环境
TC316	民用装饰镜	民用镜、装饰镜
TC317	铁矿石与直接还原铁	铁矿石与直接还原铁
TC318	生铁及铁合金	生铁、铁合金
TC319	洁净室及相关受控环境	洁净室及相关受控环境
TC320	市场、民意和社会调查	市场、民意与社会调查的相关组织及其职业行为
TC321	电力设备状态维修与在线监测	变压器、开关等电力设备安全运行维修试验及在线监测技术
TC322	电气化学	电气设备，发、供、配电设备等电力设备用绝缘、冷却、润滑介质的研制、应用、处理和环保以及状态检测
TC323	电磁屏蔽材料	电磁屏蔽材料
TC324	高压直流输电工程	高压直流输电系统的调试、运行、绝缘配合、检修、安全评价，直流设备的运行、安装、验收
TC327	遥感技术	遥感技术术语，对地观测数据数传与接收，对地观测存档数据，对地观测数据与产品，波谱段评价、规范，标准定标、真实性检验规范，波谱测试规范，遥感试验规范
TC328	建筑施工机械与设备	包括基础施工设备、混凝土机械、道路施工与养护设备、骨料加工机械和设备、钢筋加工设备和模板、装修和维护用高处作业吊篮和擦窗机等设备、其他常用机械与设备
TC329	移动电站	柴油发电机组、汽油发电机组、自动化发电机组、低噪声发电机组、船用发电机组、汽车电站、挂车电站等内燃式移动电站设备及配套产品
TC330	高原电工产品环境技术	电工产品的高原适应性技术
TC331	连续搬运机械	输送机械、给料机械、装卸机械及液力偶合器等液力传动机械
TC332	工业车辆	机动工业车辆、非机动工业车辆、工业车辆用车轮和脚轮
TC333	高压直流输电设备	高压和特高压直流输电设备的制造，包括换流变压器、平波电抗器、换流阀、直流避雷器、直流套管、大功率光控电控晶闸管、滤波器、控制与保护设备

续表

TC 编号	TC 名称	专业范围
TC334	土方机械	包括挖掘装载机、推土机、自卸车、挖掘机、平地机、水平定向钻孔机、回填压实机、装载机、吊管机、压路机、铲运机、挖沟机
TC335	升降工作平台	包括移动式升降工作平台和一般升降工作平台
TC336	微机电技术	关键尺寸在微米量级内的机电一体化装置的制造加工、设计、集成、可靠性评价以及检测等共性技术
TC337	绿色制造技术	装备制造业领域绿色设计方法、绿色制造工艺规划、绿色机加工工艺、自修复与再制造等共性技术
TC338	测量、控制和实验室电器设备安全	测量、控制和实验室电器设备及仪器的安全
TC339	茶叶	茶叶
TC340	熔断器	熔断器的安装和操作特性，试验方法和试验过程要求，熔断器的额定电压、电流和阻容特性，高压熔断器和低压熔断器配合交互的尺寸规格
TC341	审计信息化	会计核算软件及企业资源计划（ERP）软件的会议核算部分，包括术语、数据格式、数据交换、业务流程、信息安全、管理和决策
TC342	燃料电池及液流电池	燃料电池及液流电池的术语、性能、通用要求及试验方法等
TC343	项目管理	项目管理的术语、构建框架、构建要素、编写方法、计划、认识体系
TC344	四轮全地形车	四轮全地形车
TC345	气象防灾减灾	气象灾害监测、预警和防御
TC346	气象基本信息	气象数据管理、档案管理、气象计算机网络
TC347	卫星气象与空间天气	气象卫星业务运行及卫星数据监测、传输、交换等，以及空间天气监测、预测、预警
TC348	会展业	会展术语、条件、环境、等级、评价、分级、管理
TC349	变性燃料乙醇和燃料乙醇	变性燃料乙醇和燃料乙醇
TC350	填料与静密封	填料密封、静密封（不含管路垫片、橡胶材料及制品、石棉材料及制品）
TC351	公共安全基础	公共安全基础性、通用性和综合性要求（不涉及公安等行业领域）
TC352	中文新闻信息	中文新闻信息采集、编辑、生成、发布、交换、表示、安全、组织、存储、检索和评估反馈过程

续表

TC 编号	TC 名称	专业范围
TC353	信息分类与编码	信息分类与编码领域国家标准的制修订工作，具体包括区域、场所、地点、人力资源、自然资源与环境、时间和计量单位、语言、文字、符号、经济结构与经济指标、社会福利、社会保障、公共卫生和劳动安全、行政管理、文献、专利、标准、档案等方面的信息分类编码国家标准的制修订工作，不包括产品、服务、机构方面的信息分类编码以及条码形式的有关区域、场所和地点标识方面
TC354	殡葬	殡葬设备、服务
TC355	石油天然气	石油地质、石油物探、石油钻井、测井、油气田开发、采油采气、油气储运、油气计量及分析方法、石油管材、海洋石油工程、安全生产、环境保护
TC356	制药装备	制药装备及配套机械
TC357	减速机	减速机
TC358	白酒	白酒
TC359	航空货运及地面设备	航空货运及地面设备
TC360	森林可持续经营与森林认证	森林可持续经营和森林认证
TC361	米面食品	谷物初加工制品如挂面、生切面、馒头、粽子等
TC362	森林工程	森林经营管理，包括森林经营质量管理体系、森林经营环境管理体系和森林经营质量环境兼容管理体系；木材采伐、集材、运材、贮木场工程和林区路桥工程建设，包括：木材采集工程、贮木场工程和林区路桥工程生态环境保护的安全技术要求、验收和评价；森林经营装备系统，包括苗圃、造林、抚育和木材采集装备系统和系统评价；森林经营劳动与安全，包括林区道路标志、采伐作业安全
TC364	机动车运行安全技术检测设备	机动车运行安全技术检测设备等
TC365	防沙治沙	防沙治沙的术语、基础、技术、方法以及管理
TC366	拍卖	拍卖基础、拍卖程序、拍卖企业资质评定
TC367	机床数控系统	机床数控系统
TC368	刷类	油漆刷、工业刷、日用生活刷、美容美发刷（不包括牙刷）

续表

TC编号	TC名称	专业范围
TC369	野生动物保护管理与经营利用	野生动物保护管理和经营利用领域中需要规范和协调统一的技术语言、技术要求、质量要求、安全要求、卫生要求、管理技术要求，生产加工、工作技术要求，环境保护技术要求，野生动物及产品分类、分级（等）、评价、调查、监测、环志、标记、试验、检验方法
TC370	森林资源	林地林权；国家森林资源清查和全国森林资源调查、动态监测及评价；全国植树造林、封山育林的检查验收，国家重点林业生态工程和全国重点地区天然林保护工程的核查；全国森林采伐限额管理和森林资源的监管
TC371	乐器	乐器产品
TC372	往复式内燃燃气发电设备	负责固定往复式内燃燃气发电设备领域的标准化工作
TC373	制糖	制糖等
TC374	质量监管重点产品检验方法	国家质量监管重点产品中缺失及急需的检验方法
TC375	糖果和巧克力	糖果和巧克力等
TC376	电站过程监控及信息	电站过程监控和信息术语，电站过程自动监控系统及信息系统的可靠性、技术规范、验收测试、系统功能和性能、运行维护，电站信息管理系统，发电成本、报价和竞价上网技术，电站仿真系统
TC377	日用玻璃	日用玻璃（不含玻璃餐饮具）
TC378	制笔	自来水笔、圆珠笔、铅笔、活动铅笔、水性圆珠笔、中性笔、水彩笔、荧光笔、白板笔、记号笔等各种书写工具以及圆珠笔用油墨、与笔类产品配套的各种墨水（不包括毛笔）
TC379	黄金	黄金原料、黄金产品、黄金综合利用资源、黄金生产污染物排放、黄金生物技术
TC380	生物基材料及降解制品	降解制品及生物基材料等
TC381	防腐蚀	阴极保护、阳极保护、设备和管道用缓蚀剂应用等防腐蚀技术；防腐蚀衬里、防腐蚀地坪、玻璃鳞片应用等防腐蚀施工技术等（不包括建筑施工和船舶行业）
TC382	分离膜	分离膜等

续表

TC 编号	TC 名称	专业范围
TC383	饮食加工设备	直接与食品接触的饮食加工设备，包括超市、餐馆、食品店、面包房、肉食店等商业企业、医院、工矿企业单位的食堂用面类饮食加工机械、蔬菜加工机械、肉类饮食加工机械、清洗消毒设备等饮食加工设备
TC384	饲料机械	饲料加工机械
TC385	营造林	林地评价、育苗、造林、森林抚育、低质林改造、森林管护及森林更新、森林培育等全过程等
TC386	林业信息数据	林业政务信息、数字林业、专题数据库、信息系统建设等
TC387	生化检测	基于生物化学、分子生物技术的生物体化学物质和生物体化学过程的生化检测方法和涉及生化检测的相关材料、标准物质；天然产物纯化产品；生物酶；核酸、氨基酸及其衍生物；生物材料蛋白
TC388	剧场	舞台音响、灯光及专业设备的应用；剧场基础及服务等
TC389	图书馆	图书馆管理、服务，图书馆古籍善本的收藏、定级、维修、保护，图书馆环境等
TC390	文化馆	文化馆技术、服务、管理等
TC391	网络文化	网络文化产品、服务及互联网上网服务营业场所的管理等
TC392	文化娱乐场所	歌厅、迪厅、游戏厅等文化娱乐场所技术、服务、管理等
TC393	社会艺术水平考级服务	社会艺术水平考级工作技术、服务、管理等
TC394	文化艺术资源	文化艺术资源收集、整理、保护、开发、数字化等
TC395	食品用洗涤消毒产品	食品用洗涤消毒产品，如清洁剂、消毒剂及饮用水处理剂
TC396	燃料喷射系统	燃料喷射系统
TC397	食品直接接触材料及制品	以纸、金属、陶瓷、搪瓷、塑料、橡胶、玻璃等为原料生产的，直接与食品接触的材料及制品，包括食品包装和餐饮用容器及工具（除金属餐饮用器具）等（IEC 涉及的产品除外）
TC398	调味品	调味品（味精、食糖和食盐除外）

续表

TC 编号	TC 名称	专业范围
TC399	肉禽蛋制品	禽畜肉制品门类（腌腊制品类、酱卤制品类、熏烧制品类、干制品类、油炸制品类）和蛋制品门类（再制蛋类、蛋粉类、冰蛋类、蛋黄类）等
TC400	纽扣	纽扣产品
TC401	丝绸	丝、绸缎、蚕丝制品等
TC402	太阳能	太阳能热水系统、太阳房、太阳灶、太阳能产品、太阳能集热器、元件等太阳能热利用等
TC403	参茸产品	参茸种植、养殖及其深加工产品
TC404	土壤质量	土壤质量
TC405	日用陶瓷	日用陶瓷等
TC406	非金属矿产品及制品	矿物类、岩石类、黏土类非金属矿产品及其制品（不包括非金属原矿及其开采），摩擦材料，非金属密封材料（不包括橡胶密封件）等
TC407	棉花加工	棉花加工成套设备安装、棉花加工自动化信息传输、棉副产品精深加工技术、棉花加工机械安全使用等
TC408	辛香料	辛香料原料、产品质量、检验方法、加工、管理、运输储藏
TC409	冶金设备	冶炼设备、连铸设备、轧制设备、金属挤压成型设备、冶金专用液压润滑及控制设备、冶金机械专用配套和冶金专用传动配套设备等
TC410	金属餐饮及烹饪器具	直接与食品接触的金属制餐饮及烹饪用器具及家用食品设备（IEC 涉及的产品除外）
TC411	电器设备网络通信接口	开展电器设备通信接口、系统及智能电网用户端能源管理系统领域的标准化工作
TC412	电工专用设备	生产制造电工设备的专用设备等
TC413	输配电用电力电子器件	输配电用电力电子器件及其附件，包括电力半导体分立器件、模块、组件及其管壳和散热器等
TC414	醇醚燃料	醇醚燃料及催化剂等
TC415	产品回收利用基础与管理	产品回收利用基础与管理（不涉及具体的电工电子产品回收利用标准），包括术语、分类、图形符号、识别标志、统计指标及统计信息系统、计算方法、回收利用技术、环境要求、管理规范和评价指标体系等

续表

TC 编号	TC 名称	专业范围
TC416	林业生物质材料	以林业植物原料为主制造加工的材料以及生物质原料经化学、生物加工制成的材料等
TC417	低压设备绝缘配合	低电压设备绝缘配合
TC418	小型电力变压器、电抗器、电源装置及类似产品	小型电力变压器、电抗器、电源装置及类似产品等专业领域的标准化工作
TC419	仪表功能材料	仪表功能材料
TC421	生物芯片	生物芯片的基础、相关产品及检测方法
TC422	裸电线	负责裸电线产品、材料、包装和试验方法等领域的标准化工作
TC423	设备监理工程咨询	设备监理工程咨询
TC424	短路电流计算	短路电流的计算方法及其热效应和机械效应
TC425	宇航技术及其应用	宇航产品设计工程和生产、接口、综合与实验、卫星应用与地面支持设备、空间环境、空间项目管理、空间材料与工艺、空间碎片、空间数据传输、通信等
TC426	智能建筑及居住区数字化	智能建筑物数字化系统
TC427	航空电子过程管理	航空电子过程管理
TC428	带轮与带	带轮和带（包括V带传动、同步带传动、平带传动和输送带等）的设计、配合尺寸和试验方法，以及相应的互换性、质量要求和试验方法
TC429	化工机械与设备	化工用金属制塔、塔内件、填料、合成炉、反应釜、干燥、搅拌等化工机械与设备、零部件及其专用特殊材料、试验方法以及有关安全、环保要求等
TC430	磁记录材料	磁信息记录材料
TC431	光学功能薄膜材料	光学功能薄膜材料（不包括光学玻璃、红外材料及以光学玻璃和红外材料做基材而衍生的涂覆材料）等
TC432	数码影像材料与数字印刷材料	数码影像材料和数字印刷材料
TC433	乳制品	原乳（生鲜乳）经加工制成的工业产品（包括液体乳门类、乳粉门类、乳脂门类、炼乳门类、干酪门类、其他乳制品门类，不包括原乳或生鲜乳）等

续表

TC 编号	TC 名称	专业范围
TC434	城镇给水排水	城镇给水排水的取水设备、给水排水输送设施与设备、给水排水调节设备，给水排水用户的产品、设备、器材，城镇给水排水分户计量仪器、器具、计算核算，城镇给水排水设备、设施维护、保养，城镇给水排水运行、管理、服务，城镇污水处理厂污水再生利用水质，以及污泥处置（不含塑料管材、管件和阀门）等
TC435	航空器	民用飞机、民用直升机和其他民用飞行器综合、总体、气动、结构、动力装置、燃油系统、液压系统、气动系统、飞行控制、电气系统、航电系统、生命保障系统、环境控制系统、客舱设备、货运系统标准以及产品支援、基础、零部件、工装工艺和材料标准等
TC436	包装机械	包装机械及配套设备的基础、产品、方法等（不含直接与食品接触的包装机械）
TC437	桑蚕业	种茧、种卵、农业生防用茧、工业加工用茧及蚕蛹、蚕蛾等
TC438	批发与零售市场	零售与批发市场术语和分类、组建批发市场的条件和评定规则、零售和批发市场从业人员资质及其培训和评定、零售和批发市场商品流通规范、零售和批发市场准入条件、批发市场等级评定
TC439	连锁经营	连锁企业基本设施、营运管理
TC440	二手货	二手货即旧货的基础术语、技术要求及流通、服务规范
TC441	燃烧节能净化	燃烧设备与燃烧方式（不包括锅炉、工业电热设备）
TC442	节水（原名：工业节水）	工业、农业、城镇生活、非常规水资源利用等全社会用水领域节水的基础、方法、管理、技术、产品
TC443	教育服务	义务教育和国家正规高等教育之外的涉及市场化经营的辅助教育服务
TC446	电网运行与控制	电网运行与控制
TC447	工业玻璃和特种玻璃	工业玻璃和特种玻璃（不包括建筑玻璃和汽车用安全玻璃）等
TC448	建筑幕墙门窗	建筑幕墙、门、窗
TC449	城镇风景园林	城镇风景园林设施的分类、评定、保护、监测和管理（不含旅游服务）
TC451	城镇环境卫生	城镇环境卫生

续表

TC编号	TC名称	专业范围
TC452	建筑节能	建筑节能产品、材料、建筑节能管理、评价及方法等
TC453	建筑节水产品	建筑给排水管道等节水产品及器具（不包括建筑卫生陶瓷产品）在建筑系统中的应用等
TC454	建筑构配件	建筑构配件（不包括墙体屋面材料、装饰装修材料、水泥制品、建筑玻璃等）
TC455	城镇供热	城镇供热系统（不含锅炉、暖通空调）
TC456	体育	体育基础、竞技活动、设施设备（不含运动器材制造）、场所等
TC458	混凝土	混凝土
TC459	能量系统	能量系统的统计、分析方法、评价、用能单位能量系统综合利用方法、评价指标、能量系统的优化
TC460	石材	石材基础、方法等
TC461	人工晶体	人工晶体（医用除外）
TC462	邮政业	邮政领域基础、安全、管理、服务及相关技术等领域
TC463	产品缺陷与安全管理	产品缺陷与安全管理等
TC464	航空运输	航空运输管理
TC465	建材装备	水泥、水泥制品、轻质装饰装修、玻璃工业及深加工、墙材工业、建筑陶瓷、玻璃纤维等领域技术装备，不包括矿山机械
TC466	特殊膳食	满足某些特殊人群的生理需要，或某些疾病患者的营养需要，按特殊配方而专门加工的食品
TC467	蔬菜	蔬菜
TC468	湿地保护	湿地保护
TC469	煤化工	煤化工转化技术用原料及工艺、煤炭为原料化学品、炼焦及煤焦化产品、煤化工产品检测方法等领域（不含醇醚燃料领域）
TC470	社会信用	社会信用
TC471	酿酒	饮料酒（不包括白酒）
TC472	饮料	饮料
TC474	社会保险	养老保险、失业保险、医疗保险、工伤保险、生育保险等社会保险服务、评价、管理等

续表

TC 编号	TC 名称	专业范围
TC475	针灸	针灸术语、操作、临床研究、常见疾病诊疗及针灸器具
TC476	中西医结合	中西医结合技术与管理
TC477	中药	中药材、中药饮片的研制、开发、生产、质量和安全控制、检测技术、评价技术
TC478	中医	中医临床各科（内科、风湿病、骨伤科、周围血管病、耳鼻喉科、肛肠、眼科、皮肤科、男科、外科、老年病、儿科、推拿、妇科、急诊、感染病、肿瘤、糖尿病、针刀医学、艾滋病、亚健康、络病、护理等）以及中医药基础、应用等技术
TC479	中药材种子（种苗）	中药材种子（种苗）
TC480	家具	家具
TC481	仪器分析测试	与仪器分析测试相关的分离与前处理设备、特种试剂、通用检验与分析方法及实验室信息管理和数据系统等
TC482	激光修复技术	各类激光修复技术及应用
TC483	保健服务	保健服务等
TC485	通信	通信网络、系统和设备的性能要求、通信基本协议和相关测试方法等
TC486	科技平台	国家科技基础条件平台建设、管理和服务等
TC487	光电测量	光电测量系统名词术语、通用技术、应用技术、光电器件、光电材料特性、光电系统性能参数的校准与测量方法，还包括光电器件与光电测量系统的光学要求、环境要求、机械要求与安全性要求，光电测量系统功能接口等
TC488	焙烤制品	糕点、饼干和面包等
TC489	国际货运代理	国际货运代理行业术语、作业规范、岗位资质及国际货运代理企业资质与等级评定
TC490	休闲食品	膨化食品和果冻等休闲食品
TC491	机械密封	泵及风机、压缩机、冷冻机、分离机、洗衣机、减速机等旋转机械用机械密封装置、釜及潜水电机用机械密封装置、旋转接头、干气密封等
TC492	口腔护理用品	牙膏、牙刷、漱口水、齿间刷、牙线、牙贴、牙齿漂白产品等

续表

TC 编号	TC 名称	专业范围
TC493	喷射设备	高压水射流设备与部件、射流真空设备、喷涂机、喷砂机等
TC494	食品包装机械	食品包装机械
TC496	方便食品	方便食品
TC497	冷冻饮品	冷冻饮品
TC498	休闲	传统特色休闲方式开发与保护，现代休闲创意与服务，主题休闲俱乐部服务，休闲节庆活动，休闲咨询服务等
TC499	物流仓储设备	物流仓储设备
TC500	语言文字	汉语语音与拼音、汉语语汇、汉语语法与语篇、汉字、汉语作为第二语言教学、少数民族语言、境内外语应用及中文信息处理
TC501	果品	果品
TC502	职业经理人考试测评	职业经理人考试测评
TC503	安全泄压装置	过压保护安全装置
TC504	气体分离与液化设备	气体分离与液化设备
TC505	出版物发行	出版物流通领域，包括出版物发行术语、发行物流技术、作业流程和作业规范、书业服务、书业管理等
TC506	大型铸锻件	大型铸锻件产品的材料选用、制造技术条件及验收方法等
TC507	气象仪器与观测方法	气象仪器、技术装备和观测方法等
TC508	消费品安全	消费品安全通用基础领域
TC509	移动实验室	移动特定应用的实验室
TC510	生殖健康用品	生殖健康用品
TC511	大型发电机	汽轮发电机、水轮发电机、核电发电机等大型发电机和大型交直流电机等领域
TC512	螺杆膨胀机（原名：螺杆膨胀发电机）	螺杆膨胀机（原名：螺杆膨胀发电机）
TC513	纤维	棉花、毛、绒、茧丝、麻类纤维
TC514	文具	除制笔及零件外的文教用品（不包括教学仪器）
TC515	沼气	沼气

续表

TC 编号	TC 名称	专业范围
TC516	屠宰加工	兽医食品卫生质量及检验、畜禽屠宰厂（场）建设、屠宰厂（场）分级、屠宰车间和流水线设计、畜禽屠宰及加工技术、屠宰加工流程及工艺、屠宰及肉制品加工设施设备、无害化处理设备及工艺技术、非食用动物产品加工处理等
TC517	农产品购销	农产品交易技术规程、购销、包装及储运
TC518	变频调速设备	变频调速设备
TC519	白蚁防治	新建房屋白蚁预防工程、重大的房屋建筑（文物古迹）、水库堤坝、地下电缆白蚁防治服务，涉及白蚁防治的产品
TC520	洗染	洗染行业的基础性标准，包括行业术语、定义、分类以及基础设施、设备、洗染用品等的技术要求，安全及实验方法等相关标准的制定
TC521	道路运输	客货运输管理的运输企业、运输从业人员、运输生产组织及运输场建设等管理方面的技术要求；道路运输装备和产品的使用要求、运输作业及监管装备要求等
TC522	林业有害生物防治	林业基础、林业有害生物综合防治、林业有害生物预测预报、林用药剂的使用和管理、林业防治装备的使用和管理、外来有害生物和管理、外来有害基础设施建设等
TC523	森林消防	森林火灾预防与扑救相关的专业基础及方法、防火工程建设、森林防火（消防）产品和装备、林火管理等
TC524	会计信息化	企事业单位会计信息化、企事业单位内部控制信息化、会计监督信息化、会计师事务所审计及监管信息化和会计信息安全等
TC525	计量器具管理	计量器具使用和管理（不包括全国量具量仪标准化技术委员会和全国产品几何技术规范标准化技术委员会工作范围）
TC526	实验室仪器及设备	动力测试仪器、试验箱及气候环境试验设备、实验室离心机、应变测量仪器、噪声测量仪器、实验室高压釜等实验室仪器与装置
TC527	新闻出版	书、报、刊、音像电子出版物、数字出版物和网络出版物（不含科技档案、科技报告、学位论文、会议论文文献、非正式出版物及相关文献数据库产品和网络服务系统、ISO/TC46 有关国际标准）

续表

TC 编号	TC 名称	专业范围
TC528	信息产业用微特电机及组件	信息产业用微特电机及组件
TC529	城市客运	公共汽车、电车和轨道交通运营，出租汽车、轮渡及水上旅游客运，城市客运枢纽场站和其他客运附属服务设施
TC530	港口	港口安全、管理、作业、服务等
TC531	船舶电气及电子设备	船舶电气及电子设备
TC532	品牌评价（原名：品牌价值及价值测算）	品牌价值、品牌价值测算、品牌培育领域的基础类、通用技术类及实施应用类标准
TC533	家政服务	家政服务
TC534	社会工作	社会工作等
TC535	劳动管理与保护	劳动力使用及劳动保护等
TC536	动漫游戏产业	动漫游戏产业
TC537	城市公共设施服务	城市公共设施服务
TC538	人工影响天气	作业安全、作业条件监测、作业实施、作业装备及催化剂、地面作业点基础设施建设、业务系统建设
TC539	农业气象	农业气象术语、监测、预报、评估和灾害，农业气候资源，生态气象监测评估等
TC540	气候与气候变化	气候与气候变化资料采集处理、诊断预测、影响评估以及气候监测指标、气候可行性论证、气候资源评价及开发利用等
TC541	伴侣动物（宠物）	伴侣动物疾病防控、诊疗，伴侣动物寄养、训导，伴侣动物饲养管理等
TC542	创新方法	创新方法组织评价、项目评价、人员能力评估及其认定、评价方法等
TC543	通信服务	信息通信服务领域
TC544	北斗卫星导航	与北斗卫星导航系统相关的基础（技术体制、术语、时空基准、技术管理等）、系统建设（工程总体、卫星系统、地面运控系统、运载火箭系统、发射场系统、测控系统等，不包括宇航通用技术）、运行维护（运行管理、评估、维修、退役等）、应用（产品、服务、应用基础设施、信息交换、质量与测试检验等）领域的国家标准和国家军用标准的制修订工作

续表

TC 编号	TC 名称	专业范围
TC545	电磁超材料技术及制品	电磁超材料技术及产业化应用技术
TC546	海洋能转换设备	负责海洋能转换设备（包括波浪能、潮流能和其他水流能转换电能，不包括有坝潮汐发电）领域的标准化工作
TC547	平板显示器件	液晶显示器件、等离子体显示器件、有机发光二极管显示器件等平板显示器件领域
TC548	碳排放管理	碳排放管理术语、统计、监测，区域碳排放清单编制方法，企业、项目层面的碳排放核算与报告，低碳产品、碳捕获与碳储存等低碳技术与设备，碳中和与碳汇等领域
TC549	智能电网用户接口	智能电网用户接口领域
TC550	电力储能	电力储能技术领域
TC551	食品加工机械	直接与食品接触的大型食品加工机械，如油炸设备、蒸煮设备、发酵设备、浓缩设备、分离设备、杀菌设备等领域
TC552	食用淀粉及淀粉衍生物	除淀粉糖以外的淀粉及其衍生物领域
TC553	新闻出版信息	出版专业领域信息化
TC554	知识管理	知识产权管理（创造、运用、保护、管理）、传统知识保护和管理、组织知识管理等
TC555	蜡制品	蜡制品
TC556	制伞	伞类产品
TC557	经济林产品	木本油料、木本粮食、木本工业原料、木本芳香料、木本坚果等木本作物的育种繁育、抚育管理、采集、原料加工等
TC558	林化产品	松脂类、植物多酚、植物提取类、热解类、水解类、树胶类（不含天然橡胶）林化产品
TC559	生物样本	生物样本的采集、处理、存储、管理、分发、应用所涉及的相关技术、方法和产品
TC560	物业服务	负责物业服务领域国家标准的制修订工作
TC561	警用装备	警用装备
TC562	增材制造	增材制造术语和定义、工艺方法、测试方法、质量评价、软件系统及相关技术服务等

续表

TC 编号	TC 名称	专业范围
TC563	电子商务质量管理	电子商务质量管理的基础通用、质量管理、质量诚信、质量监管、质量风险防控等
TC564	微电网与分布式电源并网	微电网及分布式电源并网的规则设计、运行维护、调度控制和试验检测等
TC565	太阳能光热发电	太阳能光热发电技术和设备
TC566	感官分析	感官分析基础、方法、环境室与人员管理、辅助器具和应用等领域基础通用
TC567	城市可持续发展	城市可持续发展管理体系、要求、指南和相关领域国家标准（不含城市建设标准）的制修订工作
TC568	科普服务	科普基础设施设备、科普展教品、科普服务质量与评价、数字科技馆、科学素质测评
TC569	特高压交流输电	电压800kV以上的交流系统（包括规划、设计、技术要求、可靠性、建设、调试、运行检修等）
TC570	载人航天	载人航天领域技术基础、工程研制建设（总体技术、航天员、应用有效载荷、航天器、运载火箭、测控通信、发射与回收）、应用与服务（运营管理、任务实施、在轨服务、成果推广）等
TC571	综合交通运输	两种及以上运输方式协调衔接和共同使用（包括综合客运枢纽、综合货运枢纽、复合通道及交叉设施、旅客联程运输、货物多式联运衔接、运载单元、专用载运工具、快速转运设备、换乘换装设备以及统计、评价、安全应急与信息化等）
TC572	碳纤维	碳纤维及其复合材料
TC573	信息化和工业化融合管理	信息化和工业化融合管理等
TC575	电力需求侧管理	负责电力需求侧管理基础、需求侧设备、需求侧管理技术、用电与交易策略（不包含用户用电策略管理）等领域国家标准的制修订工作
TC576	道路交通管理	道路交通管理
TC577	爆炸物品公共安全管理	负责爆破作业安全管理与安全技术，爆破安全监测与测试技术，爆炸物品的购买、运输、使用和储存、销毁（不含生产、经营环节），爆炸物品示踪与安检领域国家标准的制修订工作
TC578	量子计算与测量	量子计算与测量
TC579	钒钛磁铁矿综合利用	钒钛磁铁矿综合利用（不含钒、钛产品）

续表

TC 编号	TC 名称	专业范围
TC580	科技评估	科技政策评估、科技计划评估、科技项目评估、科技成果评估、区域科技创新评估、科技机构与基地评估、科技人才评估、科技经费评估、科技绩效与影响评估
TC581	设施管理	设施管理术语定义、管理体系要求、设施管理方法、设施管理产业化服务等领域国家标准的制修订工作（不含公共基础设施、物业管理和农业设施）
TC582	卫生检疫	卫生检疫
TC583	资产管理	资产管理术语、管理体系要求、资产管理信息与数据、资产管理业务与方法、资产管理技术服务
TC584	微细气泡技术	微细气泡技术（涵盖术语与通则、包括但不限于液体介质中微细气泡的表征与应用，特别关注尺度小于 100 微米的人工制造微细气泡）
TC585	少数民族服饰保护传承	少数民族服饰术语分类、普查确认数字化、技艺制作及创新利用
TC586	化学纤维	化学纤维［不包括碳纤维、玻璃纤维、陶瓷纤维、玄武岩纤维等无机纤维材料和增强纤维、纤维增强塑料（复合材料）及其制品］
TC587	共享经济	共享经济
TC588	电子产品安全	音频、视频、信息技术和通信技术领域内电子产品整机安全、关键零部件安全及其测试方法等电子产品安全
SWG4	原产地域产品	原产地域产品等
SWG20	财政信息化	财政领域信息化的标准规范，包括财政项目库、预算编制、预算执行、账务处理、决算管理、政府综合财务报告、债务管理、非税收入及其他环节的管理要素、业务流程、业务规则以及相关信息化建设管理等
SWG17	机关事务管理	机关国有资产管理、公务用车管理、办公用房管理、人防工程管理、职工住宅建设与管理、公共机构节能、公务接待、后勤服务、政府集中采购、机关事务管理信息化
SWG14	行政审批	行政审批通用基础、条件建设、信息化建设、服务规范、监督评价等
SWG2	蜂产品	蜂产品
SWG3	工程材料	生物基、金属基复合材料为主的工程材料及试验方法等

续表

TC 编号	TC 名称	专业范围
SWG5	白度标准样品	白度标准样品
SWG16	惯性技术与产品	惯性技术及其产品的设计、生产、检测、管理等
SWG11	工具酶	工具酶术语，产品分类、核酸内切酶、外切酶、修饰酶、聚合酶等产品，试验方法、检验规则、包装、运输、贮存等
SWG12	磁力材料及设备	磁力材料、磁力搅拌设备、磁力起重设备、磁力除铁设备、铸造配料称重电磁设备及其配套的电气控制设备
SWG13	特种作业机器人	特种作业机器人
SWG15	政务大厅服务	政务大厅服务基础术语、标准化工作指南、服务分类，政务大厅信息服务、公共资源交易服务、权益保障服务，政务大厅组织管理与运行、服务平台建设、绩效考核等
SWG19	律师服务	律师服务基础（包括服务术语、服务标准化指南、服务分类等）；律师服务具体业务（包括提供民事、刑事、行政、经济等方面具体法律服务）；律师管理（包括实习律师管理、执业律师管理、律师事务所管理等）
SWG18	婴童用品	承载器具、早期训练和学习用品、喂养吮吸护理用品、婴童防护用品、公共场所母婴设施配套用相关婴童用品以及产品通用要求领域（不包含食品直接接触材料及制品、小型游乐设施相关领域）
SWG9	银耳	银耳

附录 C 国际与国外标准化

C.1 国际标准化组织

国际标准化组织（ISO）一词在不同的语言中有不同的缩写，在英文中是 IOS（International Organization for Standardization），在法文中是 OIN（Organisation internationale de normalisation），国际标准化组织的初创者将名称缩写定义为 ISO，来自希腊文“isos”，意思是平等。

ISO 的权威专家在回忆录 *Friendship among equals*（注：可以译为“平等的友谊”，还包含“ISO 的友谊”之义）中描述了 ISO 初创时期及发展过程中的故事。

1946 年，来自 25 个国家的 65 名代表在伦敦的市政工程师协会（Institute of Civil Engineers）决定成立一个新的标准化组织，以便“促进国际协调，统一工业标准”，中国是发起成员国之一。ISO 是在国家标准化协会国际联盟（ISA）和联合国标准协调委员会（UNSCC）的基础上发起成立的，正式成立日期是 1947 年 2 月 23 日，其运行程序和机制来自英国。

ISO 是独立的非政府组织，成员来自全球范围的国家标准化机构（NSB），职责是制定国际标准，通过设在瑞士日内瓦的中央秘书处来协调运作，通过销售标准来保持机构运行的非营利组织。ISO 现有 165 个国家标准机构（NSB）作为会员，设置了 792 个技术委员会（TC），以及与 IEC 联合工作组（ISO/IEC JTC1 信息技术），发布了 23 417 个 ISO 标准化及相关的文档，覆盖了几乎所有的行业，包括食品安全、农业和健康等。著名的标准如 ISO 公制螺纹、ISO 的 A4 纸张尺寸、ISO 的集装箱系列、ISO 的胶片速度代码、ISO 的开放系统互联系列（广泛用于信息技术领域）、ISO 9000 质量管理体系、ISO 字符编码等。

ISO 的出版物分为正常标准（IS 标准）、技术规范（TS）、技术报告

（TR）和可公开获得的规范（PAS）等。ISO标准的制定通常经历提案阶段、准备阶段、委员会阶段、征求意见阶段、批准阶段和出版阶段共6个阶段，对于TS、TR、PAS来说，有些阶段会省略，参见ISO/IEC指令第1部分。

重要文件包括：《ISO/IEC指令第1部分和综合ISO补充》（ISO/IEC Directives Part 1 and Consolidated ISO Supplement），是制定和管理维护国际标准和ISO特定程序时应遵循的官方程序；《ISO/IEC指令第2部分》（ISO/IEC Directives Part 2），是搭建和起草国际标准、技术规范或公开可用规范等文件的准则。

其他相关补充文件包括：《与CEN合作协议》（维也纳协定），提供了技术委员会与CEN（欧洲标准化组织）合作时应遵循的相关细节规定；《全球相关性》，是关于如何确保国际标准尽可能广泛实施的指南；《专利政策》，如果出现专利权问题，则包含技术委员会的指导；《支持公共政策举措》，是ISO为公共决策者提供的在线资源，以及《使用和参考ISO和IEC标准来支持公共政策》《ISO和IEC国际标准——适用于决策者》《规范性参考文献》等。

C.2 国际电工委员会

国际电工委员会（IEC）是一个非营利的准政府组织，成立于1906年，总部设在瑞士日内瓦。IEC的成员是国家委员会，其任命来自行业、政府机构、协会和学术界的专家和代表参加IEC的技术和合规性评估工作。1947年ISO成立后，IEC曾作为电工部门并入ISO，但在技术、财务上仍保持独立性。根据1976年ISO与IEC的新协议，两个组织都是法律上独立的组织，IEC负责有关电工、电子领域的国际标准化工作，其他领域则由ISO负责。IEC的成员国包括了绝大多数的工业发达国家及一部分发展中国家。这些国家拥有世界97%的人口，其生产和消耗的电能占全世界的95%，制造和使用的电气、电子产品占全世界产量的90%。

IEC的宗旨是促进电工标准的国际统一，促进电气、电子工程领域中标准化及有关方面的国际合作，增进国际间的相互了解。为实现这一目的，该组织出版了包括国际标准在内的各种出版物，并希望各国家委员会在其本国条件许可的情况下，使用这些国际标准。IEC 的工作领域包括电力、电子、电信和原子能方面的电工技术。

IEC 是全世界 3 个国际标准化组织（IEC、ISO、ITU）之一。在适当的情况下，IEC 会与 ISO 或 ITU 合作，以确保国际标准无缝地相互配合并相互补充。截止到 2020 年，IEC 有 89 个成员国（正式成员 62 个，准会员 27 个），称为 IEC 国家委员会（National Committees，NCs），每个国家只能有一个机构作为其成员。正式成员（Full Members）可以在 IEC 各级获得所有技术和管理活动和职能，包括理事会的投票权。准会员（Associate Members）可以访问所有工作文件，但技术工作的投票权有限，并且不具备 IEC 内部管理职能的资格。每个成员国都是理事会成员，理事会会议一年一次，称为 IEC 大会，轮流在各个成员国召开。执行委员会（CA）负责处理理事会交办的事项及 IEC 的技术工作。为了提高工作效率，执行委员会分为 A、B、C 3 个组，分别在不同领域同时处理标准制定工作中的协调问题。IEC 有 106 个技术委员会、100 个分技术委员会。中国于 1957 年成为 IEC 的执行委员会成员。IEC 设有 4 个认证委员会：国际电工委员会电工产品合格测试与认证体系（IECEE)、国际电工委员会防爆电气产品认证体系（IECEx)、国际电工委员会电子元器件质量评定体系（IECQ)、国际电工委员会可再生能源应用设备标准认证体系（IECRE)。为了统一制定有关认证准则，IEC 还于 1996 年成立了合格评定委员会（CAB)，管理和监督 IEC 的合规性评估活动，包括监督 IEC 合规性评估体系，CAB 是一个决策机构，向理事会报告。

C.3 国际电信联盟

国际电信联盟（ITU）是联合国负责信息通信技术（ICT）事务的专门机构。ITU 成立于 1865 年，旨在促进国际上通信网络的互联互通。ITU 是信息与通信领域的重要机构，努力促成技术、业务协议的订立，以及无线电频谱和卫星轨道位置等全球资源的划分，以创建强健、可靠、不断演进且无缝的全球通信系统。ITU 的工作范围包括：使电话呼叫成为可能；通过对无线电频谱和卫星轨道的管理进行国际卫星协调，向人们提供电视节目、车载 GPS 导航、水上和航空通信、气象信息和在线地图，从而实现通信服务；互联网接入；地面援助、提供专用应急通信信道、制定早期预警系统的技术标准；界定支持未来网络和服务的新技术；移动革命的助推器，打造实现移动和宽带的技术标准和政策框架；ITU 与公有和私营部门合作伙伴携手，确保 ICT 的接入和服务价格合理、公平普及。

国际电信联盟电信标准化部（ITU Telecommunication Standardization Sector，ITU－T）是国际电信联盟管理下的专门制定电信标准的分支机构。ITU－T 创建于 1993 年，前身是国际电报电话咨询委员会（法语 Comité Consultatif International Téléphonique et Télégraphique，CCITT），总部设在瑞士日内瓦。

ITU－T 的主要产品是建议书（ITU－T Recs）。建议书是规定电信网络如何运作和互通的标准。ITU－T 的标准涵盖从服务定义到网络架构和安全，从宽带 DSL 到 Gbit/s 光传输系统，下一代网络（NGN）和 IP 相关问题，超过 4 000 项建议书在发挥着作用。

C.4 美国

C.4.1 标准化机构

美国有两个顶层的标准化机构：美国国家标准学会（ANSI）和美国国家标准与技术研究院（NIST）。ANSI 是私营的标准化机构，是美国的国家标准机构（NSB），代表美国参与 ISO/IEC 国际标准的制定。

美国国家标准协会于 1918 年成立，由 5 个工程学会和 3 个政府机构组成，是一个私营的非营利性会员组织，在多元化的私营和公共部门的支持下组建成立，是美国私营部门自愿标准化体系的管理员和协调员。ANSI 通过设在纽约市的办事处及位于华盛顿特区的总部代表其 1 200 多家公司、组织、政府机构、机构和国际成员的利益，同时协调指导全国标准化活动和民间标准化活动，也肩负一定行政管理机关的作用。

美国国家标准与技术研究院由美国国会组建，成立于1901年，以消除当时美国工业竞争力面临的重大挑战——落后于英国、德国和其他经济竞争对手能力的计量基础设施。NIST 现在是美国商务部的一部分，是由国家重点支持的政府机构。负责美国计量和重要国家基础标准的研制，其官方使命是“促进美国的创新和产业竞争力，推进计量、标准、技术以提高经济安全并改善人民的生活质量，”① 是美国为了通过提高经济领域的标准与科学技术来提高整体的创新力和产业竞争力的方式之一。NIST 的国家基础性实验室非常强大，是美国最古老的物理科学实验室之一。NIST 的实验室包括通信技术实验室（CTL）、工程实验室（EL）、信息技术实验室（ITL）、材料测量实验室（MML）、NIST 中子研究中心（NCNR）、物理测量实验室（PML）等。在 2015 年美国白宫的国家经济委员会和科技政策办公室发布的《美国创新战略》中，提到重点资助 3 个基础研究机构，其中就有国家标准与技术研究院。其他两家是美国国家科学基金会（NSF）和能源部（DOE）科学办公室。

NIST 拥有超过 1 300 种标准参考材料（SRMs）。这些材料作为校正标准用于测量设备、制作流程、工业生产等环节的品控标准，以及实验对比样本，有极高的标准战略价值。同时，还有 Boulder 实验室从铯的自然共振频率来定义秒的 NIST-F1 原子钟，该原子钟被规定为全国的标准时间源。

美国建立的标准体系改善了公共利益，提升了美国工业的竞争力，并为国际自由贸易体系做出贡献。

C.4.2 美国标准战略

美国标准战略是美国国家标准战略（NSS）的修订版，于 2000 年 8 月获得批准。第一版的美国国家标准战略重申美国信守基于行业领域的自愿性标准化活动方法，无论在国内或国际上都是如此。美国国家标准战略建立在美国体系的传统优势之上，如意见的一致性、开放性和透明性。美国

---

① Promote U. S. innovation and industrial competitiveness by advancing measurement science, standards, and technology in ways that enhance economic security and improve our quality of life.

标准战略充分考虑了政府、企业、标准制定组织、联盟、消费群体和学术团体中各方代表的利益参与者。

自愿一致性标准是美国经济的基础。美国建立的标准体系改善了公共利益，提升了美国工业的竞争力，并为国际自由贸易体系做出贡献。同时，美国是一个市场驱动型的、高度多元化的社会，美国的标准体系体现了这一特征，并被看作积极的标志。

作为在协调和促进自愿一致性标准的过程中发挥独特作用的美国组织，以及参加非条约国际和区域标准制定活动的美国代表，美国国家标准学会（ANSI）把各方面的公共和私营领域的利益聚集在一起，重新审视了指导美国如何制定标准和如何参与国际标准制定过程的原则和战略。美国标准战略的制定就是基于这些考虑而产生的，它满足了对目标和理想进行声明或陈述的需要，在今天全球经济竞争的格局中提出了美国标准体系的未来愿景。参见图 C-1。

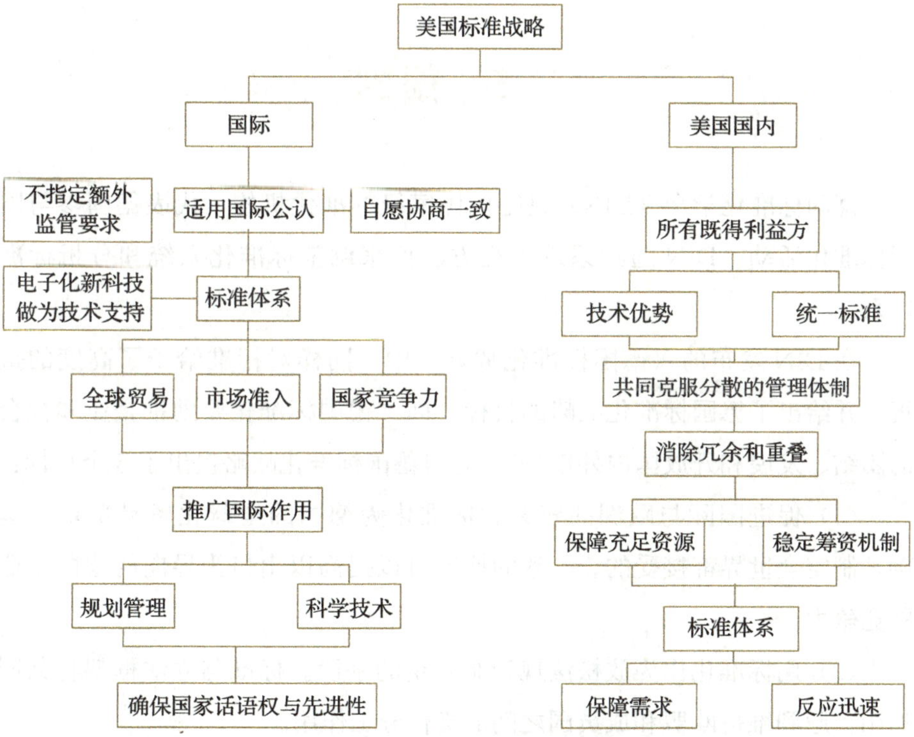

图 C-1　美国标准战略示意图

美国标准战略给出了 12 项为全球采纳的标准制定原则：

- 透明性
- 开放性
- 公正性
- 有效性和相关性
- 一致性
- 基于性能的
- 连贯性
- 方法合适性
- 技术支持
- 灵活性
- 时效性
- 平衡性

C.5 德国

德国标准化学会（DIN）是德国国家级标准化机构，代表德国参与国际标准化活动。DIN 通过系统工程方法论来调整标准化系统和分析标准体系。

在 DIN 发布的《德国标准化战略》中，同样对标准给予了高度的重视，并给出了德国标准化战略的目标，即“德国标准化要助推企业和社会的团结、发展和开放国内外市场”。它对德国标准化战略提出了 6 个目标：

（1）促进国际与欧洲的贸易。标准化为德国的全球化贸易奠定了基础，制定全世界都接受的、一致的标准可以提高以出口为导向的德国工业的竞争力。

（2）用标准化作为放松法规管制规定的手段。标准与立法框架将共同作用，起到维持欧盟和成员国之间的责任分工作用。

（3）建立开放互利的合作平台。立法提供了法律框架并明确了保护目标，基于共识的技术规则详细描述了实现这些法律要求的方法，而标准反映了当前的技术水平，并且会定期对其进行审查，以适应新的发展。通过这种方式，为详细的技术与法规制定标准。新的立法框架（NLF）是针对欧盟的一项内部市场工具，规定了在欧洲销售产品的一般立法框架。新立法框架制定了一个统一的欧洲标准，是一个"协调的"标准。

（4）运用工业与社会的力量推进标准化建设发展。德国的工业行业是其标准化的关键支柱，而标准化的建设也可助推德国工业高水平的竞争力和高口碑的名誉。

（5）将标准化用作（尤其对于企业）重要的战略工具。德国企业将管理标准化作为实现企业目标的战略工具，同时高度重视与自身领域相关的标准委员会的参与。

（6）使标准化受到公众高度关注。"标准代表着安全和质量"，应该保证大众可以透过清晰的结构与透明的过程了解并参与标准化。DIN 为了这个目标，努力保持公开透明的原则，采用创新的参与模式，让大众参与其中。

C.6 英国

《国家标准化战略框架》（NSSF）是英国工业联合会、英国贸易工业部和英国标准学会这三家代表英国标准化的主要利益相关方，以及相关政府部门、行业部门和其他各种社会代表共同制定的一个战略框架。NSSF 包含战略元素和框架元素两种元素。在 NSSF 中，对标准作用给予了高度重视，认为"标准，影响着我们做的任何事情"。由于经济行业的发展和社会的发展，国际化程度越来越高，有必要"评估标准体系（Standard System），使其满足现代行业和社会的需求"，"《国家标准化战略框架》将为英国标准塑造未来"。NSSF 标准体系框架认为，"广义的标准，包括技术规范、实践准则、行为准则、指南和服务规范"。另外，标准可以在法规中设置，也可以按照国家标准化机构提供的标准制定程序形成。NSSF 认为标准化体系包含"一定范围的机制、组织和参与标准化活动的各方代表"。

英国标准学会经过研究发现，英国标准化建设给企业带来了巨大效益，帮助企业提高产品质量和流程效率，有效通过减少商品和服务的种类来最大化降低成本，提高了产品和程序的互操作性，提高了企业间信息交流的效率，降低了交流成本。

另外，尽管已经“脱欧”，英国的标准化战略依然强调标准在促进国际贸易中的重要作用。为促进统一的共同市场的运行，欧洲标准化学会（CEN）、欧洲电工标准化委员会（CENELEC）、欧洲电信标准协会（ETSI）制定的新欧洲标准（ENs），所有成员国都必须采纳其为国家标准。同理，许多双边贸易协议涉及标准互认的内容。这就是英国标准化战略中提倡的将国家间协调一致的标准作为贸易的催化剂。

C.7 日本

随着第二次世界大战后短短几十年的经济腾飞，日本一跃成为世界级经济强国，其标准化体系也经历了从建立到调整完善的过程，以应对世界经济形势和国际贸易的剧烈变化。同时，日本也在吸取美国的标准化模式，即强调发挥社会民间的力量，从政府主导逐渐转向官民合作。

日本工业标准委员会（JISC）是日本的国家标准化机构，在制定日本标准方面发挥着核心作用。JISC 在日本制定涵盖从机器人到象形文字等一系列的产品和技术有关标准。JISC 作为国家标准机构，代表日本参与国际标准化组织（ISO）和国际电工委员会（IEC）等国际标准化活动。JISC 积极应对新挑战，特别是在互操作性、老年人护理和电力基础设施这三个领域加强工作。

2001 年 8 月，日本工业标准调查会标准部提出了“日本标准化战略”，强调推进标准化改革，加快国内标准、技术法规和认证制度与国际接轨，积极推进国际标准化活动，推进与消费者价值观多样性相适应的产品标准及认证制度。

JISC 主席 Tamotsu Nomakuchi 博士在《日本标准化政策 2013》中提到了日本标准化的战略定位：

由于国际贸易和工业的结构性变化，日本经济一直面临严重问题，例如长期存在的变化、能源成本上升和出口下降。为了实现经济的进一步复苏和增长，日本工业通过加速创造带来新市场的创新，对提高其在全球市场的竞争力具有重要意义。促进与商业战略相结合的国际标准化活动将在这方面发挥至关重要的作用。日本标准化战略更加强调应对国际标准化，考虑到知识产权战略和认证计划，将重点聚焦于智能电网、先进医药和下一代汽车等领域。

JISC在《日本和工业标准2017》中提到，日本标准化的3个影响因素包括：

（1）经济因素。创新技术的出现，例如人工智能、物联网和机器人等，使企业和产业界在经济社会进行协作，产生新的价值。标准化在其中发挥着关键的协调作用。相关主题：智能制造、自动驾驶、共享经济。

（2）社会因素。通过标准化，将市民、政府、学校、产业界和其他相关各方联结起来，通过标准化实现包容性的社会，实现和谐社会。相关主题：老龄化社会、图形符号、网络物理系统。

（3）环境因素。环境问题仍然是一个大问题。世界上还有一些国家和地区，尤其是发展中国家和地区还没有用上清洁的水、电力和食物，过度的环境开发影响着人类未来的发展。JISC致力于制定与环境相关的国际标准，实现可持续发展。相关主题：智慧城市、零能源建筑、资产管理等。

附录 D　全国通用综合性基础标准

D.1　标准化的原理和方法

在开展企业标准化、行业标准化、国家标准化工作的过程中，首先应该了解和熟悉标准化工作的基本原则和方法，标准化工作的基础。此处的基本原则和方法，包括：

（1）标准化的基本概念。

（2）标准的内容结构和编写规则。

（3）标准的技术工作程序。

（4）采用国际标准的规则。

（5）引用文件规则。

（6）涉及安全、环境保护等内容的编写。

（7）标准制定的特殊程序，标准制修订过程中涉及专利的处置要求和程序。

（8）团体标准化机构的管理运行、制定程序及编写规则等要求。

开展标准化工作应遵守我国相关的法律法规。我国标准化方面的法律法规包括：《中华人民共和国标准化法》《中华人民共和国标准化法实施条例》《国家标准管理办法》《行业标准管理办法》《地方标准管理办法》《企业标准化管理办法》等。这些法律法规规定了开展标准化的基本原则、标准化范围、工作方法等方面的内容。

标准化基本原理和方法方面的国家标准包括 GB/T 1 系列《标准化工作导则》、GB/T 20000 系列《标准化工作指南》、GB/T 20001 系列《标准编写规则》和 GB/T 20002 系列《标准中特定内容的起草》、GB/T 20003.1《标准制定的特殊程序　第 1 部分：涉及专利的标准》、GB/T 20004 系列《团体标准化》。

ISO/IEC Guide 系列和 ISO/IEC Directive 系列是指导开展国际标准化的基本原则和方法，具有一定的参考意义。

D.2 术语

术语是在特定专业领域中一般概念的词语指称，一个术语表示一个概念。研究术语的学科就是术语学（Terminology）。

术语（术语学）标准的体系构成包括：全国通用的第一层术语标准和术语基础标准，第二层和第二层以下的行业、专业和门类通用的术语和专业词汇标准。

术语基础标准主要有：GB/T 15237.1《术语工作 词汇 第1部分：理论与应用》、GB/T 10112《术语工作原则与方法》和 GB/T 16785《术语工作 概念和术语的协调》。它们给术语工作指出了基本准则和方法，即提出编制术语标准的程序是“明确概念—给概念下定义—命名术语”。

概念是客体在人们心理上的反映。术语学所指的客体，既包括客观存在并可观察到的事物（具体的如树木、房屋，抽象的如物价、自由），也包括想象产生的事物（如神话人物）。在一个知识领域中，概念用定义描述，被赋予约定的指称（即术语）。一个概念所反映的客体的全部特征称为概念的内涵。一个概念所指客体的范围称为概念的外延。

首先要明确概念在概念体系中的地位（包括层级关系、非层级关系），即将要明确的概念同相关概念区分开来。概念体系有“属种”关系（如树与乔木、灌木）、“整体—部分”的隶属关系（如汽车—活塞式发动机—活塞—汽缸—连杆）、序列关系（如时间、空间、因果、源流、发展）和联想关系（如前提—结论的推理关系、形式—内容、函数、物体—属性、结构—功能、行为—动机、行为—客体、生产者—产品、工具—操作）。

定义是对概念的语言描述。它将该概念与体系中其他概念的关系区分开来，界定概念的界限。定义的原则有：

（1）准确性（反映概念的本质特征）。

（2）适度性（要紧扣概念的外延，不要过宽或过窄）。

（3）简明性（除指明上位概念外，只需写明区别特性）。

（4）正确使用否定定义（只有概念本身是否定性的情况下，才能使用否定定义）。

（5）避免使用循环定义。

（6）遵循本族语言习惯。

（7）可应用注释和插图。

术语是专业领域中概念的语言称谓。术语选择和术语构成的要求有：

（1）单名单义性。术语与概念之间应一一对应，即一个术语只表示一个概念（单义性）。

（2）一个术语只有一个称谓，即只有一个术语来表示（单名性）。

（3）顾名思义性（又称透明性）。

（4）简明性。

（5）派生性（又称能产性）。

（6）稳定性（对使用频率较高和范围较广的术语不要轻易改动）。

（7）合乎本族语言习惯。

建立术语数据库方面的标准有：GB/T 13725《建立术语数据库的一般原则与方法》、GB/T 15387 系列《术语数据库开发》、GB/T 19101《建立术语语料库的一般原则和方法》等，这些标准主要针对国家级或行业级术语数据库的建立，企业可依此来建立术语数据库。企业在建立企业标准体系时，应充分应用国际级、国家级和行业级的术语标准。

D.3 信息分类编码

信息分类编码标准化自 20 世纪 80 年代起，在我国已有几十年的发展历史，现形成了一套相对独立的理论体系、原则和方法。目前国家已颁布了 100 多项信息分类编码国家标准，广泛应用于各行各业，其中具有指导作用的是：GB/T 7027《信息分类和编码的基本原则与方法》、GB/T 10113《分类与编码通用术语》等标准，在这些标准中，定义了信息分类编码标准化的基本概念体系，规定了原则要求，阐述了实现方法。

信息分类的两个要素是分类对象和分类依据。分类对象由若干个被分类的实体组成。分类依据取决于分类对象的属性或特征。信息内容属性的相同或相异，形成了各种不同的类。在信息分类体系中，类可称为类目。

信息编码是将事物或概念（编码对象）赋予具有一定规律、易于计算机和人识别处理的符号，形成代码元素集合。代码元素集合中的代码元素就是赋予编码对象的符号，表现为编码对象的代码值。

所有类型的信息都可以进行编码，如产品、人、组织机构、国家、货币、程序、文字、文件、部件等各种各样的信息。关于这些对象，大多已制定出了相应的分类编码标准。信息分类编码的主要作用体现在标识、分类、参照三个方面。标识的目的是要把编码对象彼此区分，在编码对象的集合范围内，编码对象的代码值是其唯一性标志；信息编码的分类作用实质上是对类进行标识；信息编码的参照作用体现在编码对象的代码值可作为不同应用系统或应用领域之间发生关联的关键字，这在信息共享与交流中尤为重要。

信息分类的标准化应遵循科学性、系统性、可延性和兼容性等基本原则；信息编码的标准化应遵循唯一性、可扩性、简短性、稳定性、可操作性、自检性等主要原则。企业应通过执行信息分类编码标准或借鉴信息分类编码标准化思想，管理和利用企业发展过程中涉及的各种信息，提高信息化水平，增强竞争实力。

D.4 图形符号

图形符号是视觉上可以认知的直观的图形。在全球一体化的形势下，对于企业来说，图形符号是独立于语言准确地传递信息的一种重要的方式。用图形符号替代文字后更显直观、简洁、清晰。企业的组织和生产过程中，不可避免地要用到图形符号。

现在国际上影响最大的设备图形符号标准是 IEC 60417《设备用图形符号》和 ISO 7000《设备用图形符号》。IEC 60417 于 1973 年正式发布，并不断更新；2002 年 10 月 IEC 60417 出版物以数据库形式发行，ISO 7000（2004

年1月版）已经于2004年6月加入IEC 60417数据库。IEC 60417数据库中包含IEC 60417和ISO 7000标准中的多达3 500个图形符号，适用于从汽车到办公设备、家庭娱乐设备，从纺织品到机器的任一设备。

我国也在建设图形符号数据库，包含标志类、设备类、技术文件类等的图形符号。

图形符号基础标准体系包括GB/T 16900系列～GB/T 16903系列，规定了图形符号的术语、使用原则和表示规则。另外，图形符号的设计还应注意制定和测试程序、箭头及其应用、标志用图形符号的视觉设计原则、工作场所和公共区域中安全标志的设计原则、与消费者有关图形符号的一般要求等。

标志用图形符号标准规定了通用的标志用公共信息图形符号，适用于公共场所、服务设施及运输工具、旅游设施与服务等，适用于旅游景点、服务设施、运输工具及其他公共场所，也适用于出版物及其他信息载体。

设备用图形符号标准体系包括GB/T 16273系列《设备用图形符号》和GB/T 16902系列《设备用图形符号表示规则》。

D.5 量和单位

ISO曾颁布一套国际单位制（SI）标准，我国早已推行这一标准体系并颁布了国家计量法。因此，无论在国民经济、科学技术、文化教育等各种活动中，认真执行“量和单位标准体系”成为国民应尽的义务。该标准体系由基础标准、单位换算表、专业量和单位三个方面组成。

基础标准由GB 3100和GB 3101组成。主要内容有以下几个方面：

（1）SI基本单位。包括：长度（米，m）、质量［千克（公斤），kg］、时间（秒，s）、电流（安培，A）、热力学温度（开尔文，K）、物质的量（摩尔，mol）、发光强度（坎德拉，ed）。这7个基本单位在量纲上彼此独立，很多单位都是由这7个基本单位组合起来而构成的。

（2）SI辅助单位。包括平面角（弧度，rad）、立体角（球面度，ar）。辅助单位有2个，均为几何单位，并也可以进行单位延伸。

(3) 导出单位是用基本单位和（或）辅助单位以代数形式表示的单位。例如，能量、功、热量的 SI 导出单位名称为焦耳，符号为 J，表示为 N·m，用 SI 基本单位表示则为 $kg \cdot m^2/s^2$。

(4) 组合单位的名称规定：

——组合单位的名称与其符号的顺序一致，符号中的乘号没有对应名称，除号的对应名称为“每”字。

——乘方形式的单位名称的顺序应是指数名称在前，单位名称在后，指数名称由相应的数字加“次方”二字组成。

——书写组合单位名称时，不加任何表示乘和（或）除的符号和（或）其他符号。

——SI 单位的倍数单位以正、负数 1、2、3、6、9、12、15、18、21、24 次方为因数构成 SI 词头。

GB 3101 还对“下标印刷方面规则”“词头的使用和印刷”“数的印刷”“化学元素和核素符号”等做了规定。

单位换算表有 GB/T 4112 等共 11 个标准，专业量和单位由 GB 3102.1～.13 和 GB/T 14559 等构成。

D.6 人类工效学

人类工效学是“与理解人与系统其他要素的互动相关的科学学科，将理论、原则、数据和方法用于设计从而优化人员福祉（Well-being）和整体提升系统效能”。作为工作系统一部分的技术、经济、组织和人为因素，影响着工作效果和人们的福祉。人类工效学标准根据工作系统设计的实践经验，通过优化工作任务、装备、服务和环境，或者说系统的所有要素及它们之间的相互作用关系，从而实现：增进工作效率；保护和提升工人、设备或产品的操作员/用户的安全、健康和福祉，降低事故危险和对健康的危害；减少疲劳；增加工作舒适度；同时也考虑到技术和经济上的效果。人类工效学标准对企业无论是在技术领域中的产品设计、生产工艺等，还是在管理领域中的生产组织和劳动管理等都是十分重要的。

人类工效学标准将人类置于人体工程学设计方法的中心，同时考虑到人口的多样性和工作任务对人类的影响，以及设计结果的使用环境，最后强调在评估设计时需要基于人体工程学标准。

现行人类工效学标准主要由三部分构成：人体测量与生物力学、人—系统交互工效学和物理环境工效学，基本涵盖了人类工效学研究的各个领域。

一、人体测量与生物力学

人体测量相关标准涉及人最基本的生理特征，是制定其他众多标准的重要技术参考依据。自 2006 年我国第一次对全国成年人人体尺寸开展测量工作之后，一系列有关人体基础数据、方法及人体测量应用的标准随之被制定出来，包括人体测量方法、人体测量基础数据、人体测量应用和生物力学等方面国家标准。

二、人—系统交互工效学

人—系统交互工效学是人类工效学标准化研究中的重点，它主要遵循以人为中心的原则，着重研究系统的可用性，并通过相应的设计技术予以满足。国际标准化组织 ISO 已制定人—系统交互相关国际标准 60 余项，人—系统交互工效学设计的原则已经应用到了军事、高科技系统和工业设计的各个方面。我国目前已基本形成人—系统交互工效学国家标准体系，主要包括人—机交互系统通用设计、视觉显示终端系列、多媒体用户界面设计系列、心理负荷系列、平板视觉显示器工作的人类工效学要求等标准，主要用于指导该领域产品的研发和设计，对产品和系统起到技术支撑的作用。

三、物理环境工效学

用科学的方法研究温湿度、照明、声音等环境因素对人的影响，并通过相应的设计技术予以满足，可以使产品实现较高的效能和满意度，提高产品竞争能力，对国家或企业争取竞争优势有着重要的意义。目前，我国已形成了一系列对照明、热环境、采光、险情信号等方面进行测量或评价的标准。

D.7　质量管理

没有满意的客户（或顾客），组织就处于危机中！为了保持客户的满意度，组织就需要满足客户的需求。

ISO 9000 系列标准的目标是帮助组织增进客户满意度。它将质量定义为"一组固有特性满足要求的程度"，系统地识别和管理组织所应用的过程，保证生产过程中的每个业务环节可控，从而保证可靠的产品（或服务）质量，提高客户满意度。在 GB/T 19002—2018《质量管理体系　GB/T 19001—2016 应用指南》中取消了质量手册等体系文件的强制性要求，以提高标准的实用性。

对于最高领导者管理和组织实施质量管理体系，ISO 9000 提出了七项基本原则：

（1）以顾客为关注焦点；

（2）领导作用；

（3）全员参与；

（4）过程方法；

（5）持续改进；

（6）基于事实的决策方法；

（7）与相关方关系管理。

ISO/TC 176 组织制定的 ISO 9000 系列标准（国家标准为 GB/T 19000 系列，国内由 SAC/TC 151 全国质量管理和质量保证标准化技术委员会归口）提供了一个框架模型，致力于运用系统的方法来管理组织的业务流程，以连续性地提供产品（或服务）来满足客户的期望；提出了组织（适用于各种类型的企业、科研机构、政府部门等）实施质量管理体系所需满足的要求、基础和词汇、绩效改进、文档化、培训以及财务和经济指标方面的内容。

此外，质量管理体系标准在相关行业领域也得到了实施，并制定了行业、领域的质量管理体系国家或行业标准，包括汽车、制药、电力、核工业、医疗器械、政府部门、文化服务、烟草、石油石化、旅游、船舶等。

D.8 试验

试验标准是产品生命周期中对各种不同试验所规定的试验要求。试验标准体系包括：试验条件和试验方法、环境试验、机械试验、电气和电子试验、破坏性试验、粒度分析和筛滤技术。

（1）试验条件和试验方法一般根据产品通用技术规范中所规定的试验种类（新产品试制、可靠性、寿命试验等破坏性试验，半成品、成品、入库或交收检验等非破坏性试验），规定了环境试验条件及其严格度、需检测的性能参数的名称和合格判定值，性能参数的检测方法、检测条件与检测仪器，以及取样方法、样本数等；性能参数的检测仪器需定期做计量检定。

（2）环境试验是对产品的环境适应性的考核。被考核的环境条件分为气候条件（温度、湿度、气压、盐雾、辐射）和机械条件（振动、冲击、加速度、离心、摇摆）两个方面。

（3）我国对电子电工产品采用 IEC 标准，在自然环境条件方面有 GB/T 4797 系列《环境条件分类》，在应用环境条件方面有 GB/T 4798 系列《电工电子产品应用环境条件》，在基本环境试验方法方面有 GB/T 2421《环境试验　概述和指南》、GB/T 2422《环境试验　试验方法编写导则　术语和定义》、GB/T 2423 系列《电工电子产品环境试验》，在环境参数测量方法方面有 GB/T 10593 系列《电工电子产品环境参数测量》，在环境试验设备基本参数检定方法方面有 GB/T 5170 系列《环境试验设备检验方法》。对机械产品在环境条件方面有 GB/T 14092 系列《机械产品环境条件》，在环境技术要求方面有 GB/T 14093 系列《机械产品环境技术要求》。环境试验方法是在单项环境参数或复合环境参数的条件下对产品进行考核或最后对性能参数进行复核的方法。

（4）破坏性试验是考核产品对恶劣环境承受的极限，通常是在新产品试制后，设计、生产工艺、原材料等有重大改变时及生产一定周期后对可靠性、寿命进行的考核；对昂贵产品可采用“逐次或序贯”抽样标准。成品或交收试验等非破坏性试验，所选环境条件的严格度可适当降低，性能参数可适当减少。

目前，我国发布的检验检测实验室建设的标准有 GB/T 32146 系列《检验检测实验室设计与建设技术要求》，涵盖对通用要求、电气实验室、食品实验室的相关通用要求。

D.9 标准物质和标准样品

在 ISO 指南中，标准物质和标准样品的英文名称均为“Reference Material”，由 ISO/REMCO［国际标准化组织/标准物质（样品）委员会］负责。在 CNAS-GL017（ISO/IEC Guide 35：2006）《标准物质/标准样品定值的一般原则和统计方法》中，定义标准物质/标准样品（RM）是一种或多种规定特性足够均匀和稳定的材料，已被确定其符合测量过程的预期用途。有证标准物质/标准样品（CRM）采用计量学上有效程序测定了一个或多个规定特性值的标准物质/标准样品，并附有证书提供规定特性值及其不确定度和计量溯源性的陈述。

国家标准物质（简称“标准物质”）经过全国标准物质管理委员会审查，由国家计量行政主管部门批准发布。国家标准样品（简称“标准样品”）由 SAC TC 118 负责全国国家标准样品的研复制工作，并经过国家标准化行政主管部门评审、审批和发布。标准物质和标准样品都是有证标准物质和标准样品。

《中华人民共和国计量法实施细则》规定，计量器具是指能用以直接或间接测出被测对象量值的装置、仪器仪表、量具和用于统一量值的标准物质，包括计量基准、计量标准、工作计量器具。《标准物质管理办法》指出，标准物质是指用于统一量值的标准物质。用于统一量值的标准物质，包括化学成分分析标准物质、物理特性与物理化学特性测量标准物质和工程技术特性测量标准物质。因此，标准物质是统一国家量值、进行量值传递的计量器具，可以是计量基准，也可以是计量标准或工作计量器具，它的生产、使用和管理必须依法按照我国对计量基准、计量标准、工作计量器具的相关法律法规进行。根据《国家标准物质工作规则》的规定，标准物质是具有准确量值，主要用于检定、校准测量仪器、评价测量方法准确度或考核实验室测量能力的标准物质。

标准样品是一种实物标准。在 GB/T 15000.2—2019《标准样品工作导则　第 2 部分：常用术语及定义》中规定，标准样品（RM）是具有“一种或多种”特性足够均匀且稳定的材料，已被确定其符合测量过程的预期用途。

D.10　能源基础、管理和节能

D.10.1　目的

这里所针对的标准是关于能源使用而非能源生产方面的标准，其目的如下：

（1）改革能源使用设备和器具的性能和质量。

（2）改善工艺和合理使用工质。

（3）采用节能材料。

（4）应用新技术。

（5）改善技术组织和管理以节省能源。

D.10.2　有关能源使用的标准

有关能源使用的国家标准主要包括能源基础标准、能源管理标准、能源方法标准、新能源标准和生态文明标准。

一、能源基础标准

（1）术语。

（2）图形符号和文字符号。

（3）能量单位、符号、换算。

二、能源管理标准

（1）评价企业合理用能技术管理标准，主要有 GB/T 15587《工业企业能源管理导则》、GB/T 3486《评价企业合理用热技术导则》、GB/T 4272《设备及管道绝热技术通则》等。其中GB/T 15587提出："目的"为改进企业能源管理、实行节能技术改造、提高能源利用率提供科学依据；"定义"是以企业为对象的能量平衡，包括各种能源的收入与支出的平衡，消耗与有效利用及损失之间的数量平衡；"方法"包括企业能量平衡采用统计计算方法，统计计算以统计期内的计量、记录及统计数据为基础进行综合计算。

（2）评价企业合理用电技术导则标准主要有GB/T 3485《评价企业合理用电技术导则》、GB/T 10201《热处理合理用电导则》、GB/T 15911《工业电热设备节能监测方法》等。

（3）重点耗能产品耗能定额标准主要有GB/T 12021系列标准等。

三、能源方法标准

（1）企业能量平衡标准，主要有GB/T 3484《企业能量平衡通则》。该标准给出了能量平衡模型，包括企业能量平衡框图和企业能量平衡方程式两部分内容。作为GB/T 3484的组成部分的GB/T 8222《服务标准编写通则》，是为了考察企业内的用电设备和工艺装置的电能有效利用程度，促进技术进步，实现合理用电，提出用电设备和工艺装置进行电能平衡应遵循的基本原则。该基本原则是为了保证电能平衡的结果的可比性和准确性，同类用电体系应有相同的边界，即应有相同的包括考察对象的所有用电项目和达到预定目标的全部过程。

（2）GB/T 15910《热力输送系统节能监测》。

（3）产品单位产量耗能定额标准主要有GB/T 5623《产品电耗定额制定和管理导则》等。

（4）企业节能计量计算方法标准主要有GB/T 13234《用能单位节能量计算方法》。

（5）企业节能效益计算和评价标准主要有GB/T 13471《节电技术经济效益计算与评价方法》、GB/T 14909《能量系统 分析技术导则》等。

四、新能源标准和生态文明标准

新能源包括核能、太阳能、沼气、风能、地热和潮汐能等。

随着近几年科技的快速发展和国家对环境、生态领域上的大力支持，在循环经济、绿色制造等领域都有所突破与发展。许多标委会也在所负责的专业范围内制定了有关的标准，例如：

全国能源基础与管理标准化技术委员会（TC20），由中国标准化研究院筹建，国家标准化管理委员会进行业务指导。负责专业范围为节能以及能源方面的通用性、综合性的基础和管理等专业领域，如能耗定额编制、综合能耗计算方法、节能量计算方法、能源利用率、能源监测方法、能量平衡测试方法、技术要求、耗能设备经济运行技术要求、合理用热等专业领域。下设 TC20/SC3 能源管理与节能评估、TC20/SC4 合理用电、TC20/SC5 省能材料应用技术、TC20/SC6 新能源和可再生能源、TC20/SC7 林业能源管理、TC20/SC8 节能技术信息、TC20/SC9 节能检测、TC20/SC10 建材行业能源管理、TC20/SC11 节能分析评估、TC20/SC12 特种设备节能等分技术委员会。

全国绿色制造技术标准化技术委员会（TC337），负责专业范围为装备制造业领域绿色设计方法、绿色制造工艺规划、绿色机加工工艺、自修复与再制造等共性技术，发布了 GB/T 33635《绿色制造　制造企业绿色供应链管理　导则》等标准。

还有中国标准化研究院归口的 GB/T 34152《工业企业循环经济管理通则》等。

五、节能标准化

节能标准是国家节能制度的基础，是提升经济质量效益、推动绿色低碳循环发展、建设生态文明的重要手段，是化解产能过剩、加强节能减排工作的有效支撑。

D. 10. 3　《企业节能标准体系编制通则》

GB/T 22336—2008《企业节能标准体系编制通则》按照 GB/T 13017《企业标准体系表编制指南》的要求，将企业节能标准体系作为企业标准体系的组成部分，给出了企业节能标准体系的编制原则和要求，并给出了对于大多数企业普遍适用的企业节能标准体系的通用结构图。该标准将企业节能标准体系分为节能基础、节能技术、节能管理和节能工作 4 个子标准体系。

节能技术标准和节能管理标准子体系需要重点考虑节能使用环节，包括能源的运输和贮存、燃烧（发电、供热）与制冷、输送分配、工艺加热、生产专用设备及通用设备用能、照明及办公设备用能、建筑采暖及空调用能、余能回收利用、能源原材料的节能等。节能技术标准包括节能设备标准、节能设计标准、节能施工和安装标准、节能测试与检验标准等；节能管理标准包括能耗限额标准、节能监测标准、经济运行标准、合理用能标准、综合评价标准、产品和设备能效标准、能源计量标准、能源统计标准、节能计算标准等。

该标准还提供了各节能标准子体系的标准示例。

D.11　消费者服务

在应用和实施保护消费者利益标准方面，首先应贯彻《中华人民共和国消费者权益保护法》。

保护消费者利益标准体系构成包括两层：第一层是全国通用的，采自ISO/COPOLCO（消费者政策委员会）对制定消费品标准起指导作用的指南（Guide）或我国制定的基础标准；第二层采自ISO、IEC和ISO/IEC JTC1约涉及55个技术委员会负责制定的，或我国各行业自行制定的消费品标准。各种消费者委员会或类似机构都规定应承认消费者具有的各项权利：要求安全的权利，要求正确了解情况的权利，要求自由选择的权利，要求听取意见的权利。

第一层的组成标准主要有：ISO/IEC Guide14、GB/T 16760、GB/T 18760、GB/T 17242、GB 5296.1、GB/T 17306等。

第一层主要标准的意义和用途：GB/T 18760《消费品售后服务方法与要求》提出生产者或销售者应建立明确的适用于企业自身特点的顾客服务理念和服务承诺，因为这种理念和承诺是企业营销策略的重要环节之一。GB/T 17242《投诉处理指南》规定了组织处理消费者对产品质量投诉的基本原则，确定了投诉的基本要素、程序、解决争议的途径，是为了使消费者在购买商品和接受服务当中，对产品质量不满意的投诉能够得到合理的解决，以利保护消费者和组织双方的合法权益，该标准将投诉处理工作作为组织建立和完善质量体系中的一项重要内容，可以及时了解消费者对产品质量的反馈意见，有利于提高和改善产品质量。GB/T 5296.1《消费品使用说明　第1部分：总则》规定了家用和类似用途电器使用说明的编制原则，标注内容和标注要求。它的基本原则包括：

（1）使用说明是交付产品的组成部分。

（2）使用说明的内容应符合国家有关法律和法规的规定。

（3）使用说明应如实介绍产品，不应有夸大和虚假的内容，也不应借使用说明来掩盖产品设计上的缺陷。

（4）使用说明内容应简明、准确，易于阅读。

（5）使用说明应能指导使用者安全正确使用，以避免事故发生，减少产品的故障和损坏，并妥善安放和保养家用电器。

针对我国已成为全球消费品生产、消费和贸易大国，消费对经济增长的基础作用明显增强的情况，为深化消费品供给侧结构性改革，提升消费品标准和质量水平，国务院办公厅印发了《消费品标准和质量提升规划（2016—2020年）》。该规划对企业起到指导作用，并确定了要基本完善消费品标准体系的主要目标。形成了GB/T 36431—2018《消费品分类与代码》、GB/T 35248—2017《消费品安全供应商指南》、GB/T 29289—2012《消费品安全设计通则》等一系列全新的应用和实施保护消费者利益的标准。

D.12　统计方法应用

在企业生产或服务活动及人类生活中，必然产生许多随机数据。这些数据经处理和解释后，将对企业管理中的各种决策、市场调查、产品发展、销售战略、产品设计和制造、质量控制、精度、故障、缺陷和磨损的监测和控制及各种试验等起着重要的决定和参照作用。统计方法应用标准体系构成包括：

（1）术语与数值表。

（2）数据的处理和解释。

（3）质量管理。

（4）抽样检查。

（5）试验精度。

（6）可靠性。

（7）统计方法应用。

数据处理和解释是在数据处理之前，要对数据进行解释，即对数据分布参数的检测和估计，这些分布参数主要有均值、置信区间、标准差等。GB/T 2828系列、GB/T 2829系列抽样标准是建立在二项分布上的，所谓“二项”，即检验结果只有“合格”与“不合格”两种（项）结果，其中“不合格”出现的概率是按照两个项目的排列组合计算出来的。而GB/T 6378系列寿命试验标准是建立在正态分布上的；质量管理中的控制图都是建立在正态分布上的。

质量管理中的统计方法应用有常规控制图、累积和控制图，以及其他控制图、排列图、因果图；抽样方法有计数、计量两大类，以及一次、二次及序贯抽样等。试验精度标准是对试验结果的可信度进行检验的试验，即对试验的可重复性和可再现性的检验。可靠性试验是对失效率或寿命进行的试验。数值表主要有正态分布、X分布、t分布、F分布、二项分布、泊松分布，以及寿命试验用表的极值分布和威布尔分布等。

其中，GB/T 2828系列《计数抽样检验程序》，由全国统计方法应用标准化技术委员会（TC21）归口上报及执行。计数检验是按照规定的一个或者一组要求，仅将产品划分为合格或不合格，仅计算单位产品中不合格数，计件或计点，是质量管理过程中一种常见的抽样方案。该标准系列的目的是鉴定被检验对象是否符合相关的技术规定，确保检验的产品达到规定的质量标准，同时还可记录、提供有关质量数据信息，以便及时采取改进措施，循环提升产品质量。

D.13　优先数和优先数系标准

优先数是各种量值（特别是产品参数）分级时应采用的数，其目的是把实际应用的“数”（产品的尺寸规格、性能参数等）限制在必需的最小范围内，并在不同的场合里为能优先选用或相协调的数创造一个先决条件，以达到简化统一。

优先数系是国际上统一的数值制度，现有 R 和 E 优先数系两种。优先数系中任何一个项值均为优先。

R 优先数系（GB/T 321）是公比为 $\sqrt[5]{10}$、$\sqrt[10]{10}$、$\sqrt[20]{10}$、$\sqrt[40]{10}$ 或 $\sqrt[80]{10}$，及项中含有 10 的整数幂的理论等比数列；各数列分别用符号 R5、R10、R20、R40 和 R80 表示。以 R5 为例，列出其公比和数列：公比 $q5=\sqrt[5]{10}=1.5849\approx1.60$；数列为 1.00，1.60，2.50，4.00，6.30，10.00。

E 优先数系主要适用于电子元器件，它是以 $\sqrt[6]{10}$、$\sqrt[12]{10}$、$\sqrt[24]{10}$ 为公比的几何数列 E6、E12、E24。以 E6 为例，列出其数列为 1.0，1.5，2.2，3.3，4.7，6.8。此外，电子行业优先数系标准 SJ 619 还规定采用了 E48、E96、E192 三个系列。

D.14 网络计划技术

当需要对大型复杂工程制订一个庞大的工程计划，或对一个作业、工艺制订一个作业、工艺流程计划时，将广泛应用计划评审技术（Program Evaluation Review Technique，PERT）。该技术主要用于科研或新产品试制等开发性工作，是一项工程计划的全过程，从时间、资源和技术各方面进行综合平衡、合理安排，并以网络技术、数理统计和系统分析的方法，将一项复杂工程分解成一串逻辑步，并应用网络图表示出过程间的关系、过程步序和相应“权”值，得出工程全过程的合理安排。网络图中的“关键线路图”应用得十分广泛。确定关键线路图的方法如下：

（1）从始点到终点的各线路中所需周期最长的线路。

（2）从始点到终点，总时差为零的各项活动连接起来的线路。

（3）从始点到终点，事项时差为零的各项事项连接起来的线路。

网络计划技术的概念、图示方法、应用原则和工作程序可参见 GB/T 13400 系列《网络计划技术》。

网络图中的 IT 应用：由于网络计划中存在不确定的估计因素，即使有依据的因素也可能因计划推进而变化。因此，对一个庞大而复杂的网络图需要通过电子处理方法进行调整和修改。此时，需开发相应软件。如SIEMENS公司的PROJACTS（Project Analysis and Control System）。网络计划技术又可以应用于物流和货物配送。网络计划技术是工业工程中的标准化领域之一，另一个是动作与时间分析。

D.15　动作与时间分析、定额

动作与时间分析是工业工程（IE）的组成部分。美国工业工程师协会（AIIE）定义“工业工程是研究由人、原材料、机器设备组成的统一系统的设计、改进和实施的科学”。《日本企业管理百问百答丛书》指出：所谓IE，即为提高工作效率，分析工序、作业、动作的做法，并进行改进，以消除不合理的、不稳定的、无效率的动作。动作与时间分析标准体系由动作分析标准和时间分析标准组成。虽然当今生产高度自动化，但仍排除不了人的操作。

动作分析的目的是找出动作中不合理或多余的动作，研究和确定出效率最高的、质量最好的、差错最少的、最安全和最轻松舒适的操作方法。动作分析的步骤如下：

（1）确定动作要素及其文字符号和图形符号。

（2）动作分析：应用摄像机、录像机、计算机等先进设备，根据物理学、生理学、解剖学对生产动作进行分析和实践，找出最佳动作方案以实现标准化。

时间分析是对最佳动作进行时间测量，测量方法有直接法，通常可用秒表法、摄像分析法（包括细微慢动作分析）等；间接法，包括既定时间标准法、机械时间计算法、标准时间资料法和实际资料法等；时间计量通常用毫秒。动作与时间分析对组织生产线和设置岗位作业和定额很有用处。动作与时间分析的应用范围十分广泛，尤其对体育等竞技运动十分有用。

D.16 价值工程

消费者对产品质量的要求首先是可靠稳定的使用性能，即产品的使用价值；其次是在产品的寿命周期内，付出的购置和维护费用最低。要达到这一要求，需要在产品设计和制造阶段，对产品的功能、成本和二者的比例（价值系数）进行有组织的活动。“价值工程主要反映功能结构的诸因素（成本、效益）对价值增加趋向的影响，它不但为决策的准备（课题的范围、功能的解释、解决方法的取得）提供辅助方法，也为实现预定的目标提供有益的辅助方法”。价值工程的主要特点如下：

（1）用计量的方法示出预定的发展趋向。

（2）功能趋向分析和基于逻辑找出解决问题的方法。

（3）根据作业计划建立多种学科的小组。

（4）针对人的特点制订行动计划。

价值工程的工作步骤通常如下：

（1）找出应改进的对象。

（2）对功能进行分析，包括功能定义、功能整理和功能评价。

（3）针对发现的问题，制定改进方案，参见 GB/T 8223.1—2009。

附录 E　企业标准制修订模板

E.1　企业标准立项申请书（见表 E-1）

表 E-1　企业标准立项申请书

标准名称（中英文）			
是否制定	是（　）　否（　）	修订标准号	
采用国际和国外先进标准的代号和名称（中英文）		采用程度	等同（　） 修改（　）
技术归口单位		制修订单位	
制修订起止年限			
立项理由			
主要内容			
国内外现状			
主要应用系统			
需新申请经费	（万元）	已有经费来源	
技术归口单位意见	（盖章） 年　月　日		
标准化部门审核意见	（盖章） 年　月　日		

E.2 企业标准制修订年度计划（见表 E－2）

表 E－2 企业标准制修订年度计划

序号	标准编号	标准中文名称	制修订起止年限	制修订牵头单位	制修订参与单位	备注

E. 3 企业标准制修订计划调整申请表（见表 E－3）

表 E－3 企业标准制修订计划调整申请表

标准中文名称			
标准计划编号		制修订 起止年限	
制修订牵头单位			
调整内容			
调整理由			
牵头单位意见	（盖章） 年 月 日		
标准化部门审核意见	（盖章） 年 月 日		

E.4 企业标准修改单（见表E-4）

表E-4 企业标准修改单

标准编号：　　　　　　　　　　　　标准中文名称：

序号	标准条文号	修改内容	修改说明

附录 F　标准实施监督抽查报告格式

标准实施监督抽查报告采用国家规定的 A 系列规格纸张的 A4 幅面 (210mm×297mm)，标准格式见图 F－1、图 F－2 及表 F－1～表 F－5。其中，图 F－1 和图 F－2 是标准实施监督抽查报告的模板，所属各级标准化主管部门组织的标准实施监督抽查应比照执行。图 F－2 和表 F－4、表 F－5 根据内容的多少可以增加整页。

单位为毫米

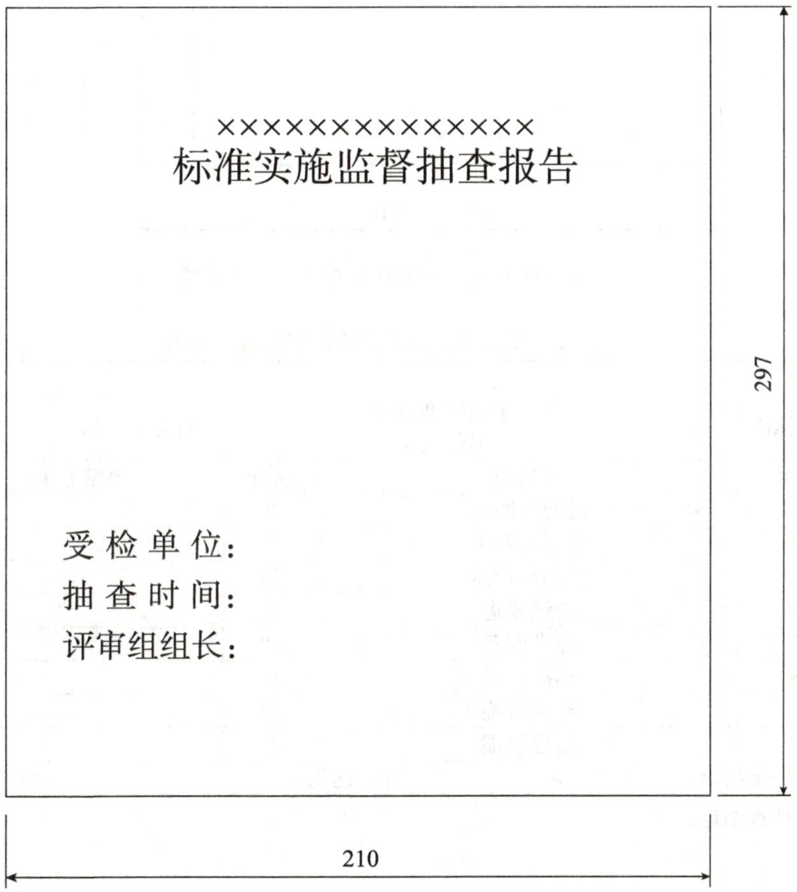

图 F－1　标准实施监督抽查报告封面格式

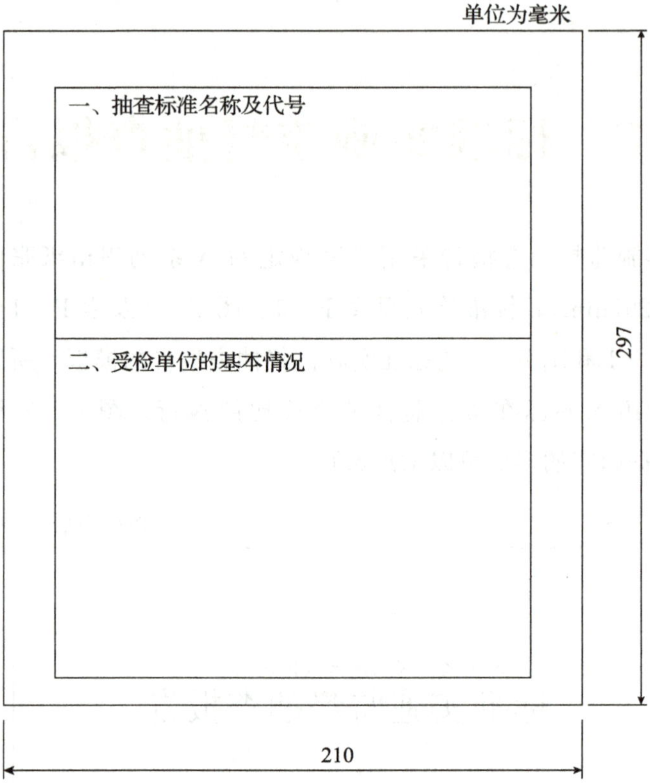

图 F-2　标准实施监督抽查报告正文首页格式

表 F-1　受检单位标准实施监督抽查汇总表

<table>
<tr><td>受检单位</td><td colspan="5"></td></tr>
<tr><td>抽查标准</td><td></td><td>使用标准基层单位数量</td><td></td><td>检查单元数</td><td></td></tr>
<tr><td>序号</td><td colspan="2">考核项</td><td>满分</td><td colspan="2">评定分值</td></tr>
<tr><td>1</td><td colspan="2">机构与职责</td><td>3</td><td colspan="2"></td></tr>
<tr><td>2</td><td colspan="2">计划与经费</td><td>3</td><td colspan="2"></td></tr>
<tr><td>3</td><td colspan="2">文本与信息</td><td>10</td><td colspan="2"></td></tr>
<tr><td>4</td><td colspan="2">持续改进</td><td>4</td><td colspan="2"></td></tr>
<tr><td>5</td><td colspan="2">标准配备</td><td>12</td><td colspan="2"></td></tr>
<tr><td>6</td><td colspan="2">标准宣贯</td><td>10</td><td colspan="2"></td></tr>
<tr><td>7</td><td colspan="2">标准实施</td><td>50</td><td colspan="2"></td></tr>
<tr><td>8</td><td colspan="2">信息反馈</td><td>8</td><td colspan="2"></td></tr>
<tr><td colspan="6">综合评定结果：　　　　　　　　分；达到　　　　　　　　级</td></tr>
<tr><td colspan="6">监督抽查结论：

检查组组长：（签字）　　　　　　　　　　年　月　日</td></tr>
</table>

表 F-2　受检单位标准实施监督抽查评定表

编号：　　　　　　　　　　　　　　　　　　　　　　　　　　　　年　月　日

受检单位		检查人员	
抽查标准		陪同人员	

考核项	要素	要求	受检单位		检查单元汇总	
			满分	评定分值	满分	平均分值
标准化管理（满分20分）	1. 机构与职责	有标准化主管部门（归口管理部门）标准化岗位和专职（兼职）人员	1		1	
		有标准化工作制度和岗位职责	0.5		0.5	
	2. 计划与经费	有年度标准化工作计划并实施	0.5		0.5	
		标准化经费渠道畅通，年度经费落实	1		1	
	3. 文本与信息	标准文本管理规范，并得到有效控制	2		2	
		有畅通的标准化信息渠道	1		1	
		有满足需要的标准化信息管理条件和手段	2		2	
	4. 持续改进	对工作中的不足有预防和纠正措施，并对措施实施情况进行跟踪验证	2		2	
标准实施（满分80分）	5. 标准配备	检查单元配备有标准文本及其配套的标准文本	3		3	
		技术人员配备有其使用的标准文本及其配套的标准文本或作业文件	—	—	3	
		操作岗位有相关的标准文本或作业文件，且熟悉标准中涉及本岗位的技术内容	—	—	3	

标准实施（满分80分）	6. 标准宣贯	有标准宣贯、培训计划	2	3		
		有标准学习记录、培训人员名单	2	3		
	7. 标准实施	每个标准执行岗位应严格按标准或与其配套的标准或作业文件规定的要求执行。其最终结果和过程控制结果均应符合标准或作业文件所规定的指标或要求。对标准实施中所必需的设备、仪器和技术手段，各实施单位均应配备、完善	—	—	50	
	8. 信息反馈	检查单元标准化管理部门（或岗位）对于标准执行过程中出现的问题应进行汇总、分析、处理，并将信息反馈到受检单位标准化主管部门	—	—	2	
		标准实施岗位人员应将标准执行过程中出现的问题反馈到检查单元标准化管理部门（或岗位）			2	
		受检单位标准化主管部门应对反馈的信息进行汇总、分析、处理，并向上级标准化主管部门反映	4		—	—

表 F-3 检查单元标准实施监督抽查评定表

编号： 年 月 日

受检单位			检查组成员	
检查单元				
抽查标准			陪同人员	
考核项	要素	要求	满分	平均分值
标准化管理考核项（满分10分）	1. 机构与职责	有标准化主管部门（归口管理部门）、标准化岗位和专职（兼职）人员	1	
		有标准化工作制度和岗位职责	0.5	
	2. 计划与经费	有年度标准化工作计划并实施	0.5	
		标准化经费渠道畅通，年度经费落实	1	
	3. 文本与信息	标准文本管理规范，并得到有效控制	2	
		有畅通的标准化信息渠道	1	
		有满足需要的标准化信息管理条件和手段	2	
	4. 持续改进	对工作中的不足有预防和纠正措施，并对措施实施情况进行跟踪验证	2	
标准实施（满分69分）	5. 标准配备	检查单元配备有标准文本及其配套的标准文本	3	
		技术人员配备有其使用的标准文本及其配套的标准文本或作业文件	3	
		操作岗位有相关的作业文件，且熟悉标准中涉及本岗位的技术内容	3	
	6. 标准宣贯	有标准宣贯计划	3	
		有标准宣贯记录	3	
	7. 标准实施	每个标准执行岗位应严格按标准或与其配套的标准或作业文件规定的要求执行。其最终结果和过程控制结果均应符合标准或作业文件所规定的指标或要求。对标准实施中所必需的设备、仪器和技术手段，各实施单位均应配备、完善（按表 F-4 的要求评定）	50	
	8. 信息反馈	检查单元标准化管理部门（或岗位）对于标准执行过程中出现的问题应进行汇总、分析、处理，并将信息反馈到受检单位标准化主管部门	2	
		标准实施岗位人员应将标准执行过程中出现的问题反馈到检查单元标准化管理部门（或岗位）	2	

表 F-4　检查单元标准实施考核评定表

编号：　　　　　　　　　　　　　　　　　　　　　　　　　　　　　年　月　日

受检单位		检查人员	
检查单元			
抽查标准		陪同人员	

标准要求	考核方法	判定条件	满分	评定分值
合计			50	

表 F-5 标准实施监督抽查整改通知单

编号：

受检单位：	检查日期：
不合格问题描述： 受检单位签字： 检查组成员签字： 检查组组长签字：	

附录 G　企业标准信息服务平台功能示例

企业标准信息服务平台的功能模块及功能细分见表 G-1。

表 G-1　企业标准信息服务平台的功能模块及功能细分

功能模块		功能细分
法规（及其他要求）	法规文本管理	法规文本文件新增、废止、换版的维护
	法规条款管理	法规条款适用性识别
	法规及上级要求的基本分类（可根据企业及组织的情况细化）	按发布机关分类
		按接收部门分类
		按专业分类
	法律文本浏览功能	在线浏览法规文本（支持移动端浏览）
		同步调阅企业标准合规性评价记录
	合规性评价	企业标准在线合规性评价
		一键导出企业标准合规性评价报告
采用技术标准	技术标准的预定	各部门标准预定需求填报
		预订及达成情况统计分析
	技术标准文本管理	技术标准文本文件新增、废止、换版的维护
	技术标准的基本分类（可根据企业及组织的需求细化）	按专业分类
		按适用部门分类
	技术标准的浏览	在线浏览技术标准文本（支持移动端浏览）
		在审核、检查、隐患排查时作为检查内容的依据被关联调阅浏览
自编技术标准	技术标准的基本分类（可根据企业及组织的需求细化）	按专业分类
		按适用部门分类
	技术标准制修订	分专业在线制修订（采用工作流及动态表单技术）
		升级流程（所属单位技术标准上升为公司级技术标准）
	技术标准的浏览	在线浏览技术标准文本（支持移动端浏览）
		在浏览时可打印（带水印）
	技术标准的学习	分专业推送技术标准学习任务
		在线考试

续表

功能模块		功能细分
管理标准	管理标准的分类（可根据企业及组织的需求细化）	按照主控部门分类
		按文件类型分类
		按体系要素分类
	管理标准的制修订	按管理层级与文件类型下发制修订权限
		在线制修订（采用工作流及动态表单技术）
		制修订变化趋势的统计分析
	管理标准年度识别评价	识别评价任务的下发
		识别评价结果的自动汇总分析
	管理标准的推行	主控部门推送管理标准学习任务
		学习情况自动汇总分析
	管理标准阅读功能	在线浏览管理标准（支持移动端）
		在浏览时可打印（带水印）
		在浏览时提出修订建议
		查看不同版本内容的变化
工作标准管控	工作标准分类	工作标准按部门＋岗位导航
	工作标准审批	工作标准修订审批流程（采用工作流及动态表单技术）
	工作标准的浏览	在线浏览
		在浏览过程中能够关联调阅依据的工作标准及技术标准
基础功能	检索查询功能	属性检索查询
		逻辑检索
		筛选检索
		全文检索
	消息提醒功能	新发布文件的消息提醒
		文件制修订过程中待办任务的消息提醒
		接收文件学习任务的消息提醒
	应用情况在线监控	文件应用情况的统计分析
	应用权限的管理	文件可以在线浏览，有权限下载
		记录表单可随时下载
	其他基本功能	自定义菜单
		组织机构用户管理
		备份管理
		介质管理
		日志管理

参考文献

[1] 服务业标准部. 企业标准服务联盟成立暨首批企业标准排行榜新闻发布会在京召开 [EB/OL]. (2016-12-01) [2021-05-15]. http://www.sac.gov.cn/xw/bzhxw/201612/t20161201_220528.htm.

[2] 中国标准化综合研究所. 标准化基本术语　第一部分：GB 3935.1—83 [S]. 北京：中国标准出版社，1984.

[3] 刘慎斋. GB/T3935.1 通过审查 [J]. 兵工标准化，1996 (1)：28.

[4] 全国标准化原理与方法标准化技术委员会. 标准化工作指南　第1部分：标准化和相关活动的通用术语：GB/T 20000.1—2014 [S]. 北京：中国标准出版社，2015.

[5] 英国经济和商务研究中心. 标准对英国经济的贡献 [R]. 英国标准协会，2015.

[6] 质量管理体系　基础和术语：GB/T 19000—2016/ISO 9000：2015 [S]. 北京：中国标准出版社，2016.

[7] 王斯敏. 钱学森：系统工程中国学派蔚然成林 [N]. 光明日报，2018-09-27 (01).

[8] 钱学森，等. 论系统工程（增订本）[M]. 长沙：湖南科学技术出版社，1982.

[9] 保罗·马丁. 谁说“整体大于部分之和”? [EB/OL]. (2019-06-06) [2020-04-27]. http://se-scholar.com/se-blog/2017/6/23/who-said-the-whole-is-greater-than-the-sum-of-the-parts.

[10] Lars Skyttner. General Systems Theory——Problems, Perspectives, Practice [M]. Singapore: World Scientific Publishing, 2005.

[11] 徐风. 团体标准要堂堂正正，不要羞羞答答 [N]. 中国质量报，2017-11-13 (01).

[12] 国民经济行业分类：GB/T 4754—2017 [S]. 北京：中国标准出

版社，2017.

［13］房庆，于欣丽. 中国标准化的历史沿革及发展方向［J］. 世界标准化和质量管理，2003（3）.

［14］徐风. 40年砥砺前行 标准化成就斐然——我国标准化工作亮点扫描［N］. 中国质量报，2018-10-12（A02）.

［15］Anton A Huurdeman. The Worldwide History of Telecommunications［M］. New Jersey：John Wiley & Sons，2003.

［16］康钊. 高通净利润率高达32%：超苹果公司［EB/OL］.（2014-07-25）［2020-05-01］. http://tech.sina.com.cn/t/2014-07-25/03209515881.shtml.

［17］肖航. 烽火科技：创新之路越走越宽［N］. 人民邮电报，2014-06-10（08）.

［18］烽火通信：在国际化的大道上飞奔［EB/OL］.（2012-03-06）［2020-05-27］. http://www.c114.com.cn/news/139/a674949.html.

［19］蒋均牧. 烽火通信2015年135亿元营收背后：主业、格局、海外全面突破［EB/OL］.（2016-04-11）［2020-05-27］. https://www.sohu.com/a/68589296_119922.

［20］高小山，张纪峰. 钱学森先生与中国科学院系统科学研究所［J］. 上海理工大学学报，2011（6）：598-607.

［21］郑晨. 浅析苹果公司的专利策略［J］. 科技创新与知识产权，2011（18）.

［22］Fred Vogelstein. Dogfight：How Apple and Google Went to War and Started a Revolution［M］. New York：Sarah Crichton，2013.

［23］邹伟，宁质监. 我市取消企业产品标准备案制［OL］.（2015-07-23）［2020-10-31］. http://finance.china.com.cn/roll/20150723/3247049.shtml.

［24］鲍仲平. 标准体系的原理和实践［M］. 北京：中国标准出版社，1998.

图书在版编目（CIP）数据

企业标准化指南 / 岳高峰，薛强，王志强著. -- 北京：中国人民大学出版社，2021.6
ISBN 978-7-300-29270-0

Ⅰ.①企… Ⅱ.①岳… ②薛… ③王… Ⅲ.①企业管理－标准化管理－指南 Ⅳ.①F272-62

中国版本图书馆 CIP 数据核字（2021）第 066614 号

企业标准化指南
岳高峰　薛　强　王志强　著
Qiye Biaozhunhua Zhinan

出版发行	中国人民大学出版社		
社　　址	北京中关村大街 31 号	**邮政编码**	100080
电　　话	010－62511242（总编室）		010－62511770（质管部）
	010－82501766（邮购部）		010－62514148（门市部）
	010－62515195（发行公司）		010－62515275（盗版举报）
网　　址	http://www.crup.com.cn		
经　　销	新华书店		
印　　刷	天津鑫丰华印务有限公司		
规　　格	170 mm×240 mm　16 开本	**版　　次**	2021 年 6 月第 1 版
印　　张	23.75	**印　　次**	2025 年 8 月第 3 次印刷
字　　数	362 000	**定　　价**	78.00 元